·彩图版·

龚书铎⊙主编

第二卷·汉书 后汉书

新编话说二十四史

巴蜀书社

白话精编二十四史 第二卷 后汉书 汉书

图书在版编目（CIP）数据

白话精编二十四史／龚书铎主编 .—成都：巴蜀书社，
2016.10

ISBN 978-7-5531-0739-4

Ⅰ．①白… Ⅱ．①龚… Ⅲ．①中国历史－古代史－纪
传体②二十四史－译文 Ⅳ．① K204.1

中国版本图书馆 CIP 数据核字（2016）第 231862 号

白话精编二十四史　第二卷	龚书铎 主编
策划组稿	林建
责任编辑	施维　张照华　肖静　封龙　童际鹏　张亮亮
出　版	巴蜀书社
	成都市槐树街2号　邮编610031
	总编室电话：（028）86259397
网　址	www.bsbook.com
发　行	巴蜀书社
	发行科电话：（028）86259422　86259423
经　销	新华书店
制　作	日照图书（www.rzbook.com）
印　刷	天津市光明印务有限公司
版　次	2016年10月第1版
印　次	2016年10月第1次印刷
成品尺寸	165mm×230mm
印　张	160
字　数	3000千字
书　号	ISBN 978-7-5531-0739-4
定　价	298.00元（全十卷）

前 言

　　鲁迅先生曾说："历史上写着中国的灵魂，指示着民族的未来。"中国的历史，无疑是我们国家和整个华夏民族的灵魂所在。从有文字以来，中国人就对历史的记述有着浓厚的兴趣。"左史记言，右史记事"滥觞于前，孕育了中国几千年来持续不断的历史记述制度，不仅"世有史官"，而且设立专门的著史机构；除了国家专门组织的著史工作之外，大量的私人著史活动也是风起云涌，从不同的角度，以不同的观念并在不同的深度和广度上反映了历史的真实，从而形成了一股汹涌澎湃的文化思潮，影响深远。

　　在这样的制度和文化背景下，几千年来，中国产生的历史著作可谓汗牛充栋，为了有所区别，于是产生了"正史"和"野史"之分。在浩如烟海的历史著作中，就正史而言，"二十四史"无疑是其中的佼佼者，是中国历史文化遗产中的璀璨明珠。

　　作为正史总集的"二十四史"是中国史学主干，由清乾隆帝钦定后，正史遂成为"二十四史"的专有名称。它从《史记》（司马迁著）至《明史》（张廷玉等著）共计24部、3243卷，约4000万字。"二十四史"的著作年代前后相差计1800年，是世界图书史上独有的巨著。

　　"二十四史"全部按照纪传体的形式，采取以人物为中心、以时间为顺序的方式记事，完整、系统地记录了从传说中的黄帝到明朝末年四千多年间中华民族形成、发展、融合、兴旺的历史轨迹，全面展示了历代王朝的兴亡盛衰规律，翔实而细致地记载了各个历史时期的经济、政治、文化、科技、军事、疆域、民族、外交等多方面内容以及宝贵的历史经验教训。

　　为了让读者能够轻松阅读这一皇皇巨著，我们编撰出版了这部《白话精编二十四史》，从24部史书中选取具有代表性的精华篇章编译为白话，遵循"信、达、雅"的原则，保持原书风貌，浓缩原著精华。为了适应现代读者的审美需求，本书打破了传统正史读物的条条框框，版式设计新颖别致，书中插配了近千幅与史书内容相关的绘画、书法、建筑、陶瓷、金银器等精美图片，通过这些元素的完美结合，将读者带进一个真实而多彩的历史空间，让读者全方位、多角度地去感受中华文明和华夏民族智慧之所在。

目录

白话精编二十四史（第二卷）
- 汉书
- 后汉书

汉书

后汉书

汉书

中国社会科学院历史研究所中国史研究动态编辑部编审

刘洪波

《汉书》，作者为我国东汉时期的历史学家班固等，是中国第一部纪传体断代史。因其所叙为西汉及新莽时期的历史，所以又称《前汉书》。全书上起西汉的汉高祖元年（前206），下至新朝的王莽地皇四年（23），记载了其间230年的史事。《汉书》是继《史记》之后我国古代又一部重要史书，与《史记》《后汉书》《三国志》并称为"前四史"。

《汉书》是中国第一部纪传体断代史。其体例沿用《史记》而略有变更，改《书》为《志》，改《列传》为《传》，改《本纪》为《纪》，无《世家》。包括《纪》12篇，《传》70篇，《志》10篇，《表》8篇，共100篇，后人划分为120卷，共80余万字。

《汉书》语言庄严工整，多用排偶，遣词造句典雅远奥，在这一点上，与《史记》平畅的口语化文字有很大区别。自《汉书》以后，中国的所谓正史，大都仿照其体例，或另有变通增减，纂修为纪传体的断代史。

《汉书》的主要作者是班固（32～92），在班固撰写《汉书》之前，其父班彪著《后传》（《列传》)65篇。班彪去世之后，班固继承父志，写完了《汉书》的大部分。其妹班昭及学生马续又续成八《表》和《天文志》，形成了我们今天看到的《汉书》。

高帝纪

刘 邦，西汉王朝的开国皇帝，以其功劳最高被世人称为汉高祖。他出身于农家，早年当过亭长，为人豁达，宽厚待人。在秦末年间，刘邦奋起草莽，反秦暴政。他击败项羽，提三尺剑取天下，成为历史上第一个起于社会下层的皇帝，彻底打破了封建贵族的世袭格局。

▶【传奇身世】

汉高祖刘邦是西汉王朝的开国皇帝，秦朝沛郡丰邑中阳里（今江苏丰县）人，字季。也有人说刘季是刘邦的小名。

古代帝王的出生，常伴有神秘的故事流传，刘邦也不例外。传说刘邦的母亲坐在湖边休息，梦见自己与一条大龙神交。当时，天色顷刻间一片阴暗，黑压压的，好像要塌下来一样。紧接着，诡异的风声也随之而来，令人心里直发毛。刘邦的父亲察觉到天色骤变，走出茅屋到湖边想唤回刘邦的母亲，不想却见到了更加惊悚的一幕：一条五爪巨龙正盘旋在刘邦母亲的上方，时而呼啸着吞云吐雾，时而俯卧在刘邦母亲的身上。四周火光四起，电闪雷鸣。没过多久，刘邦的母亲就发现自己怀孕了，并在十个月之后生下一个男孩，这个男孩就是刘邦。

刘邦有着高高的鼻梁，漂亮的胡子，隆起的额头，左腿上还有72颗黑痣。他为人性情豁达，处事大度，有仁爱之心，不愿从事农业生产。

到了壮年时，他当上了泗水（今江苏沛县东）亭长，与官吏们都混得很熟。

刘邦贪杯好色，平日里常常到王老太、武大娘的酒馆赊酒喝，并时常醉卧不起。武大娘、王老太见刘邦身上常有怪异，刘邦每次来酒馆中饮酒，店里酒的销量就会增加好几倍。

于是每到年终时，这两家酒馆就把刘邦欠酒钱的债券撕掉，不向他要债。

刘邦曾在咸阳服徭役时看到秦始皇出行时的壮观场景，

刘邦

时势造英雄，刘邦在沛县一地起兵反秦，以微小之师汇入波及全国的反秦浪潮，最终在激烈的角逐中建立汉朝。

当时他不由自主地感叹道："哎呀，大丈夫就应当像这样活在世上！"

【吕公嫁女】

在刘邦担任亭长期间，单父（今山东单县）人吕公为了避开仇家跑到沛县投靠县令，这在当时是一件热闹的事情。吕公学识渊博，喜欢给人看面相，是个有名望的人。他刚到沛县的时候，当地豪杰、官吏等名流纷纷上门送贺礼，想一睹吕公的风采。县中主吏萧何负责收宾客的礼金。为此，萧何还做了一个规定：贺礼以一千为界限。送一千以上的有资格坐在堂上，送一千以下的就只能坐在堂下。

刘邦向来轻视官吏们的这种做法，就在拜帖上写贺钱一万，实际不带一分钱。这个拜帖送到吕公手上，吕公看了大吃一惊，赶忙出来迎接贵客。

萧何见到吕公，附在他耳边轻轻说："刘季这个人大话说得多，能办成的事情很少。"吕公打量了一下刘邦，觉得他的相貌属于大富大贵之人，便不听萧何的劝告，把刘邦请了进去，并且吩咐下人给他安排一个上座。刘邦坐在上座，神色自若。这一切，吕公都看在眼里。

酒宴结束后，吕公示意刘邦留下，并对他说："我见过这么多人的面相，没有见过像你这样的，希望你好好珍惜自己的人生。我有一个女儿还没有嫁人，愿意嫁给你做妻子。"

对于吕公的提议，刘邦自然是满心欢喜地答应。不过吕公的妻子并不愿意，她对吕公说："你常常说我们的女儿命好，会嫁给富贵人家。沛县令跟你关系这么好，向你提亲，你都不答应，现在怎么把女儿嫁给这样的人？"吕公回答："这不是你们女人能懂的事情。"

就这样，吕公将女儿吕雉许配给了当时一无所有的刘邦。

【斩蟒起义】

刘邦以亭长的身份为沛县押送徒役上骊山。半路上，不少徒役都逃走了。刘邦知道徒役人数减少，押送的人肯定会受惩罚。当一行人走到丰西大泽中时，刘邦下令停下来饮酒。刘邦对徒役们说："你们都去逃命吧。反正去骊山也是死，不

去骊山也是死，不如逃走，可能还有一条生路。"他趁着夜色把所有徒役都放了。

当时，徒役中有十多个壮士非常激动，表示愿意跟随刘邦一块儿走。刘邦喝了几口烈酒，就决定连夜抄小路通过沼泽地。他派一个人先行探路，没一会儿，这个人就神色慌张地跑回来说："前方有条大蟒蛇挡住了去路，我们还是回去吧。"

刘邦听后，愤怒地说："大丈夫有什么好害怕的？不过是一条蛇而已！"说完，刘邦借着几分醉意上前，拔剑将大蟒蛇拦腰斩成两截。道路通了，刘邦带人继续往前走。

后面还没跟上来的士兵们刚走到斩蛇的地方，就看到一个穿得破破烂烂的老妇人哭得死去活来。士兵们问老妇人为什么哭得这样凄惨，老妇人说："我的孩子是白帝的儿子，变化成蛇，在道路中间休息，没想到刚才被赤帝的儿子给杀了啊！"士兵们都以为老妇人是失心疯，故意耍着他们玩，就想让她吃点苦头，没想到老妇人却化成了云雾，消失了。

见到这个情景的士兵把老妇人的事情告诉了刘邦，刘邦心中暗暗高兴。没过多久，刘邦斩白帝之子的事在随行的人中传开。渐渐地，人们开始畏惧他，把他视为头领。为了逃避朝廷的追捕，刘邦率领部众躲在大泽之中。

秦二世元年（前209）七月，陈胜、吴广揭竿起义，各地纷纷响应。刘邦在萧何、曹参、周勃等人的拥戴下，自立为沛公，带着流亡的人和沛县的百姓响应起义。

项梁、项羽在吴县（今江苏苏州）聚集了八千余名精兵，加入到反秦暴政的行列。英布在鄱阳湖，彭越在巨野也纷纷响应起义。这些反秦起义队伍声势浩大，犹如燎原之火，迅速蔓延，加速了秦王朝的灭亡。

【反秦暴政】

秦二世二年（前208）六月，陈胜被害。项梁在薛县（今山东藤县）召集各路起义军首领召开军事会议，刘邦也在其中。会上，大家共同推举楚怀王的孙子熊心为王，作为各路起义军名义上的首领。

七月，项梁在定陶被杀。项羽、刘邦的军队正向陈留（今河南陈留）进攻，后挥师向东，在彭城（今江苏徐州）会合。当时，北方的赵国需要支援，项羽率领义军北上救赵，与秦主力在巨鹿决战。刘邦则向西挺进，分兵前，项羽曾与诸将约定：谁先入定关中就可称王。

十二月，刘邦率兵到达栗县，遇见刚武侯，就把他的军队夺了过来，大约有四千人，并入了自己的军队。之后，刘邦又从砀北出发，与彭越合攻昌邑，结果没能攻下，部队只好继续西进。在经过高阳的时候，负责看管城门的郦食其认定刘邦是个大度的人，决定要跟随刘邦，于是打通各路关系想要见他。

当郦食其见到刘邦的时候，他正叉开两条腿坐在床上，有两个女子为他洗脚。见了这个情景，郦食其并没有叩拜刘邦，只是略微俯身行礼，并对刘邦说："如果您一定要诛灭没有德政的暴秦，就不应该坐着接见长者。"刘邦当即站了起来，整理衣服，向他道歉，并把他请到上座。

郦食其问刘邦的下一步计划。刘邦说："继续西行。"郦食其摆了摆手说："不行，不行。你的军队人数不到一万，这个时候跑去跟秦国的主力叫板，跟送羊入虎口没什么两样。"刘邦也觉得有道理，便请教郦食其："那应该怎么办？"郦食其说："你要攻打陈留。陈留这个地方的地理位置非常好，粮草也非常充足。每个行军打仗的人都抢着要这块好地方。如果你能把陈留拿下来，你的军队会得到扩充，粮草也会得到补充。"刘邦又问："我要如何才能把它拿下呢？"郦食其信心满满地说："陈留县的县令是我的老朋友了。我去劝降，你看怎么样？"刘邦同意，于是封郦食其为广野君，负责劝降陈留。拿下陈留之后，刘邦又任命郦食其的弟弟郦商为将军，统率陈留的军队。

秦二世三年（前207）三月，刘邦攻打开封失败，便率领起义军继续向西，与秦将杨熊在白马打了一仗，又在曲遇东面打了一仗，大获全胜。接着，刘邦又向南攻打颍川，在张良的帮助下占领了韩地。

刘邦的军队还顺利攻占平阴，堵

❀ 刘邦祭孔图

汉十二年（前195）十一月，汉高祖刘邦经过鲁地，用太牢（牛、羊、猪三牲，为祭天大礼）祭祀孔子，首开皇帝祭孔的先河。

住了黄河的渡口。此后在洛阳东面和秦军打了一仗，战败撤兵。

接着，刘邦从辕辕山走到阳城，沿途大量扩充军中马骑。失之桑榆，收之东隅，刘邦终于率领着军队成功攻占武关，进入秦地。

汉元年（前206）冬十月，刘邦率先到达霸上。秦王子婴乘坐素车白马（古代凶丧舆服），用丝带绑住脖子，封裹着皇帝玉玺、虎符和符节，在枳道旁（亭名，其址在今陕西咸阳东北）投降。秦朝灭亡。

【仁义之师】

刘邦以胜利者的姿态进了咸阳城，住进皇宫。这个时候，樊哙、张良对刘邦说："您不能这样做，否则会惹来杀身之祸。再说天下这么大，您的志向不能只停留在这里。"刘邦想了想，立即将皇宫中的重要宝物封存好，退军到霸上。此外，他还做了两件很得人心的事情。

第一件事情是不杀前秦王子婴。诸将中有人提出杀掉秦王。刘邦对众人语重心长地说："当初怀王派我攻关中，就是认为我能宽厚待人。既然秦王已经服罪投降，我们就不能杀掉他。"刘邦把前秦王子婴交给主管的官吏，这一举动成功地树立了其仁义之师的形象。

第二件事情是笼络当地的百姓。刘邦招来各县的父老和有才德有名望的人，对他们说："父老们一直受到秦朝苛虐法令的压迫。凡是批评朝政

汉殿论功图·明·刘俊

此图取材于"汉殿论功"的典故，描绘汉高祖刘邦初立汉朝，在殿上规定朝仪，对众臣论功封赏的场景。

得失的要灭族，相聚谈话的要处以死刑，使得人心惶惶。现在我和父老们约定，法律只有三条：杀人的要处死刑，伤人和抢劫的要依法治罪，其余的秦朝法律全部废除。总之，我到这里来，就是要为父老们除害，不会对你们有任何侵害，请不要害怕！"语毕，刘邦就派人和秦朝官吏一起到各县镇乡村去巡视，向民众讲明情况。秦地的百姓都非常高兴，争着送来牛羊酒食，慰劳士兵。刘邦推让不肯接受，说："仓库里的粮食不少，不想让大家破费。"百姓非常高兴，唯恐刘邦不当秦王。

【楚汉之争】

刘邦在退居霸上期间获得当地百姓的爱戴。在这个时候，有人对刘邦说："秦国这块方的富庶是其他地区的十倍，地理形势又好。现在章邯投降项羽，项羽给他的封号是雍王，在关中称王。他们要是来了，您恐怕就不能再拥有这个地方了。相反，如果您赶快派军队守住函谷关，不让诸侯军入关，并逐步征集关中的兵卒，加强自己的实力，就可以抵抗他们了。"刘邦听从这些人的建议，迈出了楚汉决裂的第一步。

汉元年（前206）冬十一月，项羽果然率领诸侯军西进，想要进入函谷关，没想到刘邦不肯开城门。项羽听说刘邦已经平定了关中，怀疑刘邦要夺走自己的王位，非常恼火，于是派英布等攻破函谷关。

十二月中旬，项羽的军队到达戏水。刘邦的左司马曹无伤听说项羽发怒，想要攻打沛公，就派人去给项羽报信，想借此来巴结项羽。曹无伤派人对项羽说："沛公要在关中称王，让秦王子婴做丞相，把秦宫所有的珍宝都据为己有。"项羽听了就更生气了。这个时候，项羽的谋士范增建议项羽在鸿门这个地方摆酒宴，请刘邦来喝酒，趁他醉醺醺的时候杀了他。

项羽听从范增的建议，对刘邦发出邀请。刘邦因军力暂时不敌项羽，只好听从张良的计策，亲赴鸿门宴会。

宴上，范增召项庄舞剑为酒宴助兴，想趁机杀掉刘邦。项伯为保护刘邦，也拔剑起舞，用自己的身体挡在刘邦跟前，掩护刘邦。在危急关头，刘邦的部下樊哙带剑拥盾闯入军门，与项羽怒目相对。项羽得知樊哙是刘邦的部下，便赐酒给他。樊哙借机缠住项羽，为刘邦离席制造机会。刘邦见势便借尿逃走。

直到刘邦顺利离开项羽的势力范围，张良才拿着礼物走到项羽跟前说："沛公他喝醉了，没办法跟大王您道别。现在给大王送上白玉璧，给大将军范增献上喝酒的玉斗，希望你们能原谅他的不辞而别。"项羽看到漂亮的白玉璧，高兴地收了下来，范增气得火冒三丈，把玉斗摔碎，起身说道："我们要成为沛公的俘虏了！"。

刘邦回到军中后，立杀叛徒曹无伤。

项羽自封为西楚霸王，大封天下诸侯，以刘邦为汉王，遣其至巴蜀蛮荒之地，以防其反叛。不久，刘邦听从韩信之计，明修栈道，暗度陈仓，占领关中。

汉二年（前205）冬十月，项羽密使九江王英布击杀义帝熊心，引起公愤。刘邦在洛阳为义帝发丧，并打着正义的旗号，以韩信为统帅，讨伐项羽的不义行为。

在荥阳，刘邦组建骑兵部队，有效阻挡了楚军的进攻。在战略上，刘邦还坚守荥阳、成皋一线，积极在楚军的后方和侧翼开辟新战场，对楚军进行夹攻。

韩信在汉二年八月至次年十一月

这一年九月，项羽率兵东归，刘邦也打算西归。张良、陈平劝说刘邦："如今汉有天下大半，诸侯归附，楚军兵乏粮缺，这是天要亡楚。如果不趁此时机消灭项羽，一定会养虎为患。"于是刘邦背约，围攻楚军。

汉五年（前202）十二月，刘邦的部下韩信、彭越等人率军围歼项羽于垓下（今河南鹿县）。项羽率领残余部下突围，到达乌江自刎。楚汉战争正式落幕。

【建立西汉】

汉五年二月，刘邦登帝位，建立西汉王朝。

即位后，刘邦进行了七年之久的平叛削藩战争，消灭了在楚汉战争中权宜而封的异姓诸侯王，并积极排除异己，前后杀死了怀疑有叛变之心的功臣韩信、彭越、英布等人，巩固刘氏王朝的政权。

在政治上，刘邦大体上继承了秦朝有利的制度和中央集权的国家体制，并保持秦朝全部的国家机器，包括三公九卿、礼仪等。同时，他还逐步加强对官吏的考核。在国家权力上，刘邦提高了丞相的权力。他授权给萧何，让他可以根据法令管理下面的官员，丞相是当时名副其实的中央首领。在地方上，刘邦依旧实行郡国并立的政体。也就是说，在施行郡县制的同时，分封诸侯王。这是刘邦在吸取秦王朝失败教训的基础上，采用的一种新的地方制度。

🔴 鸿门宴

公元前206年，刘邦与项羽在秦都城咸阳郊外的鸿门（今陕西临潼鸿门堡村）举行宴会，而项羽的优柔寡断使得刘邦得以乘机逃脱。后人用"鸿门宴"一词喻指暗藏杀机的宴会。

间，接连平定魏、代、赵、燕，直逼齐国，形成了对楚军包围的战略形势。

汉四年（前203），刘邦出兵攻打楚国。项羽自知粮缺兵乏，不得已向刘邦提出议和。楚汉约定以鸿沟为界中分天下，鸿沟以西属于汉的领土，鸿沟以东则为楚的领地。

更值得赞誉的是，刘邦在改革秦制的时候，采取顺应民意的态度，命令废除诽谤罪、族诛法、偶语律等苛刻的秦法。同时，他还让萧何创作《汉律九章》，要叔孙通制定朝廷的礼仪，来确立封建等级制度。最后，他还接受娄敬的建议，把六国强宗大族和豪杰名家十余万人口迁徙到关中定居。

在经济上，刘邦采取重农抑商的政策，使社会经济得到了恢复和发展。汉五年，刘邦颁布了"复故爵田宅令"，招抚流亡的人，恢复避居山林的地主和自耕农的爵位，归还他们因为战争而失去的田地、房屋；推行"以有功劳行田宅令"和"复从军吏卒令"，鼓励从军的吏卒重新务农，并且按照功劳分配给他们田地、房屋，免除他们的徭役；同时，释放奴婢，鼓励人们生孩子来解决农业劳动力的问题。

刘邦推行的仁政受到广大百姓的好评，同时，他也是历史上难得的节俭皇帝。他反对秦王朝的奢华之风。在宫殿建设、歌舞和其他享乐上，刘邦都尽显朴素之风，为后世之人所称赞。

汉初，刘邦实施的种种政策为他赢得了六七十年的太平盛世。当时社会安定，百姓安居乐业，文化开始复苏繁荣，经济也得到了较大程度的恢复，为西汉王朝的繁荣打下了基础。

由于秦末汉初的连年战争，使得漠北匈奴乘机南下，重新占据河南地（今内蒙古河套地区）。汉六年，韩王信投降匈奴。次年，刘邦亲自率兵出征，在白登（今山西大同）被匈奴三十余万骑兵围困七天七夜。刘邦迫于无奈，采用陈平的计谋，重金贿赂冒顿单于的阏氏，才得以脱险。从此，刘邦不得不对匈奴采取亲和政策，开放与匈奴间的关市，缓和汉匈的关系。

汉十二年（前195），刘邦东征英布时受的剑伤复发。临终前，他对人事作了一番详细的安排。

同年四月二十五日，刘邦于长乐宫逝世，葬于长陵，谥号高皇帝。

论赞

赞曰：晋国史官蔡墨在《春秋》中记载：刘累是尧帝的后裔，为夏王孔甲养龙，后来的范氏就是刘累的后代。范宣子也说过："我的祖先是陶唐氏，夏朝时改为御龙氏，商朝时改为豕韦氏，周朝时改为唐杜氏，晋王称霸时改为范氏。"范氏在晋国世代为官，在鲁国文公时迁到秦国，后来又回到晋国，留在秦国的改姓刘。战国刘向就说过刘氏是被魏国从秦国俘获来的。后来秦灭魏，刘氏就迁到了大梁，在"丰"这个地方繁衍。所以周市对雍齿说"丰"这个地方的人都是从大梁迁来的。也就是说刘姓子孙是尧帝的后裔，到了周朝时在秦国改姓刘，然后迁到魏国的东部，成为丰的主人。因此，从刘姓子孙的迁徙进程来看，高祖统一天下，不过是继承了尧帝的帝运，顺应天意行事而已。

高后纪

本纪

汉书

高后吕氏作为中国历史上第一位女性统治者，是一位性格刚毅、有抱负、有韬略、有作为的政治家。她早年辅佐汉高祖刘邦平定天下，在汉高祖死后，又继承高祖遗志，将西汉王朝推向另一个高峰。她是历史上为数不多的杰出女性统治者之一。

▶【操控皇位】

高皇后吕雉，字娥姁，汉高祖刘邦的发妻，生惠帝和鲁元公主。她早年勤劳持家，辅佐刘邦平定天下。刘邦在位时，封吕雉的父亲和哥哥为侯。高祖驾崩后，刘氏皇朝的政权落到了高后吕雉手里。

汉十二年（前195）五月，惠帝即位，尊生母吕雉为皇太后。惠帝体弱多病，需要休养身体，吕雉便为其代理国家事务。慢慢地，政权集中到了吕雉手里，也开启了她控制刘氏皇位的勃勃野心。

为了控制皇位，吕雉首先从血统上下手。她秉承着"亲上加亲，刘吕江山一家亲"的美好愿望，决定立自己的女儿鲁元公主和张敖所生的女儿张嫣为皇后。换句话说，吕雉强迫惠帝娶自己的亲侄女张嫣为妻子。

惠帝四年（前191），吕雉以骏马十二匹、黄金万两为聘礼，将年仅十二岁的张嫣立为皇后。无奈张皇后年幼，无法为皇室孕育子嗣。吕雉不

愿意计划失败，便做出了一个更加惊人的决定。她让张皇后假装怀孕，趁后宫一位美人产子的时机，将其子夺走，作为张皇后的儿子，并立为太子。

惠帝七年（前188）秋八月，惠帝去世，太子即皇帝位。少帝年幼，吕雉临朝听政。至此，这个权力欲极盛的女人迎来了她政治生涯的又一个高峰。

高后四年（前184），少帝知道自己并非张皇后所生，其生母也已被吕雉所杀，所以决心报复。少帝的仇恨言行很快就传到了吕雉的耳里。吕雉盛怒之下，将少帝囚禁于宫中的永巷，并下诏说："凡是拥有天下、治理万民的人，心胸应该像天和地一样宽广。皇帝用欢心来使唤百姓，百姓就能欣然侍奉皇上，欣欣交融则天下大治。现在，皇帝久病不愈，精神迷惑错乱，不能继承帝位、奉祠宗庙、祭祀天地，不可委以天下的大任。各位臣下讨论谁能担起这个责任。"

吕雉的这个决议得到了群臣的附

和。同年五月，吕雉废少帝，立恒山王刘弘为皇帝。

就这样，通过操控汉室皇位的继承人，吕雉一步步巩固了自己的权力、地位。

【把持朝政】

吕雉实际统治西汉王朝十六年，直至她去世，是中国历史上第一位出色的女性统治者。从一些诏令中，我们可以看到她的治国之才。

高后元年（前187），吕雉下诏说："惠帝生前曾说过想废除'三族令'以及'妖言令'，但是还没决定下来就去世了。如今我决定废除这两种法令。"于是，这两项过于严苛的法令被废除。

高后二年（前186）春，吕雉下诏说："高皇帝平定匡正天下，凡是有功之臣，皆封为列侯，领有封地，百姓安定，都受到了恩德。我从长远方面考虑，如果列侯的功名不记录下来，就不可能让后世人学习。现在，我想依照列侯功劳大小，确定其在朝廷的品位，并记录在高祖庙堂，让这些人的子孙后代继承其功位。"这是吕雉在统治期间积极笼络朝中大臣的策略。

此外，在政治上，吕雉积极推行刘邦的"休养生息、无为而治"的黄老政治；在用人上，她遵守刘邦临终前所作的人事安排，相继重用萧何、曹参、王陵、陈平、周勃等开国功臣。这些大臣们都遵奉无为而治，从民之欲，从不劳民，将黄老政治推向了另一个高峰。

在经济上，吕雉实行轻赋税和工商自由贸易的政策，使经济得到了进一步发展，人民生活得以改善。

在外交上，吕雉也颇具政治家风度。匈奴的冒顿单于曾在刘邦死后写信羞辱吕雉，说："你死了丈夫，我死了妻子，我们两个都不快乐。不如结合在一起，弥补各自的空虚。"吕雉读信后，强压怒火，回信说："我已经年老色衰，头发和牙齿都掉了，走起路来也不方便。"然

🔴 **吕后执政玉玺·西汉**

玉料呈白色，为新疆和田玉，印文为阴刻篆书"皇后之玺"四字，1968年在陕西咸阳韩家湾公社狼家沟汉高祖长陵附近出土，是迄今所知仅有的一件汉代帝后玉玺出土遗物。

后派人将车马赠送给冒顿单于，婉言谢绝他，成功地化解了一场外交危机。冒顿单于收到书信和礼品后自觉失礼，又派遣使者向汉朝认错。

吕后统治时期，不论政治、法制、经济、思想，还是外交方面，都得到了全面发展，汉朝内外达到和谐的局面，为后来的"文景之治"奠定了坚实的基础。

【扩大势力】

在吕雉当权期间，她排除异己，重用吕姓亲人，先后封自己的侄子吕台、吕产、吕禄和吕台的儿子吕通四人为王，又封吕氏家族六人为侯，使吕氏家族在刘氏的天下中占有半壁江山。

吕雉把南、北军交给吕禄和吕产掌管，美其名曰是为了控制京师及宫廷治安，实际上是为了确保军队掌握在吕姓家族的手上。

到了晚年，吕雉身边没有子孙，她开始害怕高祖其他妃子所生的子孙争夺皇位、打压吕氏家族，于是采取了积极的联姻政策。她将嫡亲的女儿们嫁给刘氏子孙，换句话说，就是强迫不是她亲生的刘氏皇子皇孙娶吕家的女儿为王妃，企图再次通过控制皇室的血统来巩固吕家的势力。然而，吕雉的联姻政策并没有奏效。她强迫高祖的儿子刘恢娶吕产的女儿。吕产的女儿嫁给了刘恢，却因为刘恢专宠一名妃嫔而上奏诬陷刘恢有谋反之心。在朝廷

🏮 汉长陵陶彩绘指挥俑·西汉

汉长陵位于陕西西安以北约20千米、咸阳以东约20千米的窑店镇三义村北，是西汉开国皇帝刘邦与其皇后吕雉的陵墓。这件指挥俑是1965年长陵从葬坑中出土的3000余件彩绘兵马俑中的一件，展现了西汉初期皇家卫队的形象。

内外双重压力下，刘恢于高后七年（前181）六月自杀，他的死进一步激化了吕刘两家的矛盾。

【吕氏覆灭】

如果说将吕产的女儿嫁给刘恢是吕雉积极联姻的一个败笔，那么将吕禄的女儿嫁给刘章，则是一个更大的败笔。

高后八年（前180）七月，吕雉于未央宫去世。她遗诏赏赐诸侯王各千金，并大赦天下。

吕雉死后，上将军吕禄、相国吕产掌握朝廷大权。他们深知这已经是违背当年高祖立下的"不是刘氏不能封王，没有功劳不能封侯"的誓约，害怕被朝中的大臣诛杀，索性决定造反。

吕禄的女儿得知父亲密谋造反的消息后，便告知了丈夫刘章。刘章立即派人通知他的哥哥齐王刘襄，让他从山东发兵，西向长安，而他则与太尉周勃、丞相陈平为内应，一场灭吕大战开始了。

齐王接到消息后同意发兵，又劝说琅邪王刘泽征调他封国内的军队，一并向西进发。

吕禄、吕产等派遣大将军灌婴领军迎击。灌婴到荥阳后，却和齐王联合起来，等待吕氏发动变乱，再共同消灭他们。

为了达到彻底剿灭吕氏的目的，太尉周勃和丞相陈平商量，利用郦寄与吕禄的良好关系，劝说吕禄放弃军政。

后来，周勃又令典客刘揭游说吕禄，说："皇帝派太尉掌管北军，希望你交出军印，尽快回到自己的封地。如果再不交出来，恐怕就要大祸临头了。"

就这样，吕禄将将印交给了典客刘揭，将兵权交给了周勃。至此，北军回归到周勃手里。然而吕产却不知道，仍妄想谋反，并率领士兵进入未央宫作乱。

刘章带着一千士卒从旁门进入未央宫，袭击吕产。吕产所率士兵乱成一团，吕产本人逃到郎中府的厕所里。刘章赶来，将其刺死。

接着，大臣们又杀了吕禄和吕嬃，并派军队搜捕吕氏家族的人，无论老少，全部处死。此外，大臣们共同议定，认为皇帝刘弘及其三个弟弟刘太、刘武、刘朝都不是惠帝的儿子，于是将他们全部处死，尊立高祖在世儿子中最年长者刘恒为帝，是为汉文帝。至此，风光的吕氏家族在吕后去世不久被瓦解，汉王朝也恢复由刘氏来统治。

武帝纪

汉 武帝是一位极其复杂的历史人物，史家对他有褒有贬，似乎难以盖棺定论。称赞者说他少年登基，任人唯贤，培养起一大批军事、政治、文化奇才；说他目光敏锐，行动果敢，推恩削藩，改革政府机构与经济制度；说他使卫、霍二将北击匈奴，大汉之名威震天下。贬低者说他常年征战，劳民伤财，奢侈浪费。但无论如何，谁也不能否认，武帝创建了一个奇伟的王朝。

▶【唯才是举】

汉武帝刘彻在景帝的众多孩子里排行居中，母亲是王美人。他四岁的时候被立为东胶王，七岁的时候被立为太子，其母王美人被立为皇后。

景帝后元三年（前141），武帝即位，尊皇太后窦氏为太皇太后，皇后王氏为皇太后，封皇太后的同母弟弟田蚡、田胜为列侯。

同年，武帝想召集四方人才辅佐自己开创千秋大业，便大胆推行一种新的用人制度。他下诏书要求各级官员推举贤良正直、敢于直言进谏的人，并鼓励天下百姓直接向他上书推荐贤人或者自荐。这是一种全新的选拔和任用官吏的制度，称为"察举"。

在察举的科目中，孝廉是最重要的一科，此外还增设其他考察科目，如茂才、文学、明法、兵法等。这种新的用人制度打破了官爵世袭，能为国家选用更多贤能的人士。

察举制得到了各方人士的积极响应，人们纷纷上书自荐。丞相卫绾上奏说："各方官员已经推荐了不少贤良的人才，有的提倡商鞅、韩非、张仪学说，扰乱国政，应该被废除资格。"武帝同意了卫绾的建议，并亲自挑选了一批出色的人才。当中有不少布衣得到武帝的赏识，像董仲舒、主父偃、东方朔、朱买臣等后来成为大汉有名的臣子，都是通过这种用人制度得到武帝重用的。

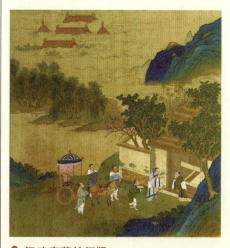

🌀 汉武帝蒲轮征贤

【统一政权】

武帝即位后，为巩固中央政权，对内设立中朝，对外推行推恩令。

武帝刚刚即位，朝中许多大臣仍是早年随高祖刘邦打天下的老臣子。这些人多数年迈，推崇黄老的无为之治，与武帝的改革思想格格不入。为了将朝中大权掌握在自己手里，武帝决定设立中朝，而由元老重臣掌握的权力机构设为外朝，逐渐形成中朝决策、外朝执行的政治格局，此举不仅对当时有着重要作用，对后世也影响巨大。这一政治改革为武帝此后实施一系列改革营造了一个良好的政治环境。

元朔二年（前127），武帝为了削弱诸侯王的势力，采纳了主父偃的建议，实施推恩令。推恩令名义上是施恩惠，实际上是削弱藩国实力，其主要内容是：诸侯王的王位除了由嫡长子继承以外，还可以用推恩的形式使其他儿子在王国内分享封地。新的侯国脱离原来王国的限制，地域独立，并享用自己封地的租税。

推恩令下达后，诸侯王的其他子嗣多数都受封成为列侯，不少王国先后分为若干个侯国。按照汉制，侯国隶属于郡，地位与县相当，受当地的郡县官吏管辖。这样就将原来独立的地方王国的权力上移至国家，原有的王国缩小，而朝廷直辖土地扩大。推恩令的实施解决了日益膨胀的诸侯国势力的威胁，更难得的是它避免了激起诸侯王的反抗。

元封五年（前106），武帝为了进一步加强君权，将全国分成十三个监察区。每个区叫做"部"，每部派出一名刺史，中央的刺史叫做司隶校尉。刺史在六个方面对地方进行监督，防止郡守和地方豪强相互勾结，对抗中央。同时，刺史还负责向中央推荐官吏，对于政绩不好的刺史，中央可以罢免。

武帝的种种巩固中央集权的举措成功削弱了诸侯的势力，使大汉政权达到了前所未有的统一。

【抗击匈奴】

元光二年（前133），武帝召集群臣商议讨伐匈奴的对策。王恢提议采取诱敌深入，以伏兵袭击的作战方法来抗击匈奴，得到了武帝的赞同，汉匈战争一触即发。

从这一年至元狩四年（前119），武帝先后发兵对匈奴进行了多次战争，其中河南之战、河西之战和漠北之战是关键性的战役。

元朔二年（前127），匈奴侵入上谷、渔阳进行掠夺，并杀害当地百姓千余人。武帝派遣将军卫青、李息出兵云中，直达高阙，斩获数千人，收复河套以南的河南地区。武帝在该地设立朔方郡、五原郡，徙民十万屯垦，重新修整了秦代的旧长城，并派兵驻守。此战，卫青立有大功，被封为长平侯。

元朔五年（前124），卫青率骑兵赶走匈奴右贤王，生擒匈奴王子十余人。汉军大获全胜，收兵回朝。武帝喜出望外，拜卫青为大将军。

元狩二年（前121）三月，卫青的外甥霍去病率领一万骑兵从陇西出发，在皋兰山脚下和匈奴骑兵交战，斩八千余名匈奴兵。同年夏天，霍去病又率几万骑兵行军一千多千米，一路追击匈奴到祁连山麓。这就是历史上著名的河西战役，这次战役对汉匈双方力量的消长产生了巨大影响，匈奴势力自此日益削弱。

战争结束后，武帝在河西地区先后设置武威、酒泉、张掖、敦煌四郡，移民十万定居农垦，并打通汉朝和西域交往的道路。

元狩四年（前119），武帝派卫青、霍去病率十万骑兵、几十万步兵，分别从定襄郡（群治在今内蒙古和林格尔西北土城子）和代郡（群治在今河北蔚县）出发，追击匈奴单于于漠北。卫青北进千余里，渡过大沙漠，直抵阗颜山（今杭爱山脉），先后歼敌一万九千余人。霍去病更深入敌方一千多千米，追

❀ 汉茂陵封土

茂陵是汉武帝的陵寝，位于陕西省兴平县东15千米。封土是陵墓地面以上由土堆垒而成的部分，茂陵封土高大雄伟，形似覆斗，以夯土砌筑，高约47米，其上遍植苍松翠柏。封土周围有方形的夯筑城垣，仅墙基宽度就达5.8米，可见其坚固程度。

击匈奴左贤王到狼居胥山，俘虏匈奴七万四千余人。在这次战役中，武帝组织十四万匹战马随行，以备换用，还派了十万重兵转运粮草，最大程度上保证了主力军的物资供应。这就是汉朝历史上规模最大、影响最深远的漠北战争。从此，匈奴迁徙到漠北以北。西汉对匈奴战役的最终胜利维护了国土的统一，为汉朝经济、文化的发展创造了安定的环境。

【巫蛊之祸】

武帝晚年的时候，其政治集团内部发生了一件重大的事情——巫蛊之祸。

某日中午，武帝在梦中见到上千个手持棍棒的木头人朝他打来。武帝断定这是有人在诅咒他，于是派遣宠臣江充追查巫蛊之事。

江充到处搜木头人，甚至用烧红的铁器钳人、烙人，强迫人们招供。江充四处"行凶"，但凡被他扣上巫蛊罪名的人都不能活命。没过多久，死在巫蛊罪名之下的就有好几万人，朝野上下人心惶惶，动荡不安。

江充与太子刘据有嫌隙，见武帝年老，害怕以后被太子诛杀，便定下奸计，说皇宫内有巫蛊作祟。得到武帝允许后，江充开始在宫内肆意搜查。搜查太子寝宫时，江充趁别人不注意，将事先准备好的木头人挖出来，并大肆宣扬说在太子宫里挖出来的木头人最多，要治太子的死罪。当时武帝正在远离都城的甘泉宫休养，刘据被江充逼得走投无路，只得越权行事，调集军队，捕杀江充。

这时，宦官苏文等人向武帝报告说太子起兵造反。武帝信以为真，盛怒之下下令捉拿刘据。刘据战败，带着两个儿子逃跑到湖县（今河南灵宝西），躲在一个农户家中。卫皇后也在宫中自尽身亡。不久，新安县令李寿知道了刘据的下落，带人前去捉拿。刘据无处逃跑，上吊自杀。他的两个儿子和那家的主人被李寿的手下杀死。

刘据死后，武帝派人调查，才发现巫蛊之祸中的大部分案件都是子虚乌有。武帝醒悟后，下令诛杀江充全族，烧死宦官苏文，至此才结束了这场内乱。

后元二年（前87）二月，武帝去世，葬于茂陵。

论赞

赞曰：汉承接了历代的弊端，高祖拨乱反正，文帝、景帝注重养民，但是对于考究古代礼乐制度之事，还很缺乏。武帝刚刚即位，就很有远见地罢黜百家，突出《六经》的地位。谁能为天下谋事，就推举谁为优秀人才，让他建功立业。武帝还兴办太学，修建祭祀庙祠，改正月为一年的第一个月，确定历法，协调音律，作诗赋乐曲，建造祭天台，祭祀百神，延续周朝传统，其光彩是值得称赞的。像武帝这样雄才大略，不改变文帝和景帝时恭俭以救助百姓的政策，是《诗》《书》上所赞美的。

白话精编二十四史

第二卷

陈胜 项籍传

列传

又书

陈胜是中国历史上第一次大规模农民起义的倡导者。他早年有鸿鹄之志，更有"王侯将相，宁有种乎"的气概。项籍则被称为千古最勇猛的将领，他是力能扛鼎、气压万夫的一代英雄豪杰，人称西楚霸王。他们的出现掀起了一场风云斗争，谱写了中国历史的新篇章。

【陈胜假天命称王】

陈胜，字涉，阳城（今河南登封东南）人。吴广，字叔，阳夏人。

陈胜年轻时曾是给人种地的雇农。有一次，他在田里对其他雇农说："谁将来要是富贵了，可不要忘记彼此啊！"雇农们笑着说："你我都是受雇来耕田的，有什么富贵可言？"陈胜不禁叹了一口气，说："唉，燕雀又怎能知道天鹅的志向啊！"

秦二世元年（前209）七月，朝廷征调民户去渔阳，陈胜和吴广担任屯长。走到蕲县大泽乡（今安徽宿州大泽乡）时突然下起了大雨，道路被洪水阻断，无法前行。眼看报到期限就要延误，按秦朝律法，众人将被斩首。陈胜和吴广商量干脆借扶苏和项燕的名义起义，反抗秦暴政，干出一番事业。

他们为此事去占卜。占卜人明白他们的意图，说："你们的事情能成，有大功，不过这事还是要问鬼神。"得到肯定的答复后，陈胜和吴广都非常高兴，认为占卜的结果说的"问鬼神"，就是要借助鬼神的力量来提高他们的威望。于是他们用朱砂在帛上写了"陈胜王"三个字，偷偷塞进渔民捕来的鱼的肚子里。当戍卒买鱼烹饪，看到鱼肚子中的帛书。此外，陈胜还让吴广到树林中的荒庙去，在夜间点起火堆，装作狐狸的声音呼喊："大楚复兴，陈胜称王。"

次日，吴广扬言要逃跑，目的是让校尉当众辱骂自己以激怒众人。校尉果然中计，当众鞭打吴广。当校尉拔剑的时候，吴广趁机将剑夺走，反刺校尉。陈胜也上前协助，合力杀死两个校尉。之后，陈胜对众人说："延误报到时间是要杀头的。即使不杀头，去戍边的人也很难活下来。壮士不死则已，要死就要死得轰轰烈烈。"

陈胜的话彻底打动了同行的戍卒们。再加上之前吴广制造的显灵事件，这些戍卒们更加认可陈胜，纷纷表示愿意支持陈胜和吴广。于是这群人假借扶苏和项燕的名义起义，号称大楚。陈胜自立为将军，吴广为都尉。

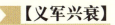

【义军兴衰】

借着义军浩荡的声势，陈胜和吴广攻下大泽乡。他们沿途不断招收士兵，壮大队伍，先后攻下蕲县、铚县、郯县、苦县、柘县、谯县。义军到达陈县时，已有战车六七百辆、骑兵千余骑、步兵数万人。

义军攻打陈县时，郡守、县令都不在，只有守丞在谯门抵抗。守丞战死，义军占领陈县。过了几天，陈胜下令召集三老（秦在乡里设置的负责教化的乡官）、地方豪绅召开会议。会上，大家推举陈胜称王，国号称张楚。

此时，各地郡县苦于秦的暴政，纷纷杀死当地官吏响应陈胜。于是陈胜任命吴广为假王（副王），率领各将领进攻荥阳。此外，陈胜还把将军印授给陈县贤人周文，命他率军向西攻秦。

周文沿途招兵买马，至函谷关已有士兵十余万，最后到达戏亭（在今陕西临潼东北、戏水西岸）并驻下。为了应战，秦二世赦免了在骊山服役的刑徒和奴婢之子，派他们攻打楚军，结果大胜。周文兵败，退出函谷关，屯驻曹阳。两个多月后，周文再次兵败，驻扎在黾池。秦军乘胜追击，义军大败，周文自杀。周文死后，义军开始溃散。

将军田臧等认为周文的军队溃散，秦兵迟早会来攻击他们，不如留下少量军队包围荥阳，集中兵力对抗秦军。他们

🔥 **秦末农民战争示意图**

还认为假王吴广骄横，不熟悉兵法，容易坏事。于是，他们假借陈王的命令，杀死了吴广，并将吴广的头献给了陈王。陈王任命田臧为上将军。田臧带领军队迎击秦军，结果战死。

此时，秦军将领章邯击溃五逢，进攻陈县。陈胜亲自上阵督战，不想军队溃败。

同年十二月，陈胜到汝阴，转至下城父时，被车夫庄贾杀害。至此，陈胜称王六个月，葬在赐县。刘邦称帝后，追谥其为隐王。

陈胜之死激起了他的旧时侍臣吕臣的悲愤，他建立了一支青巾裹头的苍头军，起兵新阳，攻克陈县，杀死庄贾，重新竖起张楚大旗。

陈胜虽然死了，但他所封立、派遣的王侯将相终于灭了秦朝。高祖当时为陈胜在芒砀山（今河南永城境内）安置了守坟的人家，并命令按时宰牲畜祭祀他。直到王莽失败后，才断了祭祀。

【响应起义的项羽】

项籍，字羽，下相（今江苏宿迁）人。项羽起兵时才二十四岁。他的叔父叫项梁，项梁的父亲是楚国名将项燕。项家世代为楚将，封在项城县，因此姓项。

幼时，项羽学字、学剑均半途而废。项梁很生气，项羽却说："认识文字，能记个姓名就足够了。剑术只能对抗一人，不值得学习。我要学习的是能对抗上万人的本事。"项梁觉得项羽是个可造之材，便教他兵法。不过项羽懂了一点儿皮毛后，又不肯继续学习了。

秦二世元年（前209）七月，陈胜等人在大泽乡起义，项羽和项梁商量后杀死郡守起义。

项羽召集吴中的兵员，又派人征集下属各县壮丁，得到精兵八千。项梁任命吴中豪杰担任校尉、军侯和司马。项梁担任稽将军，项羽担任副将，巡视下属各县。

秦二世二年（前208），广陵人召平替陈王攻打广陵，没有攻下。他听说陈王败逃，又怕秦将章邯追击，便假托陈王的命令渡江，赐封项梁为楚国上柱国，并命令其带兵攻打秦军。于是，项梁带领八千人渡江西进。

东阳的年轻人也杀死了县令，响应起义。众人推举陈婴为起义军首领。陈婴不敢称王，便借口说项姓世代是名将，威望足以当我们的主帅。于是，陈婴将部队归入了项梁的军队。

这时，秦嘉已拥立景驹为楚王，想抵抗项梁。项梁便起兵攻打秦嘉。秦嘉战死，其军队投降。项梁合并了秦嘉的军队，驻军胡陵。项梁又派遣项羽攻打襄城。项羽大胜，并把守城降卒们全部活埋。

【怒杀宋义】

后来，陈王被杀害的消息传开，项梁召集各部将领到薛县召开会议。此时，沛公也在沛县起兵，赶来参加会议。会议上，众人拥立楚王的后代熊心为楚怀王，作为起义军的首领。陈婴为楚国上柱国，赐封五县。项梁自称为武信君，率军攻打亢父。

项梁从东阿出发，到达定陶，再次击垮秦军。项羽等人又杀死了李由的部将，便更加轻视秦军，显出了骄傲的神色。而这个时候，秦朝动员全部军队支援章邯，在定陶打败楚军，项梁战死。

秦将章邯认为楚国的兵力不足忧虑，就渡过黄河攻打赵国，击败了赵军。此时，楚王召见宋义，任命他为上将军，项羽为鲁公并担任次将，范增担任末将。各部将领隶属宋义，号称卿子冠军。

宋义率领部队北上救赵，行军到安阳，停留不前。项羽非常着急，对宋义说："我听说秦军将赵国重重包围在巨鹿这个地方。我们渡过漳河，楚军攻打外围，赵国内部响应，自然能打垮秦军。"宋义则说："不对，我们应该在秦军和赵军疲惫的时候去作战，不胜的话就西进，一定能推翻秦朝。"宋义还下令："军中如有不听从指挥者，按军法处死。"随后，他又送自己的儿子宋襄去辅助齐王，并大摆宴席。

当时天气很冷，士兵们饥寒难忍。项羽认为宋义不体恤士兵，却钻营私利，于是斩了宋义的头，并向军中发令："宋义与齐国阴谋反楚，楚王秘密命令我杀死他。"诸将都臣服，拥立项羽为代理上将军。项羽又派人追赶宋襄，追到齐国并将他杀死。

【西楚霸王】

项羽杀掉宋义之后，威震

🔆 **项羽乌江自刎**

项羽以八千子弟兵起事于江东，成为秦末最具实力的武装力量。可他军事上的才华无法掩盖他在政治上的幼稚，公元前202年垓下之战中，面对十面埋伏、四面楚歌，霸王卸甲，自刎江边。

楚国，名声传遍诸侯。他派当阳君、蒲将军统兵两万渡过漳河，援救巨鹿。战事稍胜之后，项羽又亲自率领全部军队渡过漳河。渡河后，项羽下令凿沉全部船只，砸毁饭锅，只携带三天的干粮，借此来向士兵表示决一死战、毫无退还之心。此战，楚军雄冠诸侯。从此，项羽成为诸侯的上将军，各路诸侯都隶属于他。

秦将章邯的军队驻扎在棘原，项羽的军队驻扎在漳南，两军对峙，迟迟未开战。秦二世派人责问章邯。章邯开始恐惧。此时，陈馀也写信给章邯劝降。章邯虽然心存犹豫，但是仍派人跟项羽军队洽谈和约。

和约还没签订，项羽派蒲将军不分昼夜领兵渡过三户渡口，屯驻漳南，与秦军交战，再次打败秦军。项羽也统率全军在汉水进攻秦军，大获全胜。

秦将章邯只好求和。项羽和军官们商议着说："粮食缺少，我想答应求和。"军官们都附和着说好。项羽便和章邯在洹水南边会谈，订立盟约。项羽还封章邯为雍王，安置在楚军中。

汉元年（前206），项羽率领各诸侯军三十多万人，一路进军攻打城池。途中，各诸侯的官兵们将投降的秦军官兵当做奴隶和俘虏使唤。很多秦军官兵们都暗暗议论："可以入关破秦是件好事，如果不能，诸侯军把我们带到东方，秦朝一定会杀死我们的妻儿。"

秦兵们的议论传到了项羽的耳朵里，项羽认为这些人存有二心，于是

在新安城坑杀了二十多万秦兵。

项羽继续率领军队前进。此时，刘邦已经攻下咸阳，秦朝也被推翻，天下大局已定。项羽想杀害刘邦称王，结果以失败告终，于是只好先封各位将相为王。他表面上推尊怀王为义帝，让其在郴县建都，又划分天下让诸侯称王。他还立刘邦为汉王，让其领有巴郡、蜀郡和汉中为封地。接着，他又把关中划为三份，封秦朝降将为王，用来阻挡刘邦。自己则自封为西楚霸王，领有九个郡，建都彭城。

【霸王崛起】

汉二年（前205），项羽暗中指使九江王英布杀害义帝。刘邦以项羽违背盟约为名与项羽开战，拉开了楚汉战争的序幕。

项羽起兵反击，从萧县发动猛烈攻击，大败刘邦的汉军。汉军溃败，纷纷向南方逃亡，楚军乘胜追击。到了东南的睢水，汉军十万人都掉进了睢水河中，伤亡情况非常惨重。汉军的尸体堵塞得睢水流淌不动，刘邦这才得以带着十名骑兵逃走。

汉三年（前204），项羽多次截断汉军通道。刘邦缺少粮食，请求讲和，划荥阳以西归汉。项羽想与刘邦议和，被范增劝阻。当时，刘邦十分忧虑，于是给了陈平四万两黄金，让其离间项羽与范增。项羽果然上当，开始不相信范增，且剥夺他的权力。范增非常气愤，请求回乡。项羽同意了。

这时，汉军又派纪信前去诈称刘

邦愿意降楚，使得刘邦得以突围逃走。

汉四年（前203），项羽以刘邦父亲为人质，要挟刘邦投降。刘邦拒绝，项羽发怒，埋伏的弓箭手发箭射中了刘邦。刘邦逃走，跑进了成皋。

此时，彭越多次袭击梁地，断了楚军的粮食供给。韩信也占据齐国，并且准备进攻楚军。项羽便派遣他的侄子项佗为大将，龙且为副将，救援齐国。韩信击败了前来救援的楚军，并杀死龙且，追击败军到了咸阳县，俘虏齐王田广。

项羽听到战败的消息后，派武涉前往劝降韩信。这个时候，关中的兵马开始大量增加，而楚军却筋疲力尽。刘邦派遣侯公前往游说项羽订立议和盟约：以鸿沟（古代沟通黄河和淮河的人工运河，在今河南境内）为界划分天下领土，鸿沟以西的地方为汉国，以东的地方为楚国，并将刘邦的父亲妻儿都归还。约定之后，项羽收兵，开始东归。

【自刎乌江】

汉五年（前202），汉军撕毁盟约，进军攻击项羽的军队，到达固陵县，又被项羽打败。于是刘邦采纳张良的计策，命齐王韩信、建成侯彭越将部队调回来，又让刘贾率领士兵们进入楚国的境地，将他们重重包围。

这个时候，大司马周殷背叛楚国，率领九江的全部士兵追随刘贾，迎接英布，与齐国、梁国的军队全部会合在一起。项羽只好在垓下筑起营垒，

已到了兵少粮尽的绝境。夜间，汉军在山的四面唱起了哀伤的楚歌。楚军士兵们都思乡落泪，士气全无。

项羽发现全军士气低落，决定连夜突围。渡过淮河时，骑兵能跟上的也只有一百多人。此时，汉军追赶上项羽的残兵。项羽再次突围抵达乌江，他自知难逃一劫，便将爱马赠人，然后自刎，结束了英雄的一生。

刘邦按鲁公这一封号的礼仪把项羽埋葬在谷城，且下令不得诛杀项氏族人，并封项伯四人为列侯，赐姓刘氏。

论赞

赞曰：穷汉陈胜是雇农，没有孔子、墨子的智慧，也没有财富，却投身到士兵的行列，带着疲惫的乌合之众攻秦。但是他们的义举使得天下的人如风云一样聚集响应，这才使得秦朝覆灭。

项羽没有封地，却乘势而起，历经三年，就率领五国诸侯灭亡秦国，分裂天下而威震海内，号称霸王，可惜王位没有善终。他背叛"先入关中者称王关中"的盟约，放逐义帝，埋怨诸侯背叛自己，使得自己的处境更加艰难。他自负战功显赫，逞个人英雄而不效法古代圣贤，专注在自己的霸王事业上，企图以武力来经营天下，其结果是五年就亡了国，死在东城，还不觉悟，不自悔过失，竟说："天要亡我，不是用兵上的错误！"岂不荒谬！

张耳 陈馀传

张耳和陈馀都是贤能的人，他们早年相识于市井，成为患难之交，共同进退，先后为陈胜、赵王、汉王谋事。他们曾经兄弟情谊深厚，却在富贵掌权的时候反目成仇，互相忌恨，最后导致自相残杀。

【刎颈之交】

张耳，魏国大梁（今河南开封）人。他年轻的时候曾是魏公子毋忌的门客，后来因被消除本地名籍，逃亡到外黄（今河南民权西北）。

外黄当地有一富豪人家的女儿长得非常美丽，却嫁了个资质平庸的丈夫。富豪的女儿看不起自己的丈夫，就偷偷投奔她父亲旧时的宾客。她父亲的宾客对她说："如果你一定要嫁个有才能的丈夫，就嫁给张耳吧！"富豪的女儿听从他的建议，断绝了和丈夫的关系，改嫁给张耳。为此，女家还给张耳提供了丰厚的钱财，让他能广交天下宾客。这个时候，张耳才从贫困中摆脱出来，名声渐渐传开，最后当上了外黄的县令。

陈馀也是大梁人，爱好儒家学说，曾多次游历赵国的苦陉（今河北无极东北）。在游历期间，当地一位有钱的公乘氏人认可陈馀的能力，愿意把女儿嫁给他。

两个有着相似背景的人建立了深厚的感情，结为生死之交。张耳年长，陈馀像对待父亲一样侍奉张耳。

汉高祖刘邦还是平民时，曾与张耳有过交往。秦国灭亡魏国后，听说张耳和陈馀是魏国名士，就悬赏拘捕他们，张耳悬赏一千金，陈馀悬赏五百金。张耳和陈馀于是改名换姓，一块儿逃到陈地，当起守门的小卒。

有一次，共事的小吏因陈馀犯了小过失而鞭打他。陈馀正要反抗的时候，张耳赶紧踩了他的脚，示意他要沉住气。小吏走后，张耳把陈馀叫到桑树下，责备他说："当初我和你是怎么说的？如今遭到小小的屈辱，就想跟一个小吏拼命，难道要死在这里吗？"陈馀认为张耳说得有道理，向张耳承认了自己的错误。

【共同进退】

后来，陈胜在蕲县起义，攻入陈地。张耳、陈馀报上姓名，要求见陈胜。陈胜和他的亲信多次听说张耳、陈馀的贤能，就高兴地接见了他们。

当时，陈胜就自己能否称王一事询问张耳和陈馀的意见。张耳和陈馀回答说："秦国无道，占领了人家的国家，毁灭了人家的社稷，断绝了人家的后代，掠尽百姓的财物。将军不顾个人生死起义，是替天下人除残去暴。如今刚刚打到陈地（今河南淮阳）就称王，等于在天下人面前显出自己的私心。希望将军不要称王，赶快率军向西挺进，派人去拥立六国的后代作为自己的党羽，给秦国增加敌对的势力。"结果陈胜没有听从他们的建议，坚持自立为王，称陈王。

后来，张耳和陈馀向陈胜索要一支军队攻打赵国。陈胜同意了，任命武臣担任将军，张耳、陈馀为左右校尉，带领三千兵士攻打赵国。到达赵国都城邯郸（今河北邯郸）的时候，张耳、陈馀听说各路将军为陈胜攻城略地，却因别人在陈胜面前进谗言而被杀。考虑到陈胜并不重用他们，他们便萌生了谋反之心。

张耳和陈馀向武臣献计说："如今将军攻占了赵地的数十个城池，单独驻守在河北，不称王恐怕难以统治这么大一片土地。况且陈王听信谗言，命令你回陈地，恐怕你摆脱不了灾难。希望将军不要失掉这个机会。"武臣采纳了这个建议，自立为赵王，任命陈馀为大将军，张耳为丞相。这是张耳和陈馀第一次易主。

后来，降将李良由于受到武臣姐姐的侮辱，便将其杀死，后又杀死武臣。张耳和陈馀及时得到赵国人的密报才得以逃脱。之后，他们收拾赵国的残余兵力，汇集几万人马，听从

⊙ 陈馀墓

陈馀墓位于河北省井陉县东天门，墓冢四周荒草丛生，从此处可俯瞰古时兵家必争之地白皮关。两千多年前，白皮关见证了背水一战：公元前204年十月，汉将韩信率军出井陉口，下令军队背靠绵河列阵迎战陈馀军队，结果陈馀大败身死。

张耳斩馀降信

见于明刻本《两汉开国中兴志传》，表现的是本为刎颈之交的张耳与陈馀因猜疑反目，之后张耳投靠刘邦。最终在公元前204年秋，张耳将陈馀斩杀于泜水之畔。

一位宾客的建议，立六国时赵王的后代赵歇为王，借以辅助完成大业。这是张耳和陈馀第二次易主。

【反目成仇】

李良杀死武臣后，举兵进攻陈馀，被陈馀打败。李良投奔秦将章邯，章邯引兵到达邯郸，把当地百姓迁往河内，将邯郸城夷为平地。

张耳和赵王被迫逃到巨鹿，却意外被秦将王离包围。当时，王离的军队粮食充足，巨鹿城中粮食明显不足。陈馀在北边聚集了常山的部队，得数万人马，在巨鹿北面驻军。张耳多次派人要陈馀出兵解围，陈馀却认为自己兵力太少，不能和秦兵抗衡，不敢贸然发兵。就这样，两人之间第一次有了隔阂。

被围困几个月后，张耳焦急，派张黡、陈释去责备陈馀说："当初我与你是生死之交，现在赵王和我性命攸关，你拥兵数万，却不肯救我们。你为什么不肯发兵和我们共存亡呢？也许这样还有一线生机。"陈馀回答："我不想一起送死，是为了替赵王和张君报仇。现在如果都去送死，等于是把肉送到虎口中去，又有什么好处呢？"

张黡、陈释继续替张耳游说陈馀，他们说："现在情况紧急，只有以同生死来守信，哪还能管以后的事情呢？"陈馀说："我死了没关系，但是这有什么好处呢？"最后，陈馀敌不过张黡、陈释的游说，派出五千兵士，由张黡、陈释率领进攻秦军，结果全军覆没。

后来，燕国、齐国、楚国听到赵王告急的消息，都赶来援助，这才使得赵王和张耳逃出险境。张耳一见到陈馀就责备他，并询问张黡、陈释在什么地方。陈馀回答道："张黡、陈释要求我与秦军决一死战，我让他们带领五千人先去攻秦军试试，结果全军覆灭。"张耳不相信，认为是陈馀把这两人杀了，于是多次责问陈馀。

面对张耳的反复指责，陈馀生气地说："我没想到你对我的怨恨这么深！你以为我舍不得这个将军头衔吗？"陈馀负气地解下军印要还给张耳，张耳却推托不肯接受。后来，趁陈馀去厕所的时候，有位宾客劝张耳顺应天意，抓住时机接下军印。张耳这才拿起陈馀的军印，并收编了陈馀的部下。陈馀回来，看到张耳接受了军印，便抱怨张耳不肯辞让，气愤地走了。从此，张耳、陈馀反目成仇，积怨日深。

▶【手足相残】

赵王回到信都，张耳跟随项羽入关。项羽分封诸侯时，封张耳为常山王，建都信都（今河北邢台），并将信都改名为襄国。

陈馀的旧宾客纷纷向项羽说："陈馀、张耳同样都为赵国立下了功劳，陈馀也应该受封。"项羽因为陈馀并没有跟随他入关，又听说陈馀现在人在南皮（今河北南皮一带），于是将南皮附近的三个县封给陈馀，并把赵王赵歇改封为代王，都城迁移到代县（今河北蔚县东北）。

得到赏赐的陈馀并不满足，他忌恨地说："张耳和我功业相等，现在他被封为王，我却只封了个侯。"

齐国田荣背叛楚国时，陈馀趁机向其借兵攻击张耳。张耳兵败逃亡，投靠当时的汉王刘邦，得到了非常好的待遇。

陈馀打败张耳后，收复了全部赵地，并把从前的赵王，即如今的代王从代县接回来，仍旧拥立为赵王。赵王感激陈馀，便赐封他为代王。

汉二年（前205），已经称帝的刘邦出兵攻打楚国，派人通报赵王，请赵发兵一起攻楚。陈馀表示只有刘邦杀了张耳，才愿意出兵增援。于是刘邦找了一个长相和张耳十分相像的人，将他杀了，把人头献给陈馀，陈馀这才出兵援助。结果，汉军在彭城西被楚军打败。

后来，陈馀听说了张耳假死的事情，就索性背叛刘邦。刘邦知道后，派张耳和韩信攻克了赵国的井陉，在泜水边上把陈馀杀了，并追至襄国把赵王也杀了。至此，张耳和陈馀多年的敌对终于以陈馀的死落下帷幕。

汉四年（前203）夏，刘邦立张耳为赵王。汉五年秋天，张耳去世，谥号景王。张耳的儿子张敖继承王位，娶刘邦的长女鲁元公主为王后。

韩信 彭越 英布传

韩信、彭越、英布并称为西汉三大名将，也是大汉王朝的开国功臣。他们精通兵法，是义军中的名将，楚汉相争时又大败楚军，战功显赫。到了晚年，曾经显赫一时的三大名将都因为功高震主而招致杀身之祸。

【韩信投奔明主】

韩信，淮阴（今江苏淮安）人，年少时家境贫穷，没有好品性和谋生的本领，所以经常到别人家里讨饭吃。韩信母亲死的时候，韩信没有钱安葬她，就找了一块又高又宽敞的地方做坟地，希望日后在坟地旁边能安置下千万户人家。

之后，韩信投奔南昌亭长，想讨口饭吃。亭长的妻子讨厌他，就没给他做早饭。韩信知道她的用意，于是离开，与这家从此不再往来。

为了吃饱饭，韩信曾到城下钓鱼。一位在河边漂洗丝棉絮的老妈妈怜悯他，一连好几天给他饭吃。韩信心怀感激，许诺将来一定要报答她。老妈妈听了很生气，说："你一个大丈夫不能养活自己，我才给你饭吃。这是可怜你，不是为了要报答。"

韩信除了三餐不饱，还经常受人欺凌。淮阴城中有个少年无赖当众污辱韩信说："你要是不怕死就用剑刺我，你要是怕死就从我胯下爬过去。"韩信盯了他一会儿，弯下身子，从他的裤裆下爬了过去。满街看热闹的人都认定韩信是个没出息的胆小鬼。

从种种事迹来看，早年的韩信过得并不如意。直到项梁率领军队渡过淮水北上，韩信带着剑去投奔他，才开启了他作为武将的人生。

韩信初入项梁的军队时，只是一个无名小卒。项梁战败，韩信又归附项羽，做了他帐下的郎中。韩信多次向项羽献计，项羽都没有采纳。

刘邦进入汉中后，韩信从楚军中逃出投奔刘邦，做了一个籍籍无名的粮仓管理员。后来，韩信因为犯法被判处死刑。同案的十三人都已经被斩首，轮到韩信时，他瞪着眼睛看着藤公夏侯婴质问："汉王（刘邦）不是想统一天下吗？为什么要杀掉壮士？"夏侯婴觉得韩信不是个一般人，又看他相貌威武，便没有杀他，并把这个情况告知了刘邦。刘邦于是任命韩信为治粟都尉，但仍没有重用他。

韩信多次与萧何交谈，萧何极其赏识他的才能。后来，汉军到达南郑（今陕西汉中），军中将领有数十人逃跑了。韩信暗自忖度，萧何等人已多次向刘邦举荐自己，却还是得不到重用，于是也逃跑了。萧何听说韩信跑了，顾不上向刘邦报告，亲自将韩信追了回来。这就是小说和戏剧中常出现的"萧何月下追韩信"的故事。萧何追回韩信后，对刘邦说："大王欲东向夺取天下，除了韩信，无人可助大王完成此丰功伟业。"刘邦听从萧何的建议，设坛具礼，拜韩信为三军统帅。此后，韩信为刘邦制订了东征以夺天下的作战计划。刘邦听后大喜，感叹太晚重用韩信，从此对他委以重任。

【战功显赫】

汉元年（前206），韩信以曹参、樊哙为先锋，利用秦岭栈道已被汉军烧毁，三秦王松懈之际，采取明修栈道、暗度陈仓的计谋，派樊哙和周勃率军大张声势抢修栈道，吸引三秦王的注意力，自己则率军潜伏出去，翻山越岭，最后成功袭击陈仓（今陕西宝鸡东）。此后，韩信连续作战，迅速占领关中大部，平定三秦。

汉二年，韩信阻击楚军，大败楚军于京、索之间，重振汉军声威。同年八月，刘邦任命韩信为左丞相，出兵袭击魏国。韩信故意多设疑兵，陈列船只，假意要渡河，实际上却命令伏兵从夏阳以（今陕西韩城）木盆、木桶代船渡河，袭击魏国都城安邑（今山西夏县北），大获全胜。

汉四年，韩信率领军队击败号称拥兵二十万的齐、楚联军，使汉成功占领齐地。韩信取得齐地之后，上书刘邦，说齐国多狡诈，而且南边又靠近楚国，必须设立一个代理国王来镇抚，以安定局势，并自请刘邦封他为代理齐王。刘邦看到来信后大怒道："我在这里被困，日夜盼望你来辅助我，你却要自立为王！"最终，刘邦听从张良的建议，派张良前往韩信处，正式封韩信为齐王，并征调他的部队攻打楚军。

韩信自认为得到了刘邦的信任，遂竭尽全力为其攻城略地，最后设计在垓

韩信

刘邦建汉以后，除掉的第一个大功臣就是韩信。韩信为汉朝的建立立下了不世之功，可天下安定后，却落得个族诛的下场。

下将项羽包围，迫使其在乌江自刎。刘邦取得天下后，改封韩信为楚王。

韩信到封国后，赏赐千金给曾经给他饭吃的老妈妈，并给亭长一百钱，指责他是小人，做好事有始无终。后来，韩信又召见了当初给他胯下之辱的年轻人，并任命他为中尉。

汉六年（前201），有人告韩信谋反。韩信为了保全自己，便向刘邦献上投靠他的项羽帐下大将钟离昧的人头。刘邦还是捆绑住韩信，韩信大呼："果真像人们说的那样：'狡兔死，良狗烹。'"韩信被押解到洛阳，又得赦免，封为淮阴侯。韩信不满一再被削地夺爵，对刘邦更加不满，常常称病不上朝，使得刘邦对他疑心日重。

汉十一年（前196），韩信的一位门客因为得罪韩信遭到软禁，就让他的弟弟去向吕后告密，说韩信要谋反。吕后苦于无证据，便与萧何商议，以陈豨谋反失败，诸侯群臣进宫朝贺为由，哄骗韩信进宫。韩信因为和萧何的友情，便入朝庆贺。吕后于是下令武士将韩信捆绑起来，在钟室（长乐宫悬钟之室）里杀了他，并诛灭其三族。韩信临死前说："我不用蒯通的计谋，反而被女人欺骗，这难道不是天意吗？"

【彭越立声威】

彭越，字仲，昌邑（今山东巨野）人。

彭越年轻的时候，常在巨野泽（黄河下游的一个巨大湖泊）中打鱼，后来成了当地的强盗。陈胜刚起义的时候，有人对彭越说："天下豪杰都争

❂ 韩信九里山设十面埋伏·清
这幅清代民间年画表现的是公元前202年，韩信率诸侯兵与西楚霸王项羽大战于九里山（今徐州西北），设下十面埋伏，围困项羽于垓下的场面。

相自立旗号，反叛秦朝，你可以和他们一样干一番事业。"彭越却说："两条龙刚刚相斗，暂且再看一看吧。"

一年多过去了，巨野泽中的青年人聚集起来，纷纷表示要追随彭越。彭越与众人相约次日太阳出来的时候集合，迟到的人就要被杀头。到了第二天约定的时间，还有十多人没到场。最后一个报到的人中午才到。彭越对众人说："我年纪大了，你们却强行推举我做首领。今天到了约定的时间，还有很多人没到，不能全都杀了，所以只杀最后一个。"在场的人都没有把这件事放在心上，笑着说："以后不再犯就是了，何必这样严厉呢？"没想到彭越还是下令杀死了最后一个报到的人，并设立土坛，用人头来祭祀。追随彭越的人看到此情景，都非常畏惧彭越，从此不敢再违背他的命令。

秦二世二年（前208），彭越协助当时还是沛公的刘邦攻打昌邑，没能攻下。刘邦带兵西进，彭越则留在巨野泽中，收编魏军打败的散兵。

项羽进入关中后，分封各路诸侯为王，当时彭越军队的一万多人没有归属。后来，齐王田荣背叛项羽，刘邦便派人赐给彭越将军印，要他从济阴南下攻打楚国。彭越依命行事，大败楚军。

汉二年（前205），刘邦与魏王豹和诸侯攻打楚国，彭越率领三万余人在外黄归附刘邦。刘邦任命彭越为魏国相国，专掌兵权，平定梁地。不久，刘邦在彭城战败，军队向西溃退，彭越也丢失了他所占领的城邑，独自率领部队往北，驻留在黄河沿岸。

【游击队始祖】

汉三年（前204），彭越的部队作为汉军的游击部队袭击楚军，并在梁地截断楚军的粮草。项羽与刘邦在荥阳相持期间，彭越已攻下了睢阳、外黄等十七个城邑。项王听到这个消息，便向东收复彭越占领的城邑。彭越则北出谷城，攻下昌邑附近的二十多个城邑，获得谷物十多万斛，供给刘邦作军粮。

到了楚汉相争的末期，刘邦在固陵向楚军进攻，结果被楚军包围。刘邦许诺将睢阳以北至谷城赐给彭越，命彭越前来解围。彭越接到命令后，出兵相助，与韩信合力围歼项羽于垓下，迫使项羽自刎于乌江畔。项羽死后，刘邦封彭越为梁王，建都定陶。

汉十一年（前196），陈豨叛变，自立为代王。已经登帝位的刘邦命彭越前去征讨。彭越称病不去，使刘邦对他非常不满。刘邦派人责问彭越，彭越大惊，想去谢罪。这个时候，彭越的部将对彭越说："你起初不愿意起兵，等受到责骂才要去谢罪，肯定会被捕，不如干脆起兵反抗。"彭越不听这名部下的意见，称病不去见刘邦，又加深了刘邦对他的隔阂。

这时，彭越身边有一名太仆犯了罪，彭越要杀死他，太仆干脆跑到刘邦那里说彭越有谋反的迹象。刘邦于是派人逮捕了彭越，将他囚禁在洛阳。

随后，经官吏审查，认定彭越构成反叛罪，贬为平民，流放到蜀郡青衣县（治所在今四川名山北）。

彭越在被流放途中遇见了吕后，于是向她表明自己并无二心，希望吕后能代为求情，将他流放到他的故乡。吕后答应了彭越的请求，并带着彭越一起回洛阳。

刚回到宫廷，吕后就告诉刘邦："将彭越这样的壮士放回故乡是给自己留下祸害。"刘邦认为吕后说得有道理，就将彭越的事交给吕后处理。吕后让彭越的家臣再次告发彭越谋反，借此杀死彭越，并诛杀了他的宗族。

○ 汉高祖刘邦濯足气英布

楚汉争霸时，刘邦招降英布。召见英布时，刘邦竟然坐在床上洗脚，这使得英布气愤不已。

▶【英布受刑称王】

英布，六县（今安徽六安）人。他年轻的时候，有个看相的人对他说："你将来受刑后会做王。"到了壮年，英布果真因为触犯秦法受黥刑，因此他又被称为黥布。英布受刑后高兴地对身边的人说："看相的说我受刑后能当王，不就是现在这个样子吗？"听到这话的人都嘲笑他。

后来，英布在被押往骊山服劳役的途中，与刑徒中的头目、豪杰建立了深厚的情谊。最后，英布带领数万名服刑的人逃亡，在山中当起了强盗。

陈胜起兵时，英布率领数千人响应。陈胜被害后，英布与项梁会合，成为项梁手下的一名大将。陈王被害后，项梁拥立楚怀王，封英布为当阳君。

后来，项梁战死，楚怀王派宋义担任上将军，项羽和英布都隶属于他。项羽杀死宋义后，自立为上将军，就派英布首先渡过漳河，进攻秦军，多次取胜。因为英布打仗屡次以少胜多，楚军士兵都服他。到了咸阳，项羽让英布担任前锋，并封他为九江王，建都六县。当时，项羽表面上推楚怀王为义帝，暗中却让英布去击杀他。英布追击义帝到郴县，将其杀死。

项羽大封诸侯，引发各侯王之间的割据战争。齐国贵族田荣首先打出反楚旗帜，赶走齐王，杀胶东王田市，自立为齐王。项羽要攻打齐国，向九江国征调军队，英布称病不去。后来，刘邦被项羽困于彭城，项羽要求英布前去增援，英布又拒绝了。由此，项王开始怨恨英布。

▶【降为汉臣】

刘邦败走彭城后，命丞相萧何前去招降英布。萧何对英布说："项王杀灭义帝，其行为大逆不道，大王不如联合汉王反抗楚军。等汉王得到天下，将九江封地归还大王，大王才能高枕无忧。"英布听后举棋不定。

这个时候，楚国的使者进入帐内要求英布发兵。萧何对楚国使者说："英布已经归属汉军，为什么还要让他出兵？"英布听后大惊，赶紧杀死使者，然后听从萧何的建议协助汉军攻打楚军。几个月后，楚将龙且攻打淮南国，打败了英布的军队，英布只好带着剩余部队逃往汉国。

英布来到汉国，刘邦召见英布的时候，正坐在床上洗脚。英布非常生气，后悔来到汉国，想自杀。他退回到住所，却发现客馆里的帷帐、饮食、随从官员跟汉王住的地方一样。这让他感觉到意外又高兴，于是又派人到九江招徕旧部。

汉四年（前203）秋七月，刘邦封英布为淮南王，并将九江、庐江、衡山等几个郡县赐给他。次年，刘邦受困固陵，英布与刘贾进入九江，诱降大司马周殷。周殷反叛楚国，一起攻打楚军，围歼项羽于垓下。

【起兵谋反】

汉十一年（前196），韩信被杀的消息传来，英布感到惶恐不已。随后，梁王彭越被杀。刘邦为了杀一儆百，将彭越的尸体剁成肉酱，赐给各诸侯王。英布收到汉王赐肉后，开始积极部署军队，以防不测。

不久，英布怀疑爱妾和中大夫贲赫有奸情，于是下令捉拿贲赫。

贲赫害怕，逃跑后上书告发英布要造反。英布于是杀了贲赫全家，然后起兵反叛。

英布刚起兵的时候，对将领们说："皇帝老了，厌倦战争，一定不能亲自率兵前来。在汉军的各位将领中，我只畏惧韩信和彭越，可如今他们都死了。"之后，英布向东进攻荆国。荆王刘买逃跑，死在富陵。英布便收编了他的部队，渡过淮河进攻楚国。楚军兵分三支，想相互援救，出奇制胜。结果英布打败了其中一支军队，其他两支军队溃不成军。英布继续向西推进，与刘邦的军队在蕲县西部相遇，于甄乡交战。英布见刘邦亲自率兵出征，非常震惊。当他们对视的时候，刘邦问英布："为何要反叛？"英布答道："想做皇帝罢了。"刘邦大怒，发兵征讨英布，大胜。

英布战败后逃至番阳，被当地人杀死。消灭英布之后，刘邦封贲赫为列侯，其他将领受封的共有六人。

论赞

赞 曰：从前高祖平定天下，功臣中不是刘姓却受封为王的有八个。韩信、彭越、英布都不是刘姓，却因为有功受封为王。但是他们势力强大而被朝廷怀疑，他们的内心也不能静如止水。事情发展到最后，形势紧急，韩信和英布只好被迫谋反，终于灭亡。彭越则因不够机智而走向灭亡。

刘濞传

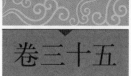

吴王刘濞性情彪悍，颇具野心，早年在封地铸币煮盐，使得国内殷实富足，势力不断壮大，以至于后来从不到长安朝见皇帝，吴国成了一个独立王国。随着地方诸侯势力和中央集权矛盾的加剧，公元前154年，刘濞联合其他六位同姓王发动七国之乱，企图篡夺帝位，终于招致灭亡的下场。

▶【密谋叛变】

吴王刘濞是高祖刘邦的兄长刘仲的儿子。早年，刘邦封刘仲为代王。后来匈奴进攻代国，刘仲不能坚守封地，弃国而逃，被降为合阳侯，他的儿子刘濞为沛侯。

淮南王英布叛变时，十二岁的刘濞随刘邦前往讨伐。荆王刘贾在作战时牺牲，没有后代，刘邦便封刘濞为吴王，统辖东南部三郡五十三城。

刘邦封地给吴王刘濞后，心生悔意，无奈又不能撕毁约定，于是召见刘濞。刘邦看着刘濞的脸说："你有反叛的面相。大汉立国五十年后，东南方将有叛乱，会是你吗？"刘濞磕头说："我不敢。"

刘濞回到封地后，专心致力于治理王国。吴国的豫章郡有一座铜山，吴王下令招揽四方的亡命之徒盗取山上的铜，私自铸造货币。吴国东南面靠近大海，刘濞又下令煮海水取盐贩卖。国库富足后，刘濞不再向百姓征税，每到年节他还派人慰问当地有才

学的人，并赏赐部分财物给乡里百姓。如果朝廷要征收劳役，刘濞就积极出钱帮其赦免。别国的人犯了罪来到吴国，也被免于刑罚。刘濞的这些做法使他受到了当地百姓的爱戴。

汉文帝时，刘濞的太子到京城朝拜。吴太子生性轻浮凶悍，屡次对皇太子不恭敬。某日，两人下棋时起了争执，皇太子举起棋盘掷向吴太子，将他打死。文帝下令将吴太子的尸体送回吴国安葬。刘濞愤怒地说："天下同姓是一家，死在长安就应该葬在长安。"于是又将吴太子的尸体运回长安安葬。从此，刘濞对文帝心怀不满，到了去都城朝拜天子的时候，也都称病不前往。文帝为了安抚刘濞，赐给他手杖，并说吴王年迈，可以不到京城朝拜天子。此后，刘濞更加专心扩充国力，训练兵马，密谋叛变。

▶【发动七国之乱】

当时，御史大夫晁错见诸侯国实力渐长，威胁到中央政权，便提出削

藩令，建议汉景帝削减诸侯王的封地。景帝采纳晁错的建议，借故削减了几个侯王的封地。于是刘濞以"诛晁错、清君侧"为名，联合其他六国发动叛乱，史称"七国之乱"。

景帝三年（前154），刘濞正式起兵。他对封国内的百姓说："我已经六十二岁了，我的小儿子十四岁，也加入到战争行列。我命令全国百姓年龄在十四岁到六十二岁之间的都要从军。"此举为吴王召集到了一支二十多万人的军队。吴王还派使臣到南闽、东越两国游说，两国都相继发兵，叛军声势进一步壮大。

刘濞首先起兵于广陵（今江苏扬州西北），向西渡过淮河，与楚军会合。此时，胶西等国叛军也联合起来攻齐，赵国则联合匈奴反汉。叛军势如破竹，先攻梁，后破棘壁，杀汉军数万人。景帝派太尉周亚夫率兵三十六万前往抵抗吴楚大军，派郦寄出击赵军，派栾布攻打齐国等叛国，又命大将军窦婴驻扎荥阳，监督齐赵两国的军队。

袁盎建议景帝将晁错处死，然后赦免七国之罪，恢复七国原有封地，以免兵戎相见，血流成河。景帝为了大局，杀了晁错，无奈战乱仍旧持续。景帝这才下令军队全面出击叛军。

百万贯

吴王濞而怵乃封平二州而既乎宝乎乃而下乎能

🔴 吴王刘濞

刘濞（前215～前154），西汉诸侯王，沛县（今江苏沛县）人。此图见于明代陈洪绶创作的木刻插画《博古叶子》。

周亚夫轻兵南下，夺取泗水，截断吴、楚大军的粮道，使其陷入困境。等到吴王率领大军到下邑求战时，其兵卒多数饥饿难耐，不是逃跑就是投降。吴王战败，带千余人连夜逃至东越。景帝派人利诱东越，东越人便将刘濞杀死，并用木匣装着他的首级，快马上报朝廷。刘濞死后，吴军溃散。此时，吴、楚大军基本被瓦解。胶西王、赵王畏罪自杀，胶东王、菑川王、济南王伏法被诛，只有济北王得免一死。至此，举兵不到三个月的七国叛乱以失败告终。

论赞

赞曰：吴王刘濞专有山海物产之利，能减轻赋税，使得百姓归心，得以役使民众。他的反叛之谋是从儿子被杀时萌生的。他借口"清君侧，诛晁错"，实则是觊觎皇位，结果战争持续三个月，以失败告终。看来，古代的诸侯国方圆不过百里，山林川泽还不能算作诸侯的封地，大概就是为了防备这些侯王来反叛中央。

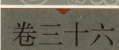

刘向传

列传
汉书

刘 向，一代文学家、目录学家，历经三朝。他早年受到奸臣陷害，几许沉浮，壮志难酬。到成帝统治时期，刘向才被委以重任，负责校对文献，整理出百家精髓，到晚年更著有《别录》《五经通义》《列女传》《说苑》等，成为中国目录学专著的始祖。

▶【献计炼金】

刘向，字子政，本名更生，其父刘德为阳城侯。刘向十二岁时，刘德保他为辇郎（引御辇的官），后任谏大夫。

汉宣帝迷信神仙之术，当时淮南流传着《枕中鸿宝苑秘书》，书中讲述神仙指使鬼怪铸造金子的方法和长寿的方子。天下人都想得到这本书，却都没有看见过。刘德在淮南办理案件，意外得到这本奇书，便送给儿子刘向。刘向接过书细细钻研，最后还将它献给宣帝，说可以造出黄金。宣帝便命他主管尚方铸造之事。结果刘向花去大笔资金，仍炼不出金子。宣帝很生气，下令将他处死。

刘向的哥哥上书，表示愿意缴纳封国内一半的税收来赎刘向的死罪。宣帝同意，赦免了刘向的罪。

汉元帝即位后，太傅萧望之任前将军，少傅周堪任诸吏光禄大夫，管理尚书事务，在朝中受到尊重和信任。萧望之和周堪很器重刘向，推荐他做散宗正，掌管皇帝亲族和外戚勋贵的相关事务。

萧望之、周堪和刘向同心辅佐朝政，却苦于宦官弘恭、石显勾结弄权，打压忠臣。三人商议后，打算上奏元帝

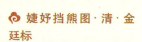

婕妤挡熊图·清·金廷标

此画取材于西汉刘向《列女传》。汉元帝在后宫观斗兽，突然一只熊从圈中逃出，直往殿上走。左右侍众吓得四处逃窜，只有妃子冯婕妤冲到元帝面前，挡住熊的去路，这才使侍卫赶到将熊制服。

罢免他们的官职，结果还没有上奏，事情就败露了。周堪和刘向惨遭弘恭、石显等宦官诬告下狱，萧望之则被罢免了官职。

【目录学始祖】

在元帝判决萧望之等人之后的三月份，国内发生了大地震。元帝有所领悟，下诏赐萧望之爵位，征召周堪、刘向为谏大夫。此时，弘恭、石显也被任命为中郎。

刘向害怕再次遭弘恭、石显的迫害，便叫他的外亲上书给元帝，称："我私下听说萧望之等人都忠心无私，想达到天下的大治，才得罪了尚书。现在萧望之等又做了官，人们一定会说曾经有过失的臣子是不能再被任命的，借此来达到驱逐他们的目的，其实这是不对的。我听说春秋时发生地震，是因为在位执政的人太强盛，不是因为三个匹夫。这已经是很明白的事情。有过失的臣子，只要不辜负国家，对天下是有利的。"

奏书上呈后，弘恭、石显等人怀疑是刘向做的，于是严刑拷打上书之人。最后，上书的人招认，刘向被捕下狱。弘恭、石显为了彻底清除异己，诬陷萧望之等人毁谤。萧望之的儿子为其父上书申冤，也因此获罪。弘恭、石显命萧望之的儿子到狱中与萧望之对质的时候，萧望之自杀身亡。元帝很后悔不信任萧望之等人，于是任命周堪做光禄勋，周堪的弟子张猛做光禄大夫给事中。此时，刘向希望自己

能再次得到重任，便上书向元帝陈述佞臣的利弊，但仍没有被重用。

汉成帝即位后，石显等人伏罪，刘向以九卿身份召拜为中郎进用。他多次进谏，又被升为光禄大夫。适时，成帝正精心于《诗》《书》，便诏令刘向负责校对和整理"五经"等书。刘向集合上古以来经春秋六国至秦和汉朝瑞灾异象的资料，仔细推敲事情的经过，加上对祸福的解释，编写成书。不仅如此，刘向还按类排列，对各条目进行归类，共十一篇，号为《洪范五行传论》，上奏给成帝。成帝看后非常赞赏。

在校对典籍期间，刘向还撰有《别录》《战国策》《别苑》《新序》《烈女传》等，其中《别录》更成为中国目录学专著的早期雏形，刘向也因此被称为中国目录学的始祖。

建平元年（前6），刘向去世，其子刘歆继续刘向生前未完成的事业。

论赞

赞曰：孔子感叹贤才难得，自孔子之后，著书的人很多，却只有孟子、董仲舒、司马迁、刘向等人通晓古今，其言论对后世有益。刘向的《洪范论》《大传》讲明了天人相应的道理，《七略》剖析艺文，总结了百家的精髓，《三统历谱》测定日月五星的分度。究其根本，刘向这是在论述山陵对人们的告诫啊！这难道不是古人说的良师益友吗？

季布传

> 楚 汉相争时，季布是西楚霸王项羽帐下五大将之一，楚汉两军交战，季布骁勇善战，曾经让刘邦困窘不堪。刘邦消灭项羽后，拜他为郎中。季布为人好打抱不平，且以诚实守信著称于世，当时楚地流传着这样一句话："得黄金百，不如得季布诺。"其为人诚信由此可见一斑。

▶【化刚为柔】

季布，楚国人，以侠义名扬四海。楚汉相争时，季布听命于项羽，多次使刘邦身处险境，因此也招来刘邦的忌恨。等到项羽身死，刘邦不惜出千两黄金悬赏缉拿季布，并通告天下：敢窝藏季布的人诛灭三族。

这时，季布不得已藏匿在濮阳周氏家中。周氏对季布说："现在寻找将军的人已经快到这里来了。将军如果相信我，我自会想办法帮将军解决；如果将军不信，我情愿自我了断。"季布颔首。

于是周氏剃去季布的头发，让他假扮罪犯，然后将他装在丧车里，和几十名家奴一起卖到鲁地的朱家。朱氏是当地有名的侠义之士，他把季布安置住下。

之后，朱氏去洛阳拜见汝阴侯夏侯婴，游说夏侯婴向刘邦说情放过季布。夏侯婴认为朱氏说得有理，于是奏请刘邦。刘邦权衡利弊，最后赦免了季布。

刘邦召见季布，季布谢罪认错，表示愿意为刘邦效劳，因此被任命为中郎。这件事很快就传开来了，长者们都称赞季布能化刚为柔。

到了汉惠帝时期，季布官至中郎将。一次，北方匈奴单于写了一封信来辱骂太后吕雉，太后很是恼火，就召集所有将军商量对策。

上将军樊哙为了迎合太后，说："我愿意领兵十万，横扫匈奴大军。"太后本来怒不可遏，现在樊哙一说，

● 季布

成语"一诺千金"出于西汉司马迁《史记·季布栾布列传》："得黄金百，不如得季布诺。"季布说话算数，一诺值千金。

更是有起兵之心。殿上一干将领都不敢忤逆太后的意思，唯唯诺诺同意樊哙的说法。

只有季布反对樊哙的说法，说："以臣之见，樊哙应该问斩。以前樊将军曾经率领三十万精兵攻打匈奴，却被匈奴重重包围。如今只以十万精兵，如何横扫匈奴！此乃欺君之罪。况且目前战创未愈，养精蓄锐才是上策，樊哙如此阿谀逢迎，意欲挑起战乱，是大逆不道之罪！"

殿上的将士听季布这么一说，都惊恐起来。太后知道季布所说在情在理，之后再也没有提起攻打匈奴的事。

【名扬四海】

到了汉文帝时期，季布任河东太守。有人向文帝夸赞季布贤能，文帝就想将他调入京中任御史大夫。季布来到都城后，又有人向文帝数落季布的不是。此时，季布到京城已一月有余，他料到其中有蹊跷，就向文帝说："陛下没有什么缘故就召臣进京，臣相信一定是有人错赞了我而欺骗了陛下。如今臣在此，陛下既无封赏，又不让我回去，一定是有人诋毁我的声誉。只是陛下这样因一人召我来，因一人让我去，臣恐天下有志之士因此事而窥探到陛下的好恶。"

文帝默不作声，十分惭愧，只好说道："河东郡是我倚重的郡县，因此特地召见你。"于是季布拜谢文帝，仍旧回到原处任职。

曹丘生为人擅长辞令，曾借此多次攀附权贵，得以获利。他还巴结宦官赵谈等人，并与景帝的舅舅窦长君来往甚密。

季布得知这一情况，就写信规劝窦长君不要和曹丘生来往。后来，曹丘生想请窦长君写信把他介绍给季布，窦长君规劝他不要去，但曹丘生执意要与季布见面。

不久，曹丘生见到季布，他行礼作揖说道："大家都说得到黄金百两，还不如得到季布的一句诺言，在下实在是佩服你在梁楚这一带能有如此好的名声。我和你都是楚人，如果我可以帮助你名扬四海，这不是很好的事情吗？为什么你要如此疏远我？"

季布听了这一番话后很高兴，与曹丘生相谈甚欢，还留他居住，待之如上宾。从此，季布的名声越来越大，这都是曹丘生帮他宣扬的结果。

论赞

赞曰：项羽以英雄气概闻名，季布则以勇敢在楚国出名。他多次战胜敌人，可以说是壮士！到后来沦为阶下囚，依旧能苟全性命而不一死了之，没有因为受到侮辱而感到羞耻，不是因为他贪生怕死，而是他明白死有重于泰山，轻于鸿毛的道理，因此得以成为汉初名将。真正贤能的人会让自己死得其所，而有些人没有真正经历过大风大浪，就感慨自己命运不济，轻生自杀，这样的行为不是连一只蝼蚁都不如吗？

萧何 曹参传

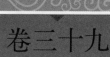

萧何、曹参为西汉的开国功臣。天下未定，萧何多次献计于刘邦，辅助其夺取天下。曹参则多次随军，战功显赫。刘邦即位后，萧何受封相国，拟定律法。萧何去世后，曹参代其相位，成就了一段"萧规曹随"的佳话。

▶【一代忠臣萧何】

萧何，沛县（今江苏沛县）人，因为擅长写文书，精通法典，所以成为沛县主吏掾。

早年，高祖刘邦为平民时，和萧何关系很好。刘邦去咸阳服役时，同僚为他送行凑钱，小吏们出三百钱，只有萧何出了五百钱。

秦二世元年（前209），萧何随刘邦起义。当时刘邦率大军进驻咸阳，诸将领都争相跑到储存金帛财物的府库瓜分财物，只有萧何先进去收藏起秦丞相、御史的律令和图书。此举使得刘邦可以掌握天下百姓户籍、民情和地势，为此后的战事胜利奠定了坚实的基础。

刘邦受封为汉王后，萧何被任命为丞相，并举荐韩信为大将军。

楚汉相争时，萧何以丞相身份在关中负责后勤。当时，刘邦多次派人慰劳萧何。萧何为此非常得意，鲍生却说："丞相，这不是好事。汉王在外面风餐露宿，日子过得艰苦却多次派人来慰问您，这是对您的不信任。

您应当把家中的子弟都送到前线去，放在汉王身边，这样才能打消汉王对您的猜疑。"萧何听从了鲍生的意见，把儿子和家族里的人都送到了前线。

▶【成也萧何　败也萧何】

汉五年（前202），刘邦击败项羽，登上帝位。在论功行赏时，大臣们纷纷争功，刘邦却认为萧何功劳第一，封他为酂侯，食邑八千户。

群臣不服，认为萧何未曾随军出生入死，只是写写文书，发表议论而已。刘邦却以打猎为比喻，说："打猎时，追杀猛兽的是猎狗，但是指示猎狗的是猎人。萧何就是能指明方向、发号施令的猎人。"刘邦说服了众人，同时又给萧何加封两千户食邑。

汉十年（前197），陈豨造反，刘邦亲自带兵前去平息叛乱。当时，有人密报韩信也参与了造反，皇后吕雉苦于无证据没办法逮捕韩信。于是萧何向吕后献计，谎称陈豨被诛杀，群臣都必须进宫朝贺，将韩信引诱到宫中，再将他捕杀。

刘邦得知此事后，派使者任命萧何为相国，加封食邑五千户。此时，召平对萧何说："陛下露营在外，您在朝中没有遭受箭伤之苦，却加封晋爵，这是灾难的开始，说明陛下不信任您，想暂时安抚您。你应当辞谢受封，并以全部家产资助军队。"萧何听从了召平的计谋，刘邦为此非常高兴。

【自污名节】

英布造反，刘邦再次率军出征，途中多次派使者问萧何在做什么。使者回答道："因为陛下在军中，所以相国安抚勉励百姓，倾尽所有资产资助军事，像陈豨叛乱那次一样。"这个时候，萧何的门客对萧何说："您不久就要被灭族了。您位为相国，一人之下，万人之上。您刚入关的时候，很得民心，百姓们都爱戴您。陛下之所以多次询问您的动向，是因为怕您牵动关中，他并不信任您啊。您不如做点坏事，降低自己的名望。"萧何听从了门客的计谋，采用多买田地、低息借贷的方法来降低自己在百姓中的威望。刘邦对此很高兴。

但是萧何的做法很快就激怒了当地的百姓，百姓们纷纷上书指责萧何。萧何为了弥补百姓，又建议刘邦腾出林苑让百姓种田。刘邦非常生气，认为萧何收了商人的好处费，让自己腾出林苑，于是将萧何下狱。后来，一个卫尉为萧何说情，指明萧何并无私心，也没有收受商人的好处，刘邦才将萧何释放。

萧何被释放后，光脚朝拜刘邦。刘邦对萧何说："相国不要这样。百姓请求我林苑的事情没有得到允许，还拘捕相国，是我的过错。相国是贤臣，我是纣王。"

刘邦去世后，萧何侍奉汉惠帝。萧何病重时，惠帝亲自前去探望他，问道："您百岁之后，谁可以接替您？"萧何回答："没有比主上更了解下臣的。"惠帝又说："曹参怎么样？"萧何点了点头，说："皇上得到贤臣，我死而无憾。"惠帝二年（前193），萧何去世，谥号文终侯。

萧何

萧何（？～前193），西汉开国功臣、治世能臣，"成也萧何，败也萧何"、"萧何月下追韩信"、"萧规曹随"的背后都有一段关于他的故事。此图见于清末《历代名臣像解》。

【战将出身的曹参】

曹参，沛县（今江苏沛县）人，秦时为狱掾。刘邦起义后，曹参以中涓身份随军征战，进攻胡陵，击破泗水军，被赐爵为七大夫。后来，曹参又随军向北击破司马欣军队于砀东，占领狐父等地，又攻辕戚及亢父，率先登城，因此被升为五大夫。

随后，刘邦与项羽率兵向东。楚怀王封刘邦为砀郡长，封曹参为执帛，号为建成君，升为戚公，隶属砀郡。之后，曹参又随军攻打东郡尉军，大胜，在成阳南攻打王离军，再胜，追击败军，西至开封，攻打赵贲军，三胜，升为执珪。

刘邦受封汉王后，封曹参为建成侯。曹参随军打到汉中，又升为将军。汉二年（前205），曹参为左丞相，进入关中屯兵。一个多月后，魏王豹反叛，曹参与韩信攻打魏军，大获全胜。

陈豨叛变，曹参又以丞相身份征讨陈豨，获胜。英布造反，曹参又跟随悼惠王刘肥率车骑十二万，和刘邦合击英布军，大胜，并向南到蕲，回师平定竹邑、相、萧、留等地。

纵观曹参的一生，战功显赫，共攻取两国，一百二十二县；俘王两人，相三人，将军六人，大莫嚣、郡守、司马、侯、御史各一人。

惠帝二年，萧何去世。曹参告诉门客赶快帮他置办行装，他将入朝为相国。

不久，使者果真来传召曹参。曹参临行前嘱咐接替其位的人说："我把狱讼和市集贸易托付给你，千万不要侵扰它。"承接丞相位的人说："治国难道没有比这更大的事吗？"曹参回答道："狱讼和市集贸易是用来包容和承载国家各个方面的地方，它能兼容并包。如果你侵扰了它，奸人在哪里容身呢？所以我把这件事放在最先。"

曹参

曹参（？～前190）与萧何是同乡，秦时为沛狱吏，后跟随刘邦。萧何死后，曹参就任西汉第二任相国，仍遵循前任相国萧何的法令制度行事，将国家治理得井井有条，成就西汉初年一段佳话。

【萧规曹随】

曹参在齐任相国，寻求安集百姓的方法，于是拜访了很多齐国有名望的人。每个人的说法都不一样，曹参不知道如何作决策。后来，他听说胶西有个盖公，善于研究黄老之言，便派人以厚礼请他前来商议。盖公见了曹参便说："平安之道贵在清静，则百姓自会安定。"于是曹参搬出正堂，让盖公住在那里。曹参在齐国施政深得黄老之术，任齐相九年，齐国安居乐业，他也被称作贤相。

曹参代替萧何做相国，按照萧何生前拟定的律法行事，不作任何变更。他还选任那些不善于文辞，看起来忠厚老实的长者为官吏，甚至常常请他们饮酒作乐。部下有过错，他也十分宽容。当时，有些官员为了出名，不断在法律条文中挑刺，向曹参进谏。每次官员还没开口，曹参就让他们喝酒。当他们还想开口的时候，他又不断向他们劝酒，直到这些人大醉回到家中，都没有一个能开上口的。

还有些小吏整天饮酒，从吏们觉得此举不妥，便邀请曹参去参观后园，希望曹参能训斥这些人。结果，曹参看见小吏们在饮酒，还命人取来更多的酒，跟众人一起畅饮作乐。

曹参的行为很快传到了惠帝的耳朵里。惠帝对曹参的儿子说："你去帮我问你父亲，身为相国，却整日喝酒，如何能为国家分忧？他是不是见我年轻，看不起我。还有，你别说是我让你去问的。"曹参的儿子听从惠帝的命令，回家问父亲，却遭到了父亲的责骂。曹参对儿子说："这些国家大事不用你来操心。"

惠帝于是亲自质问曹参。曹参问惠帝："陛下与高皇帝（刘邦），哪一个有才能？"惠帝答："我当然不能与先帝相比。"曹参又问："我与萧何哪一个才能更高？"惠帝说："你好像不如他。"曹参说："陛下说得很对。高皇帝与萧何已平定天下，法律条文也很明确。陛下垂衣拱手，曹参等人谨守职责，不也是可以吗？"惠帝很高兴，对曹参说："那您好好休息吧。"

惠帝五年（前190），曹参去世，谥号懿侯。曹参为相国三年，百姓歌颂他说："萧何制定法文，曹参继承相位，守住条文，没有缺失，百姓得以安宁。"后代称萧何与曹参的事迹为萧规曹随。

论赞

赞曰：萧何、曹参都出身于秦朝刀笔吏，当时处世平庸，没有大作为。汉兴起，仰仗日月的余光，萧何因诚信谨慎守持管籥，曹参与韩信一起征伐。天下平定后，顺应百姓痛恨秦法的心理，重新拟定律法，二人同心，于是海内得以安定。淮阴、英布等已绝灭，只有萧何、曹参拥有功名，位于群臣之上，声名流传后世，为一代受众人敬仰之臣，子孙后代也因此得到恩荫，真伟大啊！

白话精编二十四史

第二卷

张良 陈平 周勃传

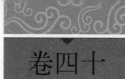

汉 初，高祖刘邦身边有一群出身卑微，而后成为重臣的布衣将相。他们有的深谋远虑，有的机智聪慧，有的战功显赫，都为巩固刘氏天下立下了汗马功劳。张良、陈平、周勃就是这些布衣将相的代表人物。

▶【张良圯上受书】

张良，字子房，先祖为战国时韩国贵族，曾五世为相。秦国灭韩后，他散尽家财寻求刺客，弟弟死了也不下葬，一心一意要暗杀秦王，报亡国之仇。

为了能成功刺杀秦始皇，他找到一个大力士，制作了一个一百二十斤的铁锥，在秦始皇东游到一个叫博狼沙的地方时进行伏击，结果铁锥误中副车。秦始皇大怒，下令全国通缉刺客。张良便隐姓埋名，逃亡到下邳。

某日，张良在下邳桥上漫步。有一个穿着粗布衣的老人走到张良面前，故意把鞋扔到桥下，回头对张良说："小孩子，你下去替我捡鞋！"张良很生气，但是因为对方是老人，便强忍着怒气，下去帮他捡鞋。

张良捡到鞋子，老人又要求张良为自己穿上。于是张良跪下，为老人穿上鞋子。老人穿上鞋子就微笑着离开了，走了一里左右，又折回来对张良说："年轻人值得教诲，五天以后鸡鸣时，在这里等我。"张良说："行。"

五天后鸡鸣时，张良到约定的地点，发现老人已经先到。老人怒斥道："和老人相约，为什么后到？走，五天后早点来见。"

五天后鸡鸣时，老人又先到，又怒斥张良晚到，再约张良五天后见面。过了五天，张良前半夜就到了约定的地点。不久，老人也依照约定出现，笑道："就应该这样嘛！"老人拿出一部书交给张良，说："读了它就可以当王者的老师。十年后，你就可以成事了。"临走前，他还嘱咐张良说："十三年后来找我，济北谷城山下的黄石就是我。"说完，老人便离开不见了。张良捧着书细细研读起来，这本书就是《太公兵法》。

▶【汉之良将】

十年后，陈胜、吴广起义。张良也聚集了一百多名百姓，打算前去追随义军。在半路，张良遇见沛公刘邦，便追随了刘邦。刘邦惜才，只要是张良提出的计谋，都言听计从。

汉元年（前206），刘邦做汉王，

领有巴蜀之地，赏张良百镒黄金，二斗珍珠。张良将得到的赏赐献给了项伯。刘邦同时也让张良给项伯送厚礼，让他帮忙向项羽请求汉中之地。听了项伯的说辞，项羽才同意，刘邦便回到了封国。张良送刘邦至褒中后，刘邦便命他回韩国。此时，张良劝刘邦烧毁栈道，向天下表示没有归还之心，以稳住项羽。刘邦同意了，便让张良在回韩国的途中烧毁栈道。

张良回到韩国后，听说项羽因为自己跟随刘邦，不让韩王成回国，并在彭城杀了他。当时刘邦回军平定三秦，张良便写信给项羽说："汉王（刘邦）失去了应得的封职，希望得到关中，并遵照盟约不敢再往东行。"又把齐国的反叛文书交给项羽，说："齐和赵要共同灭楚。"项羽因此无意西进，而是向北攻齐国，张良这才得以从小道逃回汉国。

张良回到刘邦身边，并献计说："九江王英布是楚国的猛将，和项王（项羽）向来有矛盾。此外，彭越联合齐王田荣在梁地反叛，也得罪了项王。因此，英布和彭越这两个人也可以在紧急时派上用场，为您效力。您帐下的大将中，只有韩信一人可以独当一面。如果让这三个人出关东之地，则可以攻破楚军。"刘邦于是派使者劝说九江王英布，又遣使者联合彭越，与韩信会合，先后攻下燕、代、齐、赵等地，最后大破楚军。

汉六年（前201），刘邦封功臣。张良向来体弱多病，不曾随军，没有战功，本不能封侯，刘邦却说："运筹帷幄，决定千里之外的胜利，是子房（张良）的功劳。你自己在齐地挑选食邑三万户。"张良推辞说："臣从下

圯上授书·明·李在

邳起家，与陛下在留相见，这是上天把臣交给陛下。陛下采用臣的计策，幸而有时料中，臣希望赐封留侯就够了，不敢承当三万户。"于是刘邦便封张良做留侯。

后来，张良随刘邦经过济北时，果然在谷城山下得到了一块黄石，便拿回家中郑重祭祀，这块黄石在张良死后一起下葬。后人每次为张良上坟，也都会祭祀黄石。

张良

张良（？～前186），杰出的军事谋略家，西汉王朝的开国元勋之一，与萧何、韩信并称为"汉初三杰"。

【陈平分肉】

陈平，阳武（今河南原阳）人，出身贫穷，喜欢黄老学说。

陈平和哥哥陈伯住在一起。陈家有三十亩田地，陈伯下田耕作，让陈平去游学。陈平身材高大，长相俊美，人们便问他："家里穷，吃什么长胖的呢？"陈平的嫂子恨陈平不在家种田，便说："也是吃糠皮呗！有这样的小叔，不如没有！"陈伯听到后，赶走了他的妻子。

陈平成年后，可以娶妻了，富人没人愿意把女儿嫁给他。很久以后，富人张负的孙女嫁了五次，都是因为丈夫死了，所以没人敢娶她。陈平想娶她。当时，陈平因家里贫穷，邑中凡有大丧事，他都去帮忙料理，早出晚归以多得报酬。张负在治丧处见到陈平，觉得他相貌不凡，陈平也因故晚走。张负跟着陈平到他家，发现他家徒四壁，用席子当门，但是门外却有很多显贵人家的车辆。张负回去便对儿子张仲说："我想把孙女嫁给陈平。"张仲说："陈平贫穷不做事，全县的人都笑话他的行事，为什么要我把女儿嫁给他？"张负答道："陈平一表人才，难道会一辈子贫穷吗？"张负把孙女嫁给陈平，并借钱给他行聘，给他酒肉资助娶妻。张负还告诫孙女说："不要因为他穷就不小心侍奉。侍奉哥哥陈伯要像侍奉你父亲，侍奉嫂子要像侍奉你母亲。"陈平娶了张氏女，资产日益丰富，交游更加广泛。

每到里中举行社祭，众人都让陈平主持分肉，因为他分肉分得很平均。里中的父老都说："陈平主持得真好！"陈平说："唉，如果让我主持天下，也会像分肉一样！"

【三度易主】

不久，陈平辞别哥哥陈伯，带着一帮年轻人前去跟随魏王，任太仆，掌管马政。陈平向魏王献计，魏王不予采用。不久，有人诬陷陈平，陈平只好逃走。

当项羽将势力范围扩展到河上时，陈平前去追随他，跟着项羽入关灭秦，得以赐爵为卿。随后，殷王反叛楚军，项羽便任命陈平做都尉，赐二十镒黄金，让他率兵去讨伐殷王。结果，汉军攻下殷地。项羽大怒，要杀掉平定殷地的人。陈平害怕被杀，便封好黄金和印，派人还给项羽，带着剑从小路逃跑。

渡河时，船夫看陈平是个漂亮的男子，又单独行路，便怀疑他是逃亡的将领，身上可能带有财物。船夫起了歹念，想杀害陈平，劫走财物。陈平心里很害怕，便解下衣服，裸着身子帮船夫划船。船夫这才知道他身上没钱，于是罢休。

陈平顺利离开项羽后，投奔汉王刘邦。当时，刘邦赐给他食物后就要离开。陈平赶紧说："臣有事而来，要说的话不能等到明天再说。"于是刘邦坐下来，一番交谈后，越发赏识陈平。刘邦最后问陈平："您想做什么官？"陈平说："都尉。"刘邦同意了，当天就任命陈平为都尉，让他陪乘，掌管军队。

陈平从开始随从刘邦，到天下平定，曾以护军中尉身份跟着刘邦攻打陈豨、英布等叛军，先后谋划过六次巧计，每次都让自己得以立功封邑，其中著名的计谋有声东击西救刘邦、瞒天过海解荥阳之围、反间计离间项羽和范增、请君入瓮擒韩信等。也有些计谋用得很隐秘，至今还没有人得知。

【明哲保身】

汉十二年（前195），刘邦去世。陈平因曾得罪樊哙，害怕樊哙的妻子吕须会报复自己，便乘车马先行离开。这时，有使者带来诏令，命他与灌婴屯兵荥阳。陈平接诏，立即赶回宫中，悲痛地哭起来。他几次哭得要晕厥，却还坚持在刘

邦遗体前汇报政务。皇后吕雉哀怜他，就让他先行休息。此时，陈平还是害怕吕须的谗言得势，便坚决请求在宫中值夜守卫。吕雉同意，随后又任命他做郎中令，每天教导新皇帝。陈平留在宫中，这才让吕须的谗言没能奏效。

惠帝五年（前190），相国曹参死去，安国侯王陵任右丞相，陈平任左丞相。后来，吕雉大封诸吕为王，陈平被削夺了实权。吕雉死后，陈平与太尉周勃合谋平定诸吕之乱，迎立代王即帝位，是为汉文帝。

文帝初年，陈平让位周勃，自己为左丞相，位居第二。文帝二年（前178），陈平去世，谥号献侯。

【安刘者必勃也】

周勃，沛县（今江苏沛县）人，以编织养蚕的器具为生，常给办丧事的人吹箫，因力气大，后来又做了能拉强弓的勇士。

刘邦起义反秦初期，周勃以中涓的身份跟随刘邦进攻胡陵、方与，击败秦军于砀，被封为五大夫。随后，周勃又与秦将章邯作战于濮阳、三川。不久，周勃又追随刘邦攻破武关，大败秦军于蓝田，被封为威武侯。

在楚汉战争中，周勃战功显赫。他北攻赵贲、章平于咸阳，围章邯于废丘，击项羽于曲遇。项羽死后，他又东平楚地。

西汉立国后，周勃继续戎马征战，参与平定异姓王的叛乱，击燕王于易下，斩陈豨于当城。叛乱平定后，周勃被封为太尉，赐绛侯。

刘邦病重时，向皇后吕雉交代身后的人事安排。在提及周勃时，刘邦说："这个人老实忠厚，但是缺少文化。刘家的天下如果有危险，就让周勃去平定。"

汉十二年，刘邦去世。周勃身为列侯侍奉惠帝。

【周勃入狱】

惠帝六年（前189），惠帝设太尉官职，由周勃担任。惠帝十年，太后吕雉去世，吕氏家族的人意欲掌握大权，危及刘氏天下。周勃联合丞相陈平、朱虚侯刘章一起杀掉吕氏家族的叛乱者，拥立代王为帝，即汉文帝。周勃此举恰好印证了刘邦的遗言——

周勃

周勃（？～前169），沛县人，西汉开国功臣，机智有谋，刘邦称他"运筹帷幄之中，决胜千里之外"。

列传

又书

"安刘者必勃也"。

文帝即位后，任周勃为左丞相，陈平为右丞相，并赏赐周勃黄金五千斤，食邑万户。过了十个多月，有人劝周勃说："您已杀了吕氏家族的人，拥立了代王，威震天下。如果您这个时候还不满足的话，就会大祸临头。"周勃觉得有道理，便请求归还相印。文帝同意了。

一年后，丞相陈平去世，文帝又重新任用周勃为丞相。过了十多个月，文帝对周勃说："我下诏让列侯回到封国，很多人没有去，丞相是朕器重的，要为朕率领列侯回到封国。"之后，文帝免去周勃的相位，让他回到封地。

周勃回到封地后，每当河东守尉巡县到绛地时，周勃都害怕自己被杀害，便常常披着盔甲，让家人拿着武器去见河东守尉。河东守尉见到这个情形，就上书说周勃要谋反。文帝接到上书后，下令廷尉逮捕周勃。

【妙计出狱】

周勃入狱后，连狱中的小吏都侮辱他。周勃害怕，就送给狱吏一千金。狱吏拿到好处，便在木简背面写字给他看，说"让公主作证"。意思是要周勃找公主去说情。这个公主是文帝的女儿，周勃的长媳妇。果真，公主在文帝面前为周勃说情。

周勃后来又命人找到与他关系甚好的薄昭，让薄昭替他在薄太后面前说话。当时，薄太后也认为周勃没有谋反的迹象。于是在文帝上朝时，薄太后就把头巾投向文帝，说："当初，绛侯握着皇帝印，在北军带兵，都没有谋反，现在住在一个小县里，却要谋反吗？"此时文帝也已看了廷尉对周勃的判词，便道歉说："官吏正在核实，核实后就放出他。"之后，文帝派使者拿着符节赦免周勃，并恢复了他的爵位封邑。周勃出狱时说："我曾统率百万军队，怎么知道一个小小的狱吏也这么厉害！"随后，周勃又回到封国。

文帝十一年（前169），周勃去世，谥号武侯。

论 赞

赞曰：听闻张良的智慧与勇气，以为他长得魁梧壮美，哪里知道反而像女人一样。正如孔子所说："以貌取人，失之子羽。"学者都怀疑鬼神之事，比如张良从老翁那儿得到书也是怪事。高祖刘邦多次遭受困厄，张良常出力相救，难道能说不是天意吗？陈平的志向，在社下分肉时就表现出来了。他投奔于混乱的楚、魏之间，最后归依汉，做了谋臣。到高后时，事情多变故，陈平竟然平安，用智慧得以终老。周勃当平民时是粗笨平庸的人，到当了大臣，救助国家的危难，杀吕姓诸人，立文帝，成为汉朝的伊尹、周公，这是多么显赫的事情啊！起初高后问宰相的人选，高祖刘邦说："陈平智谋有余，王陵略显迂直，可以辅助朝政，但是使刘氏安定的一定是周勃。"最后，历史应验了这话，圣明啊！

淮南王刘安传

淮南王刘安以风雅流誉天下，招揽宾客数千人，编成《淮南子》一书，是西汉时期著名的思想家和文学家。但他在削藩夺权、儒家独尊的历史大潮流中妄想挑战中央集权、恢复道家的主流地位，一生多次企图谋反，后来在谋事前被告发，最终招致自杀身亡的下场。

▶【养精蓄锐】

刘安，高祖刘邦的孙子，淮南厉王刘长的长子，爱好琴棋书画，不好打猎、骑马驰骋，常欲以施恩惠给当地的百姓而获取好的名声。

文帝八年（前172），刘长因谋反被废王位，在押解途中绝食而死。文帝可怜淮南王膝下还有四个儿子，尚且年幼，便封其长子刘安为阜陵侯，刘勃为安阳侯，刘赐为阳周侯，刘良为东城侯。

文帝十二年（前168），民间流传着一首民谣："一尺布，尚可缝；一斗粟，尚可舂。兄弟二人不相容。"暗讽文帝对淮南王惩罚不公。

文帝十六年（前164），文帝把原来的淮南国分封给刘安三兄弟，改封刘安为淮南王，其弟刘赐为衡山王，刘勃为济北王。

景帝三年（前154），吴楚七国叛乱，吴国的使者到刘安处请求联盟，刘安决定出兵接应吴王。这时，刘安的丞相主动请缨，要求带兵。刘安将军队交给丞相统率，没想到丞相率军后便坚守城池，不听从刘安的命令，摆明了一心向汉的立场。当下，朝廷派军营救淮南国。七国之乱平定后，淮南国幸运地保存了下来。

此后，刘安养精蓄锐，招揽天下宾客和游士数千人，不断扩张势力。其间，他还请人编撰《内书》《外书》等呈递给武帝。武帝爱好文学，对刘安非常尊敬。每次刘安来都城朝见武帝，两人都会从白天畅谈到夜晚。

刘安意在帝位，他害怕太子妃得知其造反的事情上报朝廷，便与儿子刘迁谋划，让他表现出不喜爱自己的太子妃，三个月不和她同桌吃饭。接着，刘安又假装生刘迁的气，将刘迁与太子妃关在一起。就算这样，太子仍不愿意和太子妃在一起。太子妃很绝望，便要求离开。刘安便上书朝廷谢罪，并请求让太子妃回去。

▶【功败垂成】

刘安行事严密，但凡事百密终有

一疏。刘迁非常喜欢剑术，自认为天下无敌。他听说郎中雷被善于舞剑，便召他来比试。比试时，雷被一再退让，还是误伤了刘迁。刘迁大怒，此后多方诋毁雷被。雷被请命去抗击匈奴，也被阻拦。后来，雷被逃到长安，向武帝告发刘迁阻挠自己参军抗击匈奴。在当时，阻止属下投军是非常重的罪。武帝将此事交给廷尉、河南县查办。河南县令要逮捕刘迁，刘安感到恐惧，想起兵谋反。当他发现河南县令只是询问雷被一事后，才放弃立即出兵的想法。

朝中大臣多次向武帝进谏，要求依法处置刘安，废除他的爵位。武帝没有同意，只是削去淮南国的两个县。

此后，刘安加快了叛乱的步伐，不仅在封地内屯兵，还私自铸造货币、玉玺和官印，积极部署军事行动。

刘安有庶子名不害，年龄最长，却得不到父母喜爱，亦不受太子刘迁尊重；本可能封为侯，也未得封。其子刘建甚为不忿，心存怨恨，便暗中结交一些人，想加害刘迁。刘迁发现后，多次命人鞭打刘建。刘建便命人上书给武帝，揭发刘迁企图夺位的阴谋。

刘安怕阴谋败露，又想起兵。但是刘迁却认为能帮助起兵的能人都被朝廷抓走了，这时起兵没有胜算，不如让朝廷逮捕他。刘安同意了刘迁的建议。随后，刘迁自杀，

淮南王成仙壁画

此壁画取材于淮南王刘安好黄白之术，召集道士、江湖术士炼丹药的传说。淮南王与八公（苏非、李尚、田由、雷被、伍被、晋昌、毛被、左吴）在寿春北山筑炉炼丹，偶成豆腐。炼丹成功后，一行人乘鹤上天。

但是没死成。谋士伍被害怕，便到朝廷自首，供出了刘安谋反的阴谋。朝廷派出官吏逮捕刘安的家人及其所有宾客。刘安知大势已去，在淮南王宫内饮下鸩酒自杀身亡。淮南王后、刘迁与所有参与叛乱阴谋的人都被族诛，人数达数万。不久，淮南国被废，改置为九江郡。

论赞

赞 曰：淮南王拥有封地，却不遵守藩臣之道，辅佐皇上。他心怀叵测，蓄意谋反，结果父子两辈都亡国，不得好死。这不但是他们为王品质不佳，也是他们王国风气粗俗，臣子随波逐流，才导致这种悲剧。荆楚这个地方的人一向喜欢犯上作乱，这是自古就有记载的啊！

卷四十五

蒯通 江充传

蒯 通和江充虽然不事同主，但是他们都是能言善辩而祸乱他人的人。蒯通生前侍奉韩信，而陷郦食其等人于不义，害忠良丧失性命。江充则制造巫蛊之乱，导致武帝与太子自相残杀。他们都是仗着自己的智慧离间他人的人，不同的是蒯通生前著有《隽永》，晚年也修身养性，才能得到正果；江充心存恶念，执意害人，最终招来灭族的大祸。

▶【蒯通不战而胜】

蒯通，范阳县（今河北徐水北）人，原名蒯彻，因与武帝同名，后人遂改称他为蒯通。

楚汉战争刚爆发的时候，武臣平定了赵地，号称武信君。蒯通为武臣前去游说范阳县令徐公，他一见到徐公就说："我私下可怜您就要死了，所以表示哀悼。尽管如此，我又要祝贺您因为得到我蒯通而获得生路。"

徐公听后连连拜谢，并问道："为什么要对我表示哀悼？"蒯通答道："您做县令十多年，杀害人家的父亲，砍去人家的脚，对人施以黥刑，杀害的人太多了。慈父孝子之所以不敢手刃你，是因为畏惧秦法。当今天下大乱，秦政不施，那些被害人的家人就要杀死您来报仇雪恨并夺取功名了。这就是我为什么要来表示哀悼的原因。"

徐公听完又问："您为什么又祝贺我获得生路呢？"蒯通表示武臣派人来向他询问战事的吉凶，他正打算要前去劝说他。蒯通说："我打算见到武信君时说范阳县令本应该整顿军队，守卫城池，奋起作战，但是因为懦弱而向你投降。如果他向你投降，却被杀死，那么其他的城池就会做抵死反抗，城池变得固若金汤。如果你用黄盖朱轮的车子迎接范阳县令，让他在燕、赵边界驰骋炫耀，那么大家就会互相转告说范阳县令投降而获得富贵，便会争相投降。"

徐公听后再度拜谢蒯通，并用车马送蒯通。蒯通见到武臣也用同样的话劝说他。武臣采纳，并用一百辆车、两百名骑兵和侯印来迎接徐公。此事传开后，有三十多个城池向武臣投降。

▶【善辩逃生】

后来，汉将韩信俘虏魏王，攻破赵、代两国，使燕国降服，后又接连平定三国，战功显赫。正当韩信打算攻打齐国的时候，听说刘邦已经派郦食其劝降了齐国，便想停止进军。

蒯通游说韩信说："将军接受汉王（刘邦）的命令攻打齐国，现在有诏书说要求您停止进攻吗？郦食其是个儒生，凭借口舌之利就可以劝降齐国七十多座城池，将军您率几万兵马，才攻下赵国五十多座城池。做将军的怎么不如一个儒生的功劳？"韩信认为蒯通说得有道理，便攻打了齐国。齐王认为郦食其欺骗自己，便用沸水将他煮死，最后兵败逃走。

韩信终于平定了齐国。刘邦委派张良前往立韩信为齐王，以便安抚他。这时，项羽也派武涉去劝说韩信，想要跟他联合。蒯通认为天下的局势取决于韩信，便劝说韩信背叛

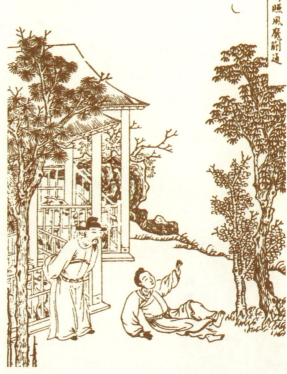

蒯通装疯

西汉建国后，韩信不听蒯通劝阻被杀，蒯通知道祸将及己，便假装疯癫，却被萧何识破。

刘邦，使天下势力三分，互相牵制。韩信思考再三，不愿意背叛刘邦，蒯通不得不装疯卖傻，当起了巫师。

刘邦平定天下后，韩信被告发有谋反举动，被皇后吕雉设计处死。临死前，韩信叹息道："我真后悔不听蒯通的话，以至于死在女人的手里。"

刘邦得知后，下诏书捉拿了蒯通。刘邦问蒯通为什么要劝韩信造反，蒯通说："狗总要对自己的主人狂吠。那个时候韩信就是我的主人，我并不知道有您。况且秦朝即将灭亡，天下人都争夺帝位，只是有的人能力不足而已。您能将这些人都赶尽杀绝吗？"刘邦听后，竟释放了蒯通。

到刘肥受封齐王时，曹参为齐国丞相，他礼贤下士，请蒯通做宾客。蒯通对曹参说："有的妇人丈夫刚死了三天就改嫁，有的妇人却宁愿深居简出，闭门守寡。如果您想娶媳妇，

会选哪个？"曹参说："我将娶那个不愿意出嫁的人。"蒯通便说："那么，寻求谋臣也应该这样。传说东郭先生和梁石君是齐国的贤俊之士，隐居于山林之中，不愿'出嫁'，也未曾卑躬屈膝地出来求官。希望您派人去以礼相待。"曹参采纳了蒯通的计谋，把这两人都作为上宾对待。

蒯通在世时，不仅为武臣、韩信、曹参等人出谋献策，还曾将战国时游说谋士的权变之术整理成书，取名《隽永》，为后世人留下了一笔宝贵的财富。

▌【江充受武帝赏识】

江充，字次倩，赵国邯郸（今河北邯郸）人，原名江齐。

江齐的妹妹擅长弹琴和跳舞，嫁给了赵国的太子刘丹。江齐也因此成为赵王刘彭祖的座上客。

后来，太子刘丹怀疑江齐把自己的隐私告诉赵王，便与他不和，派人抓捕他。太子派去的人没有抓到江齐，就逮捕了江齐的父亲和哥哥，并将其全部斩首。

于是江齐改名为江充，逃亡到关中，上殿告发太子刘丹与同母姐姐、赵王后宫妃妾通奸乱伦，并指证太子勾结不法豪强，杀人越货。武帝听后非常愤怒，发兵围攻赵王的宫殿，逮捕太子刘丹，并依法判处其死刑。

赵王刘彭祖赶忙上书，表示愿意参军去攻打匈奴，来为太子刘丹赎罪。于是武帝废除了刘丹的爵位，免除了他的死刑。

刘丹被废除后，江充精心打扮一番面见武帝。武帝见江充相貌堂堂，仪表非凡，便非常欣喜地对身边的人说："燕、赵这两个地方多有奇人异士。"当下，武帝就向江充询问国家政事的处理方法。江充对答如流，武帝就更加赞赏江充了。

江充看出武帝对自己的态度，便主动请求出使匈奴。武帝问江充的出使方案，江充回答道："随机应变，不能预先谋划。"于是武帝任用江充为谒者，派他出使匈奴。

⊙深衣女陶俑·西汉

深衣是汉承秦制的服装款式，上衣与下裳相连，通身紧窄，使身体深藏不露，雍容典雅。

江充回国后，武帝又任命他为直指绣衣使者，监督三辅地区的盗贼，禁止权贵、豪族过分奢侈，超越制度。

江充上任后，举报了不少奢侈无度、违反制度的权贵，并没收他们的车马，让他们在北军待命，准备攻打匈奴。江充"轰轰烈烈"的反腐行动使得很多显贵的外戚子弟感到害怕，他们纷纷朝见武帝，叩头求饶，表示愿意交钱赎罪。武帝同意了他们的请求，命令他们分别按照官职的级别把钱交到北军，共上交了数千万钱。

江充执法期间，还没收了馆陶公主随从的车辆、太子使者的车马。一时间，他也因正直不阿、执法严明而威震京师。此后，武帝更加赏识江充，对他的建议都言听计从。

后来，江充升为水衡都尉，列为朝廷大员，后又因罪免去官职。

【巫蛊之乱】

到武帝晚年的时候，江充因与太子有嫌隙，害怕武帝去世后，太子会诛杀自己，便上书说武帝得病是因为有人在搞巫蛊。武帝于是任命江充为使者，查办暗中搞巫蛊的人。

江充四处挖掘巫蛊的器具，诛杀了许多搞巫蛊和夜间祭祀的人。他还私自设立严刑，强迫受审的人认罪。宫廷中的人和百姓们非常害怕，就互相诬告对方以求明哲保身。为此，江充前后诛杀了好几万人。但是这些人都不是他的目标。为了自保，他要嫁祸太子，让太子不能登基，使自己有活命的机会。

江充先从后宫失宠的妃子住处搜起，依次查到皇后和太子宫中。在太子的宫中搜寻多次未果，他便将事先准备的木头人藏在太子的宫殿中，然后再命人挖出，声称在太子宫中挖出了木头人。太子感到恐惧，也知道很难向父亲表明自己的清白，便抓捕了江充一伙人，并亲自监斩江充。太子对着江充骂道："赵国的奴才，乱了赵国的父子还不够，还要乱我父子。"说完便将江充杀了。

江充的同伙人也害怕起来，逃跑出来的人向武帝谎称太子要造反。武帝听信了江充同伙的谗言，立即起兵讨伐太子。太子无奈，只好应战，最后兵败而逃，藏在百姓家。卫皇后也在宫中自杀身亡。不久，执法的人员收到密报赶到太子藏匿的住所，太子自知无法逃脱便自杀了。

痛失皇后和爱子的武帝事后派人彻查此事，才得知巫蛊一事是江充的阴谋。随后，武帝下令诛杀了江充三族。至此，巫蛊之祸才尘埃落定。

论赞

赞曰：仲尼说："痛恨能言善辩的人危害国家。"蒯通一张口就使三个俊杰丧命，他没有被烹杀真是万幸啊！江充制造巫蛊之祸，造成太子自杀。这些事件都是以小乱大，以疏害亲，多么可怕啊！

贾谊传

贾谊，西汉著名的政论家和思想家。他一生曾多次上书朝廷，建议内削诸侯，外御匈奴，革新政治，巩固西汉王朝。他的文章措辞优美，锋芒锐利，表现出高昂的政治热情和深远的忧患意识。

▶【被贬他乡】

贾谊，洛阳（今河南洛阳东）人。十八岁时，贾谊因能背诵诗书和善于写文章而驰名于乡里。河南郡守吴公听说他才学优异，便召为门生，非常器重他。

文帝即位不久，听说河南郡守吴公政绩全国第一，与李斯是同乡，曾经向李斯学习过，于是征召他做廷尉。吴公任廷尉后，便向文帝举荐他的得意门生贾谊。文帝于是任贾谊为博士。这一年，贾谊才二十多岁，是所有博士中最年轻的。每次参议朝政的时候，其他博士还没开口，贾谊就已滔滔不绝地发表自己的观点，切中时弊，屡次获得文帝的赞赏。不到一年，文帝便升贾谊为太中大夫。

当时，贾谊认为汉朝已立国二十余年，天下安定，应该改订历法，改变车马服饰的颜色，订立新的法令制度，确定官职名称，振兴礼乐。他亲笔起草了各项仪式的法度，拟订黄色为车马服饰的颜色，用"五"为官印数字，并确定所有官职名称。草书修改完成后，贾谊便上奏文帝。

文帝虽然没有完全实行贾谊的建议，但很多法令的更张，遣诸侯回归封地的措施，都出自贾谊的主张。于是，文帝召来身边的大臣一起商议贾谊受任公卿之事。此时，绛侯、灌侯、东阳侯、冯敬这些人嫉妒贾谊，就诋毁贾谊想独揽朝政。文帝听信了这些人的意见，疏远了贾谊，不采纳他的意见，让他为长沙王太傅。

贾谊在受命去长沙的途中，经过湘水，有感屈原投江，写

◆ 贾谊

贾谊（前200～前168），世称贾太傅、贾生、贾长沙。他少年得志，却因在政治上的主张过于激进，受到主张黄老无为之治的老臣的抵制，最终被贬至长沙，一生未得大用。

了《吊屈原赋》，借悼念屈原来抒发内心对仕途坎坷和壮志难酬的悲伤。

贾谊任长沙王太傅的第三年，有一只猫头鹰飞入他的房间，停在座位旁边。这只猫头鹰长得像鹏，显得很不吉祥。当时，贾谊常常哀伤，觉得自己寿命不长，便写下《鹏鸟赋》来安慰自己。

【文辞出众】

文帝七年（前173），文帝想念贾谊，征召他回京城长安。贾谊到了长安，文帝便坐在宣室殿接见他。当时，文帝对鬼神之事非常迷信，便跟贾谊讨论了起来。贾谊向文帝阐述个中道理，两人一直畅谈到深夜。文帝深深地被贾谊的言论吸引了，听着听着，就渐渐地移动到坐席的前端。后来，文帝感叹道："我很久没见到贾谊，自以为超过了他。今天看来，还是比不上他啊！"于是文帝任命贾谊做梁怀王的太傅。梁怀王是文帝的小儿子，很受宠爱，又喜欢读书，所以文帝让贾谊做他的老师。

西汉早期，匈奴强盛，常常侵犯汉朝边疆。贾谊撰写《治安策》上奏文帝，在文中阐明天下的形势，指出可值得痛哭的有一个问题，可值得流涕的有两个问题，可为之长叹的有六个问题，并分别就这些问题提出应对的方案。文章中，他怒斥那些认为天下已经安定且被治理得很好的人，不是无知就是阿谀奉承，甚至形象地将当时的政治局势比作把火放在柴堆之下，王睡在柴堆上，火暂时没燃烧起来的安全假象。

文帝仔细研读了贾谊上奏的《治安策》，不久就将齐国分为六个部分，将淮南国分为三个部分，以削弱藩王的势力。

文帝十一年（前169），梁怀王坠马而死。贾谊自认为失职，常常哭泣，梁怀王死后一年多，他便郁郁而死，年仅三十三岁。

武帝即位后，任命贾谊的两个孙子为郡太守，其中贾嘉最好学，继承了贾氏书香门第的家风。

论赞

赞曰：刘向说："贾谊谈论夏商周三代和秦朝治乱，论述十分优美。他通晓国家典章制度，即使是古代的伊尹、管仲也不能超过他。假如当时他的主张得以施行，功业教化必定显著。可惜的是他被庸臣陷害，实在令人痛心。"

现在，回过头去看，文帝沉静无为，身体力行来移风易俗，贾谊所陈述的主张自然被忽略。等到想改变制度，因为汉是土德（五德之一，古代以五行相生相克附会王朝命运，谓土胜者为得土德），就崇尚黄色，官印的数字使用"五"，等到想试着拥有属国，就施用贾谊的"五饵"、"三表"来紧紧拴住单于，这才知道贾谊的办法有效果啊！贾谊虽然英年早逝，做官没到公卿，但他的著述共五十八篇，对后人而言是一笔财富。

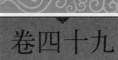

晁错传

晁错，文景时代著名的政论家，享有"智囊"的美誉。他为人严谨刚正，直言敢谏，主张内削诸侯，外抗匈奴，重农抑商，为西汉时期的经济发展和巩固政权作出了巨大的贡献。他的政论文与贾谊齐名，后因"七国之乱"被文帝错杀，含恨而终。

【言兵事疏】

晁错，颍川（今河南禹县南）人，为人严谨刚直，直言敢谏。他早年随张恢学习申商刑名学说，后来因为通晓文献典籍，做了太常掌故。

汉文帝时，朝廷内没有研究《尚书》的人。文帝听说齐国的伏生精通《尚书》，但是已经九十多岁，年老不能征召，文帝下令派人前往学习，晁错亦在其中。晁错奉命向伏生学习《尚书》，学成归来便上书解说《尚书》。文帝提升他为太子舍人（太子的属官）、门大夫，后升为博士。

文帝十一年（前169），匈奴侵扰狄道，陇西军民以少击众，打败了匈奴军队。晁错乘机向文帝上《言兵事疏》，结合历史经验和当前的局势论述了抗击匈奴的战略。他论述了战争激励士气和选择良将的重要性，着重分析了战争中地形、士卒训练有素、武器锋利三者之间的关系，他提出武器装备不精良，等于把士兵断送给敌人；士兵不会作战，等于把将领断送给敌人；将领不懂用兵，等于把君主断送给敌人；君主不善于选择良将，等于把国家断送给敌人。此外，晁错还具体分析了汉匈军队的长处和短处，指出匈奴军有三长，汉军有五长，提出以己之长，击敌之短的作战策略。

《言兵事疏》提交后，文帝赐给晁错诏书以示嘉奖。接着，晁错又向文帝献上《守边劝农疏》和《募民实塞疏》，提出改革戍边制度，把迁徙到边塞的奴婢、罪人和平民编制组织起来，加以训练，使之可以抵御边疆犯事者。这些建议都得到了文帝的采纳。

【晁错之死】

景帝即位后，任晁错为内史。晁错多次请求单独谈论政事，景帝每每听从，给他的荣宠超过了九卿。

丞相申屠嘉对晁错非常不满，又找不到由头加害他。当时，内史府建在太上庙围墙里的空地上，门向东开，进出不方便，晁错便向南边开了两扇

伏生授经图·明·崔子忠

此图描绘伏生传授弟子晁错今文《尚书》时的情形。画中老者为伏生，伏案书写者为晁错。自秦始皇焚书坑儒后，到汉文帝时，除了做过秦博士的伏生，没有人钻研《尚书》。但伏生年逾九十，不能远去京师，于是文帝派晁错到伏生家中学习。

门，并凿开了太上庙的围墙。申屠嘉就想借这个过失要求景帝依法处死晁错。晁错听说后，连夜请求单独面见景帝，将事情的原委说明白。

次日，申屠嘉要求景帝处死晁错时，景帝便说："这不是庙墙，是庙外空地上的围墙，不牵涉到律法。"退朝后，申屠嘉生气地对长史说："我应该先杀掉他再报告陛下。如今先奏请陛下，反被这小子占了先机，真是一子错，满盘输。"申屠嘉郁闷于心，不久就发病死了。

后来，晁错被提升为御史大夫。他上书陈述诸侯的罪过，请求削减他们的封地，收回他们的旁郡。修改的

法令共有三十章，诸侯哗然，非常憎恨晁错。晁错的父亲听到这个消息，从颍川赶回来对晁错说："陛下刚刚即位，你执政掌权，便侵害削弱诸侯，疏远人家的骨肉。人们都责怪怨恨你，为什么要这样做呢？"晁错说："不这样，天子不会尊贵，国家不得安宁。"晁错的父亲说："刘家的天下安宁了，而晁家却危险了，我要离开你回去了！"随后，晁错的父亲服毒药死去，临死时说："我不忍看到大祸临头。"

十几天之后，七个诸侯国以"诛晁错，清君侧"为名，举兵反叛。晁错想让景帝亲自率兵，由他居守后方。袁盎向景帝提议诛杀晁错及其三族以平息诸侯的愤怒，避免兵戎相见。景帝思考再三，同意袁盎的提议，命中尉拿着诏书哄骗晁错上车。车马经过东市的时候，中尉突然要求停车，并拿出诏书向晁错宣读，依法将其腰斩。晁错死后，七国叛乱依旧得不到平息，景帝对于处死晁错后悔不已。

论赞

赞曰：晁错善于为国深谋远虑，却看不到自身头上的灾祸。他的父亲看到了这一点，于是自杀身亡，这种行为无益于挽救败亡，不如赵母责备赵括。赵括虽然败于长平，却保全了赵氏一族不受族诛。晁错虽然不得善终，但世人还是哀叹他的忠心，因此收集他实施政事的有关言论，载于传记之中。

张释之 冯唐传

张释之、冯唐都是文帝时期杰出的人才。他们不仅有真知灼见，而且敢于坚持正确意见，直言批评最高统治者，其胆略和才情均值得世人嘉许。其中，张释之以执法严明，上弹劾太子，下妙治玉环失窃案著名；冯唐则以直言进谏，无所避忌著称。他一生为西汉统治劳心劳力，让后人不得不感叹时光流逝，冯唐易老！

【执法严明的张释之】

张释之，字季，南阳堵阳（今河南方城东）人。他用家财买了个骑郎之职，侍奉文帝十余年，未见提升，便想辞官回家。中郎将袁盎知道张释之贤能，舍不得他离去，于是奏请朝廷转调他谒者的官缺。

张释之朝见文帝，朝见完毕，他趁机上前向文帝陈述便于国家之事。文帝对张释之说："现实一些，不要多说远古的事情，要讲当前能够实行的。"于是张释之向文帝分析了秦朝灭亡和汉朝兴起的原因，并提出许多当前切实可行的策略。文帝赞许他分析得好，便提升他为谒者仆射。

某日，张释之随文帝外出。文帝登上上林苑虎圈旁的阁楼，向上林尉了解禽兽的总数，并问了一些问题。上林尉瞠目结舌，答不上来，而一旁的虎圈啬夫滔滔不绝，回答了文帝的问题。文帝非常高兴，下令要提升这位啬夫为上林令。张释之上前阻止说：

"陛下认为绛侯周勃和东阳侯张相如两人人品如何？"文帝说："都是忠厚的老者。"张释之又问："那么陛下为什么还要提拔这位啬夫呢？周勃和张相如在和陛下谈论政事的时候，木讷不善于言辞，但是人品为世人称赞。陛下现在提拔这位啬夫，难道要天下人都学他牙尖嘴利、投机取巧吗？"文帝认为张释之说得非常有道理，便没有提拔啬夫。

后来，张释之任公车令。皇太子和梁王一起乘车入朝，马车行到司马门，二人不下车，直闯入宫。张释之飞奔上前阻拦他们，不准他们进宫，并上奏文帝弹劾他们的不敬之罪。很快，事情就传到薄太后那里。文帝脱下帽子请罪说："是我没有很好地教诲儿子。"薄太后便派使者拿了宽赦太子和梁王的诏书到张释之面前，下令张释之准许两位皇子入宫。从这件事中，文帝感到张释之的可贵，便提升他为中大夫，不久又提升为中郎将。

【妙答治罪】

　　某日，张释之随文帝去视察文帝百年之后的陵寝——霸陵。文帝感伤地对群臣说："用北山坚石做外棺，把石椁的缝隙填满，再用漆粘合起来，难道还能打得开吗？"文帝身边的近侍都说："好。"只有张释之上前说："如果它里面藏有很多能引起贪欲的珠宝，那么即使封闭南山作为外棺，还是会有缝隙的；如果薄葬而没有能引起贪欲的东西，即使没有石棺，又有什么可以担忧的呢？"文帝称赞张释之，并提升他为廷尉。

　　不久，张释之又随文帝外出。车子经过中渭桥的时候，忽然有一个人从桥下仓皇地跑出来，惊吓了文帝的马车。文帝派人抓捕此人，并交给张释之处理。张释之接手审理这个案件，才发现原来那个人是长安县的乡下人，得知皇上的车马要经过，赶紧躲在桥下。过了许久，他以为车马已经离开，便跑了出来。张释之将实情禀报给文帝，并说会依法向此人处以罚金四两。文帝非常生气，说："这个人使我的马受惊，如果马是烈马，岂不是会使我受伤？"张释之解释道："律法是天子和百姓要共同遵守的。现在依律令只处以罚金四两，陛下却要重判，这是告知天下百姓各地的律法轻重不一。"文帝听后沉默许久，认为张释之说得有道理，便认可了他的做法。

　　有人偷盗高帝庙的玉环，小偷被捕后，文帝将他交给张释之处理。张释之依法判处其死刑。文帝很生气，认为这样一个丧尽天良的小偷应该诛灭三族。张释之却脱下帽子解释道："按照律法规定，这样判处已经是极限了。再说，斩首与族灭都是死罪，但以逆顺的轻重为依据。如果这样的罪需要诛灭三族，那么假设有一个愚民不小心拿了长陵上的一捧土，陛下又该如何治他

白话精编二十四史

第二卷

● 张释之

张释之事文、景二帝，以执法公正闻名，认为"法者，天子所与天下公共也"，时人称赞"张释之为廷尉，天下无冤民"。

的罪呢？"文帝听后跟太后商议，最后同意了张释之的处决。

文帝去世后，景帝即位。张释之自知以前得罪过景帝，怕大祸临头，便借口生病请假。他想辞职离开，又怕会招惹更大的刑罚；想进宫面圣谢罪，却又不知道走什么门路。后来，他采纳王生的计策，终于面见景帝，当面道歉。景帝没有责怪他，又留他在身边侍奉一年多，最后将他降为淮南王相，其原因仍是以前得罪景帝那点事。

【冯唐直言不讳】

冯唐，祖籍赵国，祖父和父亲都是统兵的将领，后移居代郡。汉朝建立后，冯唐又随父迁移到安陵（今陕西咸阳）。冯唐以孝行著名，被推举为郎中署长，侍奉文帝。

某日，文帝乘辇路过郎属，见到冯唐便问："老人家为何还在做郎官？家住哪里？"冯唐都如实作了回答。文帝说："我居代地时，我的尚食监高祛多次对我称赞赵将李齐的贤能，还为我讲述他鏖战于巨鹿城下的故事。现在每逢我进餐的时候，都要想到李齐鏖战巨鹿的情景。老人家知道李齐这个人吗？"

冯唐回答道："作为一个军事将领，他的能力不如廉颇和李牧。"文帝又问冯唐为何这样认为。冯唐说："我祖父在赵国时，官职是帅将，熟交李牧。我的父亲从前当代王相，密交赵将李齐，很了解他们的为人和事迹。"

于是，冯唐给文帝讲述了廉颇、李牧的事迹，并将他们和赵将李齐放在一起评论比较。听完冯唐的论述后，文帝非常高兴，拍打着大腿说："唉，可惜我偏偏得不到廉颇、李牧这样的人来做我的将领，不然我还需要担忧匈奴吗？"冯唐却说："恕我直言，陛下即使得到了廉颇、李牧，也不可能任用。"

文帝听后非常生气，起身回宫。许久，文帝又召见冯唐，埋怨他说："你为什么当着众人的面侮辱我？难道没有僻静处可以诉说吗？"冯唐谢罪说："我是个粗鄙的人，心直口快，不懂忌讳。"

【冯唐易老】

不久，匈奴大举入侵朝那（今宁夏固原），杀死了北地郡都尉孙印。文帝非常担心匈奴的入侵，又想起当初与冯唐的一番对话，于是召见冯唐，问说："你怎么知道我不能任用廉颇、李牧呢？"

冯唐回答道："我听说上古时君王遣将出征，临行前都会跪下帮忙推着车子，说国门以内的事我来决定，国门以外的事请将军决定。军功、爵位和赏赐都决定于将军，归来再奏朝廷。这些都不是空话。我的祖父说，李牧在赵国领兵守边时，把从军中交易市场上征收的租税都用来犒赏将士，赏赐由将军决定，朝廷不从中干预。因此李牧才能尽他的智慧和才能，驱逐匈奴单于，打败东胡，在西面抑制强秦，在南面抗拒韩、魏。后来，赵王听信宠臣郭开的谗言，诛杀了李牧，让颜聚代替他。赵国这才军败卒逃，被秦国消灭。如今我私下听说魏尚任云中太守，把军市交易的税收全部拿来犒赏将士，还拿出私人的俸钱，每五天杀一次牛，宴请宾客、军吏和亲近的属官。因此匈奴远远躲避，不敢接近云中要塞。匈奴曾经入侵一次，魏尚率领兵马抗击，杀死众多敌军。军中士卒都是平民百姓家的子弟，从农村出来参军，哪里知道什么'尺籍'、

'伍符'这类军法条令。整天努力作战，斩敌首，捕俘虏，可向衙门报功时，只要一句话不符合，司法官们就援引法令来制裁他们。我认为陛下的法令太吹毛求疵，赏赐太轻，惩罚太重。况且云中郡守魏尚仅仅由于上报斩杀敌军的数目差了六个首级，陛下就把他交付给司法官治罪，削夺了他的爵位，判处一年徒刑。由此说来，陛下即使得到了李牧，也是不可能重用的。我实在愚蠢，触犯了忌讳，死罪死罪！"

文帝听后却非常高兴，当天就令冯唐持节出使赦免魏尚，重新让他担任云中郡守，并起用冯唐为车骑都尉，掌管中尉和各郡、国的车战之士。

十年以后，文帝驾崩，景帝即位，任命冯唐为楚国丞相。武帝即位后，诏举贤良，众人都推举冯唐。但是，冯唐当时已九十多岁了，不能再任官职，便让他的儿子冯遂做郎官。

论赞

赞 曰：张释之尽职守法，冯唐直言论将，如果不是如此，又怎么能名扬四海呢？扬雄说文帝放下帝王的尊贵来彰显周亚夫的军威，这又怎么能说文帝不能任用廉颇、李牧？这只不过是冯唐的激将法罢了。

李广传

西 汉名将李广为人不善言辞，却骁勇善战，多次出征讨伐匈奴，因其善战曾名震四方，威慑匈奴，赢得了"飞将军"的美誉。只可惜，李广生不逢时，没有好际遇，一生功过相抵，始终难以封侯。

▶【生不逢时】

李广，陇西成纪（今甘肃静宁）人，秦国将军李信之后。他骁勇善战，尤其擅长骑射。文帝十四年（前166），匈奴大举侵入萧关，李广以良家子弟的身份从军抗击匈奴，因其擅长射箭，杀死、俘虏敌人无数，拜为郎官，任骑常侍。文帝见其英勇善战，便感叹道："可惜啊，你没有碰到时机。如果你生在高帝的时代，封个万户侯也不在话下呀！"

文帝驾崩，景帝即位，任李广为骑郎将。七国之乱时，李广担任骁骑都尉，跟随太尉周亚夫攻打吴国、楚国，在昌邑城下立功显名。由于梁王私自授给李广将军印，李广回朝后，没有得到封赏。后来，李广调任上谷太守，多次与匈奴交战。典属国公孙昆邪流着眼泪对景帝说："李广才气天下无双，他自恃有本领，屡次和敌人争胜败，我怕他会牺牲啊！"景帝于是改调李广任上郡太守。

匈奴入侵上郡，景帝派中贵人（帝王宠幸的近臣宦官）跟随李广率兵抗击匈奴。中贵人带着几十名骑兵放马驰骋，遇见三个匈奴人，就和他们战斗起来。匈奴人转身射箭，射伤中贵人，并把他带去的骑兵杀光。中贵人跑到李广跟前讲述情况，李广说："这一定是匈奴的射雕手。"李广带领一百名骑兵追赶那三个匈奴人。三个匈奴人没有骑马，徒步走了几十里。李广命令骑兵左右散开，亲自射死二人，活捉一人。经过仔细审问得知，这三个人果然是匈奴的射雕手。

李广刚下令捆绑那名被活抓的匈奴人上山，就望见几千名匈奴骑兵浩浩荡荡向他们奔来。匈奴骑兵见到李广一行人，以为是引诱他们深入敌阵的汉军前锋，吃了一惊，立即上山摆好阵势。李广手下的一百名骑兵都很惊恐，想快马往回跑。李广赶紧喝住，说："我们离开大军几十里，这样往回逃跑，匈奴兵轻而易举就会把我们射杀。如果停下来不走，他们一定以为我们是诱敌之军，反而不敢来攻击。"李广命令一百名骑兵前进到离匈奴阵地约两里的地方停了下来。

李广又下命令："都下马解下马鞍！"众人不解，问："敌人很多并且离我们很近，这个时候解下鞍，万一他们发动进攻怎么办？"李广解释说："我们不跑，还都解下马鞍，他们一定会更相信我们是诱敌之军。"后来事情果真如此。

不久，一个骑白马的匈奴将领出阵来监护士兵。李广立即上马，与十多个骑兵奔驰过去，射死了那个匈奴将领。随后，李广一行人又返回，解下马鞍，李广还下令将马都放开，众人躺下休息。此时已经接近黄昏，匈奴人觉得李广带领的这支骑兵难以捉摸，不敢贸然行动。到了半夜，匈奴人害怕汉军埋伏在附近并趁天黑袭击他们，便全部撤退了。次日清晨，李广带领一百名骑兵安全地回到汉军营地。

【命运多舛】

武帝即位后，听说李广是名将，便任命他为未央宫卫尉。

后来，汉朝在马邑城引诱匈奴单于，派大军埋伏在马邑附近的山谷中，由李广担任骁骑将军。不过很快单于就发现了汉军的计谋，悄悄退兵返回。因此李广的军队在这次行动中没有立下战功。

此后四年，李广由卫尉调任将军，从雁门郡出击匈奴。当时匈奴兵力强盛，李广的军队寡不敌众，战败而逃。单于向来听闻李广有才能，便下令："捉到李广一定要活着押送来。"一次战斗中，匈奴骑兵捉到了寡不敌众的李广。当时李广受了伤，匈奴人便在两匹马之间用绳索结成网兜，让李广

李广妙计脱身

李广出身行伍，战功赫赫，两次担任九卿级别的官职，七次出为边郡太守，先后效力于文帝、景帝、武帝三朝，与匈奴七十余战，以善骑射、有勇略、能力战而闻名。一次，李广被俘后，机智地逃脱了匈奴兵的捆缚，回到自己的队伍，再战匈奴。

躺在里面。走了十多里，李广假装晕厥，他斜视旁边，发现有个匈奴少年骑着一匹好马，就突然纵身一跃，跨上匈奴少年的马，抱着少年策马向南奔跑数十里。几百名匈奴骑兵追赶李广，李广拿起匈奴少年的弓箭射杀追赶者，最后才得以脱身。

回到汉朝都城后，朝廷认定李广伤亡的人马众多，自己又曾被敌军活捉，于是判定其斩首。后来，李广用钱赎罪，贬为平民，才免于死刑。

不久，匈奴攻入辽西，击败屯兵渔阳的韩安国。武帝重新召回李广，封他为右北平太守。李广奉命驻扎边郡，匈奴非常惧怕这位英勇的汉将军，称他为"汉飞将军"，都尽量避免与

他直接交战，以至于好几年都不敢侵犯汉边界。

【几许浮沉】

元朔六年（前123），李广调任为将军，跟随大将军卫青从定襄郡出击匈奴。战事结束后，各路将领多数杀敌俘敌达到标准，因而封侯。而李广的部队没有功劳，因此李广没能封侯。

三年后，李广以郎中令的身份率领四千骑兵从右北平出发，博望侯张骞率领一万骑兵和李广同行，分两路进军。走了几百里，李广部队遭到匈奴左贤王四万骑兵的包围。士兵们都很恐惧，李广就派儿子李敢快马冲击敌阵。李敢带了几十名骑兵飞奔而去，直穿匈奴骑兵的包围圈，出击敌军的左右两翼而回，并报告李广说："匈奴人容易对付。"士兵这才安定下来。

匈奴士兵发起猛攻，箭下如雨，汉军死伤过半。这时，汉军的箭也快用完了。李广命令士兵把弓拉开，不要放箭，自己则用大黄弩弓射敌人的副将。不一会儿，李广便射死了几个匈奴副将。

次日，李广继续率领残余部队奋

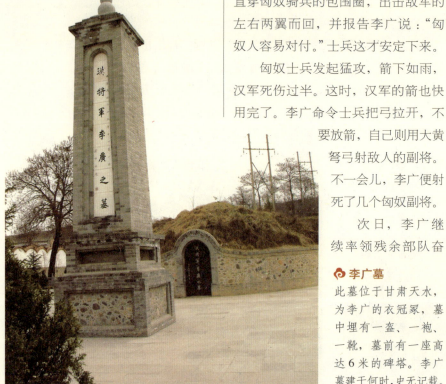

⬢ 李广墓

此墓位于甘肃天水，为李广的衣冠冢，墓中埋有一盔、一袍、一靴，墓前有一座高达6米的碑塔。李广墓建于何时，史无记载。

力作战。此时，张骞的军队也赶来救援。匈奴军队见情势不妙，便赶紧突围离开。匈奴离开后，李广的军队已经接近全军覆没，只好收兵返回。

回到汉朝都城，根据当时的律法，张骞耽误了预定的日期当处死刑，后来出钱赎罪，降为平民，免于一死。李广的军功和罪责相当，没有封赏。

【壮志难酬】

元狩四年（前119），大将军卫青和骠骑将军霍去病大举出兵攻打匈奴，李广好几次请缨出征。武帝认为他年迈，都没有允许。后来，武帝敌不过李广的请求，才同意他带兵出征，担任前将军。

卫青捉到俘虏，得知单于所在的地方，就想亲自率领精锐部队赶去袭击。他下令李广的部队跟右将军赵食其的部队合并，从东路出击。李广认为东路迂回绕远，难以聚集进攻，便请命说："我从年轻的时候起就和匈奴作战，今天第一次得以与单于敌对，我愿意担任前锋，同单于决一死战。"

对于李广，武帝认为他"数奇"（命运多舛），特意嘱咐过卫青不要让他与匈奴单于正面对阵，于是卫青拒绝了李广的请求。李广非常生气，拒绝接受卫青的军令。最后，卫青只好命令长史下一道文书给李广，要求他回到所在的部队。

李广接到文书后，没有向卫青告辞就动身出发，带领士兵和赵食其从东路出发。结果，一行人在行军途中迷失了道路，没能及时赶到预定地点与卫青的军队联合行动。

卫青部队与单于交战，单于逃跑了。卫青率军向南越过沙漠，才遇到李广和赵食其的部队。回到营地后，卫青向李广、赵食其问了迷路的情况后，说："我将上书陛下，报告这个情况。"李广没有回答。卫青又派人到李广的部队，责令他的部下前去听审。李广站出来说："各校尉无罪，是我自己迷失了道路，我亲自去受审。"

来到卫青的幕府，李广对部下说："我这一生与匈奴交战，大大小小的战斗有七十多次。这一次有幸跟随大将军迎战单于的直属部队，可是大将军却调我的部队迂回走远路，而我又迷失了路，难道不是天意吗？我已经六十多岁了，不能再受那些刀笔吏的侮辱。"说完，李广便拔刀自刎了。

老百姓听闻李广的死讯，不论是认识还是不认识他的，不论是年老的还是年轻的，无不为之流泪。

论赞

赞曰：李将军诚实得好像是粗鄙之人，不善于言辞，直到死的那天，天下间认识他的和不认识他的人都为他流泪，这说明他对士大夫们是忠心诚信的。谚语说："桃李不言，下自成蹊。"这虽说是小事，但也可以用来比喻大的事情。然而李家三代为将，终为人所忌，从李广到他的孙子李陵，终致族灭，真是可悲啊！

白话精编二十四史

第二卷

卫青 霍去病传

卫青、霍去病是武帝时期抗击匈奴的主要将领，二人并称"帝国双璧"。卫青开启了大汉对匈奴战争的新篇章，七战七捷，成为历代兵家所敬仰的对象。霍去病英勇善战，忠心护国，更留下"匈奴未灭，何以家为"的美谈。

【卫青命运中的转折】

卫青，字仲卿，河东平阳（今山西临汾）人。

卫青的童年很不幸。他的父亲郑季是县吏，与平阳侯家的奴婢卫媪私通后，生下卫青。卫青从小就在平阳侯家做仆人，幼年时曾经回到父亲家里，可是郑季的正房夫人和他同父异母的兄弟不认他作兄弟，而是把他当奴婢看待。他的父亲也不疼惜他，让他去放羊。

少年时，卫青曾跟着人去过甘泉宫囚室。当时，有个受钳刑的犯人看到他的面相后说："你是贵人，做官可以做到封侯。"卫青不以为然，自嘲说："奴婢生的儿子，能不挨打受骂就满足了，怎么会有封侯那样的美事呢？"

卫青成年后，不愿再受郑家的奴役，便回到母亲身边，并做了平阳侯府的骑奴。

建元二年（前139），卫青的姐姐卫子夫入宫得到武帝的宠爱，卫青也因此被召到建章宫当差。

【崭露头角】

当时的长公主刘嫖因为女儿陈皇后没有子嗣，于是嫉妒卫子夫，但又不好直接对她动手，于是派人将在建章宫当差的卫青抓起来，想杀死他。卫青的朋友骑郎公孙敖带着一群壮士前去把他救了出来，卫青才得以逃脱厄运。武帝听说此事后，召见了卫青，让他做建章宫监，任侍中。卫青因祸得福。

元光六年（前129），武帝派兵攻打匈奴，任命卫青为车骑将军，出上谷郡；公孙贺担任轻车将军，出云中郡；太中大夫公孙敖担任骑将军，出代郡；卫尉李广担任骁骑将军，出雁门郡。此次战役中，骑将军公孙敖损失七千骑兵，卫尉李广被敌人活捉后逃回，公孙贺也无战功，只有卫青进军到龙城，歼敌几百人，封关内侯。

元朔元年（前128）春天，卫子夫诞下男婴，被立为皇后。同年秋天，卫青率领三万骑兵攻打匈奴，出兵雁门关，歼敌数千人。次年，卫青又出兵云中郡，西到高阙，直到陇西，歼敌几千人次，获牲口百余万头，并赶跑了白羊王和楼烦王，被封为长平侯。

元朔五年（前124）春天，武帝命令车骑将军卫青统率三万骑兵出高阙，卫尉苏建担任游击将军，左内史李沮担任强弩将军，太仆公孙贺担任骑将军，代国相李蔡担任轻车将军，都兵出朔方。当时，匈奴右贤王轻视汉军，认为汉军不能到达他驻扎的地方，于是忘情饮酒。等到汉兵连夜赶到时，右贤王才惊恐地带着一名爱妾和几百名精壮骑兵飞跑，冲破汉军包围圈北去。汉军乘胜追击，没能俘虏右贤王，却俘虏了右贤王属下的小王十多人、男女一万五千多人、牲口成千上万头。卫青领军返回，行到边塞时，武帝就派使者捧着大将军军印迎接，任命车骑将军卫青担任大将军，卫青成了汉朝军队的最高统帅。

白话精编二十四史

第二卷

🔖 **卫青**

自元光六年（前129）起，武帝命卫青（？～前106）领兵征伐匈奴，前后共七次，取得了辉煌的胜利。

【出击匈奴】

元狩四年（前119），大规模的漠北之战拉开序幕。卫青、霍去病各率骑兵五万，分别从定襄、代郡出击，与匈奴主力展开正面交锋。

当时，匈奴已经被汉军逼迫退居茫茫沙漠的北边。赵信为单于出计谋，说："汉朝军队就算能越过大漠，兵马也一定很疲乏了，我们可以将之俘虏。"于是，单于把军队的器械和粮食都运送到北方很远的地方，只留下部分精兵在沙漠北面等待汉军。这时，恰好卫青的部队出塞一千多里，看到单于率军在等待汉军，便命令士兵用武刚车环绕布成阵营，派出五千骑兵前去冲击匈奴军阵。匈奴也派一万余名骑兵来攻。时值日落时分，刮起大风，沙砾扑面，两军互相看不见，汉军派出左右两侧部队包抄单于。单于见汉军众多，而且兵强马壮，便趁着黄昏，带着几百名精壮骑兵冲破汉军的包围，向西北逃去。卫青紧随其后，追出二百多里，没有追上单于，但是捕杀一万多名匈奴人，并虏获匈奴积蓄的军粮，用来供给部队食用。另一方面，霍去病的军队也深入沙漠两千余里，大败左贤王，斩获七万余敌军。此次漠北之战，汉军大获全胜，匈奴主力受损严重，此后十四年，汉朝和匈奴之间都没有再爆发战争。

卫青在世时，总计七次出击匈奴，斩杀、俘敌五万余人，战功赫赫。卫青死后谥号烈侯，与其妻平阳公主同葬。武帝为表彰他的功绩，允许卫青陪葬于茂陵（武帝陵寝）旁，并下令为他修建了形似庐山（匈奴境内的一座山）的高大坟冢。

【霍去病年少出征】

霍去病，卫青的侄子，擅长骑射，是武帝时期的名将。

霍去病的父亲霍仲孺与卫青的姐姐卫少儿私通，生下霍去病。到了皇后卫子夫受宠时，卫少儿嫁与詹事陈掌为妻，霍去病也进宫成为侍中。

元朔六年（前123），武帝任命年仅十八岁的霍去病为嫖姚校尉，率轻骑八百名，随卫青出征匈奴。首战告捷，霍去病歼敌二千零二十八人，并杀死单于祖父，活捉相国、当户等人。武帝封他为冠军侯，意在赞叹他勇冠三军。

元狩二年（前121）春天，霍去病被任命为骠骑将军，独自率领精兵一万出征匈奴。他深入匈奴腹地千余里，转战六日，于皋兰山大败匈奴卢侯王、折兰王，杀敌八千余名，俘虏浑邪王子、相国及其都尉。在这场战争中，匈奴损失惨重，卢侯王和折兰王也都战死沙场。此后，霍去病日益受到武帝的宠爱，地位逐渐显贵，与舅舅卫青相等。

这次战役后，单于对浑邪王驻守西面而多次被汉军所败

🌸 **霍去病**

霍去病（前140～前117）凭借外戚关系进入仕途，后来怀着"匈奴未灭，无以家为"的豪情壮志，六次率军征战匈奴，杀敌俘虏无数，被武帝亲封为"冠军侯"。

十分愤怒，想把浑邪王招来杀掉。浑邪王获悉后，就和休屠王等商量投降汉朝，于是派人先约汉朝代表在边境上商谈。武帝担心匈奴想用诈降的手段乘机偷袭边境，就命令霍去病率军前去迎接。霍去病的部队渡过黄河，与浑邪王的军队遥遥相望。浑邪王手下的裨王、裨将看到汉军，很多人又不想投降，纷纷逃跑。霍去病当机立断，飞马冲入匈奴军营，与浑邪王相见，杀死要逃跑的八千人，又让浑邪王单独乘驿车先到皇帝巡行的住处，然后自己率领浑邪王的部众渡过黄河。此次投降的匈奴人有数万，号称十万。

这些人到了长安，武帝赐下价值数十万的赏赐，并封给浑邪王一万户食邑，封漯阴侯。后来，武帝还赐给休屠王子姓金，名日磾，他在日后成了汉朝重臣。

【英年早逝】

元狩四年（前119），武帝策动漠北之战，命卫青、霍去病各率领五万骑兵，分道出击匈奴。霍去病出代郡，深入沙漠两千余里，大败匈奴左贤王，斩获七万余人，获封骠骑大将军，得食邑五千八百户。

霍去病一生战功显赫，他带兵注重实际，不死守兵法。武帝曾想教他学孙吴兵法，他却说："打仗要看具体情形来制订作战方案，不必学习古代的兵法。"霍去病为人沉默寡言，有谋略，敢作敢为，却不体恤下属。

他率军出征时，武帝遣太官为他带了数十车生活用品。待到霍去病班师回朝的时候，不管部队里是不是有士兵挨饿，他都会把剩余的米和肉都丢掉。在塞外作战的时候，士兵们吃不饱饭，有的士兵都饿得爬不起来了，霍去病却还要踢球玩乐。武帝曾替他修建了一座豪华的宅第，让他去看看。霍去病却以"匈奴未灭，何以家为"八个字拒绝了武帝的美意，成为历代臣子的典范。

元狩六年（前117），霍去病病逝，年仅二十四岁，谥号景桓侯。武帝万分悲伤，调发玄甲（铁黑色的铠甲）士兵，从长安列队直到茂陵，为霍去病送葬。武帝下令为他在茂陵园中修筑了形似祁连山的坟墓，以彰显其功绩。

董仲舒传

董仲舒以三策闻名天下，得到武帝的赏识，提出"天人感应"、"三纲五常"等观念，其中最著名的主张是"罢黜百家，独尊儒术"。正是从他开始，儒学从战国时期的诸子百家中脱颖而出，在中国思想史上占据了近两千年的统治地位，并几乎成为中华文化的代名词。

【韬光养晦】

董仲舒，广川（今河北景县）人。他从少年时就潜心钻研《春秋》，因治学勤奋，三年不曾看过园内风景而传为佳话。

景帝时，董仲舒被任命为博士。他的学生满天下，司马迁也曾拜于他的门下。他为人严肃，言行必遵守古礼，任何违背礼仪的事情都不做，就连为学生授课，也是坐在帷幕后面讲学。很多弟子从入学到学成离去，都没有见过他的真面目，但是非常敬重他。

武帝即位后，下令荐举贤良之士回答他的策问。董仲舒以贤良的身份对策三篇，得到武帝的赏识，被任命为江都易王刘非的相国。

十年后，公孙弘迎合世俗，掌握大权，位至公卿。他嫉妒董仲舒的才能，便向武帝推荐由董仲舒任胶西王相。武帝同意，派遣董仲舒出任胶西王的相国。胶西王性格凶残，曾多次谋杀朝廷派去的官员。公孙弘建议董仲舒任胶西王相，颇有借刀杀人之嫌。所幸胶西王听说董仲舒是有名的儒家大师，对他还是比较敬重的。但是董仲舒害怕时间长了后会遭遇不测，便于上任四年后，以年老有病为由辞官回乡，专心做学问。

董仲舒在任江都王相和胶西王相期间，虽然辅佐骄横的诸侯王，

🟠 董仲舒

董仲舒（约前179～约前104）青少年时研习《春秋》，景帝时为博士，讲授《公羊春秋》。他以《公羊春秋》为依据，吸收法家、道家、阴阳家思想，建立了一个新的思想体系，成为汉代的官方统治哲学。

但是以身作则，为下属做表率，多次上疏直言规谏，制定教令颁行国中，将这两国都治理得很好。去官归家后，他根本不管家族产业，只是埋头诵读，专心著书。此后，朝廷有什么事，武帝还是会派人到董仲舒的家中询问，由此可见武帝对这位一代儒学大家的重视。

董仲舒老死于家中。他留下的著作共一百二十三篇，都是以阐明儒家经学意旨为主，结合政治局势提出治国观点。另外，解说《春秋》记事的得失这一类文章有几十篇，都流传到了后世。

【三策举天下】

董仲舒的著作多数在晚年完成，其中以他早年三策连答武帝三问最为著名。

武帝的第一道制书里问道："夏、商、周三代受命于天，他们的根据是什么？人间的灾难变化是什么原因造成的？"董仲舒在对策中用"天谴论"回答说："天和人事是互相联系的。国家治理不好，上天就会制造种种灾难来谴责和警告世人。世人如果不知道悔改，上天又会制造出许多怪象来警惧世人。世人如果再不改变，天下败亡的迹象就会随之而来。因此，国家要长治久安，就必须施行儒家的礼乐教化，在邑城设立学校，教化百姓。"

武帝又下了第二道制书，要求董仲舒将自己的政治见解写成文章。于是，董仲舒便在对策中总结三代以来历史的经验教训，特别讲解了秦朝以刑法治天下，导致"死者相望而奸者不息"的教训。他还建议武帝通过考问获取天下英才，便可实现三代至治的局面，英名可媲美尧、舜。

董仲舒的两次对策都深得武帝的喜爱，于是武帝又下了第三道制书，希望董仲舒进一步阐明政治见解。董仲舒在第三道策书里提出了自己的哲学观和政治观，他写道："在不变的天道下，让君臣、父子、夫妇、兄弟之间遵守严格有序的上下尊卑关系，使得贵贱有等，衣服有别，朝廷有位，乡党有序，以保持永恒的封建秩序。"董仲舒还认为凡是不符合《礼》《乐》《书》《诗》《易》《春秋》六经、孔子学说的，一律摒除禁止。然后，纪律严明，百姓就好治理了。

董仲舒从《春秋》大统一的原则出发，维护皇帝至高无上的权力，利用儒家思想维持封建统治制度，这不仅加强了中央集权制度，也适应了封建经济发展的要求。这就是武帝对董仲舒三次对答非常赞赏的原因。

论赞

赞曰：刘向称赞董仲舒说："董仲舒有辅佐君王的才干，即使是伊尹、吕望也不能超过他。管仲、晏婴之辈是霸主的辅佐，怕是不如他吧！"董仲舒遭逢西汉承接秦朝焚灭学术之后，"六经"分崩离析，于是他发愤钻研经学大业，使后来的学者对儒家学说有了系统一致的认识，而他也成了群儒的首领。

司马相如传

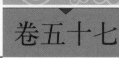

司马相如，西汉时期的大辞赋家，著有《子虚赋》《上林赋》《谏猎赋》《长门赋》等作品。其中，《子虚赋》和《上林赋》不仅是他的代表作，更是汉赋的巅峰之作。他的文章辞藻华丽，气势如虹，使他成为汉辞的代表人物，后人称之为"赋圣"。此外，他与卓文君的爱情故事也被后世广为流传。

【凤求凰】

司马相如，字长卿，蜀郡成都（今四川成都）人，少年时好读书，常常练习击剑，取名犬子，后因仰慕蔺相如的为人，改名相如。

完成学业后，司马相如用全部的资产买了个郎官，侍奉景帝，任武骑常侍。景帝不喜好辞赋，司马相如没有施展才华的机会，于是借病辞官，投奔梁王。其间，司马相如与当地文人邹阳、枚乘等人交往密切，常常文思汹涌，为梁王写下《子虚赋》。此赋辞藻华美，使司马相如声名鹊起。

中元六年（前144），梁王去世，司马相如回到家乡。这时的司马相如已经三十多岁，穷困无以为生，于是想到与他有多年交情的蜀郡临邛（今四川邛崃）县令王吉。王吉曾对司马相如说，如果有需要，尽管去找他，于是司马相如前往临邛。王吉知道司马相如已经今非昔比，又不好表现得太势利，刚开始还做出很恭敬的样子去拜访他。后来，司马相如觉察出来

了，这个心高气傲的男子受不了这种轻蔑，便称病不见。司马相如此举引起了城中富人卓王孙和程郑的兴趣，他们商量着设宴邀请司马相如，一睹他的风采。

时值正午，宾客纷纷到来，司马相如的随从说主人生病不能出席。王吉也在场，于是亲自去迎接司马相如。司马相如不得已，只得随王吉前往。

酒宴上，卓王孙提出让司马相如弹琴助兴。司马相如得知卓王孙有个女儿叫卓文君，芳龄十七，貌美如花，精通音律，因刚死了丈夫，暂时寄居在娘家，便想弹奏《凤求凰》来向她表明心意。恰巧此时躲在门后的卓文君也在偷偷看司马相如。听到司马相如的琴声后，卓文君彻底被他的风采折服了，心里暗暗喜欢上他。

酒宴结束后，司马相如用重金收买了卓文君的侍从，让她帮自己向卓文君传达倾慕之情。一个是名满京华的文人雅士，一个是温婉贤淑的千金小姐，两人一见钟情，当夜便私定终

身。卓文君跟随司马相如私奔，二人来到司马相如的老家成都。

卓王孙得知此事后，非常生气，又不忍心伤害女儿，便赌气不给她钱。当时，司马相如家中贫穷，卓文君变卖了身上的首饰，和他一起经营起酒坊。两人日子虽然过得清苦，却相敬如宾，留下一段当垆卖酒的美谈。

后来，卓王孙羞于女儿、女婿经营酒肆，就干脆闭门不出。卓王孙的兄弟和长辈轮流劝说卓王孙，说："你只有一个儿子和两个女儿，缺少的不是钱财啊。如今卓文君下嫁给司马相如，这已经成了事实。再说，司马相如虽然厌倦为官，家中清贫，但是绝对是个值得依靠的人。"卓王孙终于想通了，给卓文君送去家奴一百人，钱财一百万为嫁妆，司马相如和卓文君回到城都，买田宅，过起了富人的生活。

琴挑文君

卓文君貌美有才气，善鼓琴，知乐理，被司马相如悠扬的琴声打动，于是便有了后来"当垆卖酒"的千古佳话。

【子虚上林】

不久，汉武帝读了《子虚赋》，以为是古人所作，便叹息说："可惜我与司马相如不是同一个时代的人啊！"武帝身边的狗监（汉代内官名，主管皇帝的猎犬）杨得意听到后对武帝说："写这赋的人是我的同乡，名叫司马相如。"武帝于是命人邀请司马相如进宫，《子虚赋》也成为司马相如的命运扭转之作。

司马相如进宫后，对武帝说："《子虚赋》是写诸侯之间的事情，不值得一看。请允许我为陛下作游猎之赋。"武帝非常欣喜，赐给司马相如毛笔和木简。司马相如便为武帝作了《上林赋》。

《子虚赋》和《上林赋》不仅是司马相如的代表作，也是汉赋的典型代表。这两篇赋前后衔接，被后人视为一体。赋中，司马相如以天子狩猎为故事背景，塑造了子虚先生、乌有先生和亡是公先生三个典型人物，然后通过子虚先生和乌有先生互相夸耀的对话，华丽地再现乐了齐、楚两国丰饶的物产和广阔的地域。最后，再由亡是公先生进行总结，委婉地为天子道出"戒奢华、从节俭"的道理。

《子虚赋》和《上林赋》奠定了汉赋的体制。这两篇赋从内容上极力歌颂朝廷的强盛和天子的尊严，宣扬了大一统封建国家的气势和声威，同时又服务于当局者，对统治者委婉提出劝告。在形式上，两赋的结构工整，气势如虹，辞藻华丽，通过夸张、排比、渲染等方式营造波澜壮阔的气势。武帝阅读后，非常赏识司马相如，并任命他为郎官。

司马相如

明代文学评论家王世贞曾盛赞司马相如："长沙（贾谊）有其（司马相如）意而无其材，班（固）、张（衡）、潘（岳）有其材而无其笔，子云（扬雄）有其笔而不得其精神流动处。"

【出使西南夷】

建元六年（前135），武帝派唐蒙开通夜郎等地。唐蒙到任后，征发巴郡、蜀郡的官吏士卒约一千余人。郡中首领违抗命令被处死，引起了巴蜀两郡百姓的恐慌。武帝得知此事后，便让司马相如前去安抚两郡的百姓。

司马相如到达蜀地后，以武帝的名义发布檄文，向当地百姓说明唐蒙以军法处死了两郡首领，惊扰了百姓并非天子的本意。接着，司马相如又会见当地官吏，游说他们要致力于安抚百姓，使其安心生产，勿生异心。

后来，唐蒙广征巴、蜀、广三地的百姓几万余人，修筑开通去西南夷的道路。筑道两年，花费上亿，士卒伤亡惨重，仍未建成。于是，朝廷中有一部分官员提出中止开拓西南夷的建议，认为此举劳民伤财。此时，西夷的首领们听说南夷归附汉朝后，得到的赏赐甚多，多数都表示愿意成为汉朝的臣国。他们要求与南夷享有同等待遇，并让他们设置官吏。武帝就此事询问司马相如的意见。司马相如认为接近西夷族的道路比较容易开通，也曾建过郡县，现在想重新设置郡县并不难，此举比起开通南夷更加可行。武帝非常赞同司马相如的意见，便任命他为中郎将，率副使王然于、壶充国、吕越人出使西夷。

司马相如到达蜀郡时，当地的太守及下属官员都到城郊迎接他。县令还亲自背着弓箭在前面引路，当地的百姓也以此为荣。卓王孙和长辈们都借着姻亲关系纷纷前往送礼，讨好司马相如。这个时候，卓王孙为自己在女儿和司马相如的婚事上做出的阻挠后悔不已，于是他又给了女儿与儿子同等的财物，以表达自己的歉意。

司马相如派人前往西南夷。西南夷的邛、筰、冉、骁和斯榆的君长都请求臣服于汉朝。司马相如便令人拆除旧的关隘，设置新的关卡，西到沫水（大渡河）和若水（雅砻江），南达牁牂边界，开通去往灵山（今四川芦山）的道路，并在孙水上架桥，用以连通邛、筰这两个地方。武帝听到报告大为高兴。

【以赋为谏】

司马相如成功出使西南夷并返京，同僚嫉妒他，便揭发他出使西南夷时私自接受别人的金钱。于是武帝罢免了司马相如的官职。

过了一年多，武帝又想念起司马相如，就又召他为郎官。此时，司马相如因与卓王孙结亲，家中产业富足，所以再次为官后，常常借口生病赋闲在家中，也不与人争权夺位。

某日，司马相如随武帝打猎，目睹武帝击杀熊和野猪，还飞马追逐凶猛的野兽，于是写下了《谏猎书》。他在谏书中指出武帝应该注意自身的安全，远离狩猎场这样危险的地方。武帝读完司马相如的《谏猎书》，认为他说得非常有道理，便封司马相如为孝文园令。

此后，武帝又迷恋上仙道。司马相如便作《大人赋》献给武帝，希望武帝不再沉迷于神仙之术。这篇赋以华美的辞藻描述了天子在天地间与仙人交往的场景，生动展现了波澜壮阔的场面。哪知武帝读后反而更加飘飘然，好像有遨游于天地之间的意境，完全没能领略到司马相如的劝谏心意。

后来，司马相如患上消渴病，于是辞官，和卓文君回到茂陵邑的家中。武帝听说司马相如病得非常厉害，便对身边的人说："你快去把司马相如写的书都取回来。要快！估计你现在去已经是落在别人后头了。"

武帝派遣的使者到达茂陵邑时，没能见到司马相如最后一面。卓文君对使者说："长卿生前写的文章大多都被人拿走了，家中一直不曾留有书。不过他去世前写了一卷文稿，说如果有陛下的使者来寻找，就献给陛下。"使者带回这唯一的一卷文稿面君，武帝读后吃了一惊，原来这篇赋里写的是封禅之事。当时武帝心中已有封禅之意，但没有实施。司马相如去世八年后，武帝在泰山举行了封禅大典。

论赞

赞曰：司马迁说："《春秋》以微妙的言辞推求人事大义，《易经》以自然之微妙著明人事，《大雅》言王公大人而德至平民，《小雅》以己之得失非难政事。所以言辞的外表虽有不同，在符合道德标准这件事上都是一致的。司马相如虽然多有虚构言辞和夸张说法，然而其要领归结到一处，都在于提倡节俭，这与《诗经》的讽谏没有什么不同。"

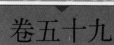

张汤传

张汤，西汉时期的酷吏，武帝赏识的重臣。他自幼喜好法律，认真钻研，因办理陈皇后和淮南王谋反案得到武帝的肯定，成为举足轻重的大臣。他一生廉洁奉公，执法严明而苛刻，为官好揣摩武帝意向，深得武帝的喜爱，后受到同僚诬陷，自杀身亡。

▶【张汤审鼠】

张汤，杜县（今陕西西安西南）人，其父为长安县丞。

某日，张汤的父亲有事外出，让张汤看家。张汤没有尽好本分，让老鼠偷吃了家中的肉。张汤的父亲发现后，大发脾气，鞭打了张汤。

张汤掘开鼠洞，找到了偷肉的老鼠和吃剩的肉。他把老鼠吊了起来，拿出老鼠偷去的肉，煞有介事地陈述起老鼠的罪状，并拷打审问，整理出记录文书。审判结束后，张汤还在堂下肢解了老鼠，完成整个判决的过程。

张汤的父亲接过儿子整理的文书，见其中写明了审问的经过，判决上报的程序，案卷齐备，措辞俨然一个熟练的狱吏。他感到非常惊讶，便把张汤送去从事诉讼的衙门，让他学习刑狱文书。

张汤的父亲去世后，张汤出任长安吏。当时，武安侯田蚡的弟弟田胜有罪，被囚于狱中。张汤知道田胜是武帝的舅舅，就竭力为他奔走说情。

田胜免罪出狱后，两人成了深交。田胜也将张汤引荐给皇亲国戚。张汤得到了朝廷重要官员们的赏识，出任内史下属，任酷吏宁成的属官。其间，宁成认为张汤才能出众，就推荐给丞相府。张汤因而调任茂陵尉，主持陵墓的修建工程。

后来，武安侯田蚡出任丞相，就调张汤任丞相府的属吏，并把他推荐给武帝，担任侍御史。适时，陈皇后巫蛊案困扰武帝许久，武帝便将这个案件交给张汤处理。张汤依照法例行事，公正严明地审理了此案，还深入追查了与此案相关的党羽，将他们一举擒拿。武帝非常欣赏张汤的才能，便提升他为太中大夫。

▶【执法不阿】

任太中大夫的张汤执法严明，喜欢逢迎武帝的喜好。武帝喜好儒学，张汤便想附会古义来判决大案。他请博士弟子研习《尚书》《春秋》，检查出法令当中的可疑处。

每次审理大案要案，张汤都会预先给武帝分析各方面的缘由。凡是武帝肯定的，就作为依法判决的案例写入廷尉的成文法规，用以宣扬天子的圣明；凡是报告工作受谴责的，张汤就承认错误并谢罪。

武帝想要征集天下贤能的人才，张汤就想方设法为武帝举荐贤能的助理官员或办事吏员。张汤上交奏章，如果武帝非常赏识那个奏章，他便说："我不懂得写这样的奏章，这是某某人写的。"借此，张汤得以推荐贤能的官吏。有时候，武帝发现了贤能的人，张汤便会请罪说："他们本来向我举谏，正像陛下所要求我的一样。我没有采用，我怎么愚蠢到了这种地步啊！"张汤的谦虚和谨慎，常常使得他的过错能得到武帝的宽恕。

张汤办案执法时，如果所办理的案件是武帝想要加罪的，他就把案子交给执法严苛的监吏办理；如果所办案件是武帝想要宽容的，他就把案子交给执法轻平的监吏去办；如果审判的是豪强，他就一定玩弄法律条文严加惩办；如果遇上贫穷之人被审判，他便说"就是按法律定了罪，陛下还要裁断审查"。

张汤除了执法严明，他的私生活也非常严谨。他广交宾客，款待饮食，对于做属吏的老朋友以及贫穷的本族兄弟，都会照顾，加以厚待。他每天前去问候三公（朝廷中最显贵的三个官职），不避严寒酷暑。因此，张汤虽然执法严明苛刻，却也因为善于待人而得到了好名声。

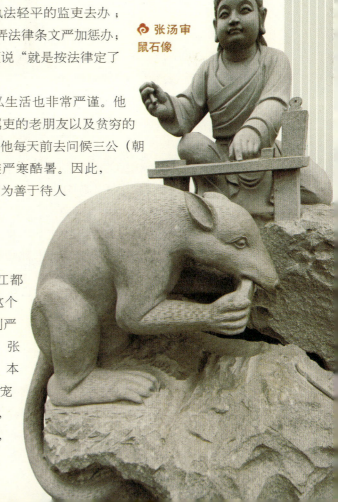

张汤审
鼠石像

【显贵一时】

后来，淮南王、衡山王、江都王谋反，武帝让张汤负责审理这个谋反案。张汤追根究底，查找到严助和伍被。武帝想要赦免他们，张汤却争辩说："伍被策划谋反，本来就应该处死。严助虽然深得宠幸，是出入宫廷禁门的心腹臣子，却私通诸侯。像这样的人不杀掉，以后再有类似情况就不好处理了。"于是武帝同意了张汤的判决，更加宠信他，不久就提升他为御史大夫。

适时，匈奴浑邪王投降，汉朝大规模出兵讨伐匈奴，国库日渐亏空。山东地区又遭到水灾、旱灾，贫穷的老百姓流离迁徙，全部都依靠朝廷供给衣食，无形中加重了国库的压力。这时，张汤顺承武帝的心意，奏请铸造银币和五铢铜币，垄断经营全国的食盐和铁器，排挤富商大贾，玩弄律法铲除豪强，以缓解国库的压力。

每次上朝说到国家财政用度，张汤都把时间拖得很长，以致武帝每每忘了吃饭。当时，朝中丞相没有实权，很多国家大事都要张汤来决断，张汤在朝廷中的地位也日益显贵起来。

张汤一连串缓解国库的措施推行后，百姓们不能安定地生活，有的地方还发生了骚动、打劫、盗墓等事件。朝廷所兴办的事业，也没有获得过多的利益，几乎都被贪官污吏们盗窃和侵夺了。于是张汤制定了更加严厉的律法，用来惩罚制裁他们。因此，从公卿到平民，纷纷指责张汤的不是，称他为酷吏。

尽管如此，武帝还是非常信任张汤。甚至有一次张汤得病了，武帝还亲自去探问病情。这时，张汤在朝廷中地位之显贵达到了前所未

铜雁鱼灯·西汉

雁在中国古代是一种信鸟，多用于缔结婚姻的纳彩或大夫相见时的礼品。"鱼"与"余"同音，象征丰收富裕。此件铜灯寄托了西汉人追求美好、富裕生活的愿望。此鱼灯高54厘米，长33厘米，陕西省神木县店塔村出土。

有的程度。

【酷吏之死】

做了七年御史大夫，张汤终于垮台了。

当时，御史中丞李文与张汤素来不和。在批阅公文时，李文总是注意那些对张汤不利的材料。而张汤的宠吏鲁谒居知道此事后，便指使人紧急上奏告发李文的坏事。武帝将此事交给张汤处理，张汤在审理案件时处决了李文。武帝问张汤有没有查找到上书告发之人，张汤心里知道这件事是鲁谒居干的，却假装惊讶地说："大概是怨恨李文的熟人吧！"武帝听后，也没再追究。后来，鲁谒居患病，张

汤亲自前往探望病情，还替鲁谒居按摩腿脚。此事被赵王刘彭祖知道了，他因冶铸之事与张汤有怨，于是上书告发说："张汤是大臣，小吏鲁谒居有病，张汤竟然给他按摩腿脚，两人必定是干了什么大坏事。"武帝便将这事下交廷尉处理。不久，鲁谒居病死，问题牵连到他的弟弟。

鲁谒居的弟弟被关押在官署。张汤到官署审理别的囚犯，看见了鲁谒居的弟弟，想暗地里帮他的忙，便假装不理睬他。鲁谒居的弟弟不懂事，怨恨张汤，就派人上书告发张汤和鲁谒居曾密谋告发李文。武帝便将此事交给了酷吏减宣处理。

刚好这时候又发生了有人偷挖汉文帝陵寝里的殉葬钱的事件，丞相庄青翟跟张汤约定一起上朝谢罪。没想到面圣时，张汤认为定期巡视陵园是丞相的职责，与自己无关，因此没有谢罪。武帝派御史查办这件事，张汤按知情故纵的条款处理。丞相手下三个长史因此忌恨张汤，想要陷害他，便将鲁谒居事件揭发出来，还诬陷张汤和属下田信囤积物资发财。武帝将此事交给赵禹审理。赵禹对张汤说："你审理案件以来，杀了多少人，灭了多少族？现在人们揭发你的罪行，每件罪行都有证据。陛下不想让你入狱，希望你自己想办法，你怎么还不识抬举呢？"于是张汤写下请罪书，说："我张汤没什么功劳，起初只是个小吏，是承受陛下的恩宠，才能官至三公。

我做事兢兢业业，如今是遭受三个长史的诬陷啊！"张汤递交了请罪书后自杀身亡。

张汤死后，他的家产不超过五百金，都是他的俸禄和得到的赏赐，没有多余钱财。家里的兄弟、子侄想厚葬张汤，他的母亲极力反对，说："张汤是天子的大臣，被恶语陷害身亡，还厚葬什么！"于是家里人把张汤放在牛车上，运到郊外简单埋葬了。武帝听说这件事后说："只有这样的母亲才能生出这样的儿子啊！"后来，经过审讯，武帝知道张汤是被诬陷的，于是处死了那三个长史，释放田信。丞相庄清翟随后也自杀了。

武帝怜惜张汤，便提拔他的儿子张安世为官。张安世在昭帝时又受封富平侯，宣帝时被拜为大司马，手握兵权。张安世死后，他的子孙很多都受到了朝廷的重用。张汤和他的家族在汉朝的地位的确非同一般。

论赞

赞曰：西汉末年人冯商说，张汤的先祖与留侯同祖，但司马迁没有记录。汉代以来，封侯者达数百人，但能长久保有封号、长期受到宠信的却很少，都比不上张氏家族。张汤虽然执法严苛，后遭陷害自杀身亡，但是他曾举荐贤良、弘扬善事。也正因为这样，才使得张氏家族的后代兴旺下去。

张骞传

张骞，汉朝时期出色的外交使者，他开通了汉朝通往西域的南北道路，从西域诸国引进了汗血宝马、葡萄、石榴、胡麻等物，对丝绸之路的开通作出了重大贡献。他前后两次出使西域，途中多次被匈奴人拦截，历经艰辛，终得以完成探索中亚这一史诗般的丰功伟业。

【出使西域】

张骞，汉中城固（今陕西城固）人，武帝建元年间为郎官。

当时投降汉朝的匈奴人说匈奴打败月氏王，并用月氏王的头作为酒具。月氏人逃走后，非常怨恨匈奴，却苦于无人援助他们共同抗击匈奴。武帝便想派人出使月氏，联合月氏人攻打匈奴。张骞应募，带着一百多人从陇西出发出使月氏。

途经匈奴地区的时候，张骞等人被匈奴人虏获，并被匈奴单于扣留了

十余年，还让他娶妻生子。但这并没有动摇张骞出使月氏的决心，他完好地保留着汉朝使者出使时用的符节，并最终逃到了大宛。

大宛人听说汉朝富庶，一直想和汉朝往来。张骞以礼物许诺大宛王，只要大宛王派人引导他们去月氏，等他们回到汉朝后一定加以厚报。大宛王派人将张骞送到康居国，康居人又将他们送到大月氏。

此时，月氏国分为两部分，其中一部分向西迁移，打败了西边的大夏

🌏 张骞出使西域

出使、连通西域诸国是武帝时期一件了不起的大事，也使中国第一次与西方有了广泛、深入的交流，而张骞就是这个伟大事业的先行者。他两次出使西域，曾先后被匈奴扣押共十二年却始终不改初衷，为汉朝与西域之间的交流作出了不朽的贡献。

国，在妫水北面建都，称为大月氏。大月氏离匈奴人很远，占有大夏肥沃的土地，再加上很少有外来的侵扰，大月氏王变得安于享乐，并不想报复匈奴。张骞在大月氏停留了一年多，没能与大月氏结成抗匈联盟，于是便沿着昆仑山、阿尔金山和祁连山前行，想从羌族地区返回，结果途中又被匈奴人抓住，扣留了一年多。后来，单于去世，匈奴内部发生混乱，张骞乘机逃回汉朝。武帝为了表彰张骞的功劳，封他为太中大夫。

【开通南夷】

张骞返回汉朝后，将亲身经历的大宛、大月氏、大夏、康居等国的风土人情和国力一一讲解给武帝听。他还向武帝分析说身毒国有蜀地的物品，估计离蜀地不远，认为从蜀地走到身毒国，再走到大夏国应该是捷径，且可以免于匈奴的阻击。因此，他建议武帝开通西南夷道。武帝采纳了他的建议，下令通过蜀郡和犍为郡派遣探路的使者，分四路出发，打通西南夷道。当时，北方的通道为氐族和莋都夷所阻挡，南方的通道则为巂和昆明所阻，都未能打通。后来，使者到达滇国，这才打通了西南夷的道路。

元朔六年（前123），张骞以校尉的身份跟随大将军卫青出击匈奴。正因为他了解水草分布的地方，军队才能在大漠行军，于是武帝封张骞为博望侯。

两年后，张骞作为卫尉，与李广

将军一起从右北平出发抗击匈奴。张骞晚于约定的时间到达，被依法判处斩刑，后来用财物赎罪，成了平民。

不久，武帝拜张骞为中郎将出使乌孙。张骞到达乌孙后，将武帝的礼物送给乌孙王，并转达了武帝的旨意，如果乌孙国东迁到原来匈奴浑邪王的土地上，汉朝就把一位公主嫁给乌孙王。但乌孙王始终没有明确表态。张骞又派遣副使分别出使大宛、康居、月氏、大夏。临行前，乌孙王派翻译向导数十人、马数十匹护送张骞回汉朝答谢武帝，并顺便了解汉朝的情况。乌孙使者从汉朝回国后，将汉朝如何富庶报告给乌孙王，乌孙国这才开始重视与汉朝的交往。

张骞返回汉朝，武帝封他为大行。一年多后，张骞去世。不久，他所派遣出使大夏等国的副使大多与这些国家的使节一同回到汉朝。此后，西北各国也开始与汉朝交通往来。由于张骞开辟了通往西域的道路，后来出使西域的人都自称博望侯，以此来取信于外国。

论赞

赞曰：《禹本纪》记载黄河源于昆仑山，昆仑山高二千五百余里，山上的光明凭着日月交替。自张骞出使大夏之后，走到了黄河的尽头，没有看到所说的昆仑山吗？因此讲九州山川，还是《尚书》比较可信。

司马迁传

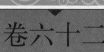

司马迁，西汉时期伟大的史学家、思想家、文学家。他自幼好学，秉承父志，在身心遭受重创的情况下，仍然坚持对史学理想的追求，最终凭借惊人的毅力完成《史记》，开创了中国纪传体史书的先河。

▶【秉承父愿】

司马迁，字子长，夏阳（今陕西韩城）人。他生于史官世家，祖先自周代以来就任王室太史，掌管文史占卜事宜。他的父亲司马谈博学多才，精通天文地理和《易学》、黄老之术，武帝时期任太史令长达三十年。

司马迁十岁开始诵读古文，并随经学大师孔安国、董仲舒学习古文《尚书》和《春秋》。十九岁的时候，司马迁补博士子弟。二十岁的时候，他随博士等六人外出游学。他的足迹遍布天下，每到一处都仔细考察民风民俗，并记录下来。此番游历生活开阔了司马迁的眼界，为他此后的著书立说奠定了坚实的基础。

元封元年（前110），武帝在泰山举行封禅典礼。太史公司马谈被留在周南，不能前往参与见证，心中愤懑得病，难过地对司马迁说："我们的祖先是周朝的太史，远在上古时代就取得过显赫的功名，主管天文，后来才衰落了。难道这些真的要断送在我这里吗？我死后，你一定要接着任太史，继续祖先的事业。如今陛下继承汉朝千年一统的大业，到泰山封禅，我却不能随行，这是命中注定的啊！我死后，你当了太史，千万不要忘记我要编写的论著！"司马迁流着泪对父亲说："我虽然不聪明，但是一定竭尽全力把父亲编撰的历史著作全部完成，不敢有丝毫缺漏。"

太史公司马谈死后三年，司马迁正式任职太史令。他夜以继日地阅读和摘抄各种文献，兢兢业业，恪尽职守，不敢有丝毫的怠慢。

太初元年（前104），司马迁以太史令的身份和中大夫孙卿、天文学家唐都等人改革历法，改以正月为一岁之首，并订立一个月的天数为29.53天，一年为365.25天。这是中国历史上历法的第一次重大改革。

▶【忍辱负重】

天汉二年（前99），李陵出征匈奴时被困，粮草断绝，投降匈奴。消息传到长安后，武帝非常生气，百官也都以李陵为耻，司马迁却保持沉默。

司马迁发愤著书

武帝就此事询问司马迁的看法。司马迁说："李陵转战千里，粮草断绝，这才投降匈奴，古代的名将也不过如此，所以他的投降是情有可原的。我以为他只要不死，就会继续留在匈奴那里效忠汉朝。"武帝听了更加生气，认为司马迁是在为李陵辩解，便下令判处司马迁死刑。当时的人如果想逃脱死罪有两种方法：出钱赎罪或者受腐刑（阉割刑）。司马迁官小家贫，为了完成父亲的遗愿，只能选择腐刑偷生。

受刑后，司马迁精神受到巨大刺激，但最终以惊人的意志忍辱负重活了下来。这件事更坚定了他的决心，要以余生完成父亲要求他完成的史书。

司马迁出狱后，武帝重新任用他为中书令，以宦官身份在内廷侍奉武帝。这时他的官位比太史尊显，但他从此只是埋首著书，对朝廷内外事务已经没有兴趣了。

征和二年（前91），《史记》全书完成。这是中国第一部纪传体通史，开创了纪传体通史的宏伟先河。全书有本纪十二篇，列传七十篇，还收录了世家三十篇、表十篇、书八篇，共计五十二万余字，记载了从黄帝到汉武帝期间三千年的史事。从此，史学在中国历史上取得了独立的地位，这都归功于司马迁的孜孜不倦。

论赞

赞曰：司马迁根据《左氏春秋》《国语》，采用《世本》《战国策》的史料，陈述《楚汉春秋》的史实，接续记载其后的史事，截止于天汉年间。他所讲的秦、汉时期的历史十分详尽。当中采录、摘取经传，有许多地方粗疏简略，有的互相矛盾。此外，他的是非观和圣人非常不同，论说大道则以黄老学说为主，以六经为辅；叙述游侠，则贬退隐士，而推举奸雄；记述经济活动，则崇尚权势财利，而羞辱贫贱，这些是他的短处。然而，从刘向到扬雄，他们都称赞司马迁有良史之才，佩服他善于叙说事物的道理，明辨而不华丽，质朴而不鄙俗，他的文章秉笔直书，他所记述的史事真实，不做虚假的赞美，不掩饰丑恶的东西，所以称作实录。

卷六十四

朱买臣传

公 元前 141 年至公元前 87 年，武帝开启了西汉王朝史上最辉煌的盛世篇章。他唯才是举，朱买臣就是通过自荐选拔出来的贤能之士。朱买臣为人勤奋好学，虽是一介寒士，却因才华受到武帝赏识，衣锦还乡。朱买臣负薪读书的故事流传至今，成为一段佳话。

【担柴诵书】

朱买臣，字翁子，会稽吴（今江苏吴县）人，出生于一个贫困的家庭。他小的时候就很喜欢读书，一有时间就认真钻研诗书。成年之后，朱买臣也不懂得其他谋生的方法，只是每天到林子里挑上几捆柴草，再拿到集市上卖点钱，以此来维持生活。

朱买臣总是一边担柴，一边诵读诗书，十年如一日，孜孜不倦。朱买臣的妻子每天都跟着丈夫上山挑柴，看到朱买臣边挑柴边诵书，就三番五次抱怨丈夫。朱买臣听着妻子的抱怨，也没有说什么，只是朗读得更加响亮，引来路人围观。妻子觉得朱买臣的这种行为让她羞愧难当，渐渐心生怨怼。

本来朱买臣的妻子心里一直抱怨朱买臣无功无禄，给不了她锦衣玉食的生活，如今他沿路诵书，又不听她的劝告，让她觉得日子实在过不下去了，就想离开朱买臣另谋生路。

朱买臣听了妻子的话，也不发怒，而是笑着说："你要相信我，我五十岁的时候定当否极泰来，富贵荣华。如今我四十有余，就快到苦尽甘来的时候了。你跟着我受累这么多年，又怎么会在乎多等几年。你放心，他日我功成名就之时，定然不忘糟糠之誓。"

但是朱买臣的妻子去意已决，听不进朱买臣的话，她生气地说："像你这样的人，最后只有饿死在山野沟壑里的命。你说你会大富大贵，我瞎了眼才会相信！"说完就愤然离去。朱买臣的妻子很快又嫁了一户人家，从此对朱买臣不闻不问。朱买臣虽然没能留住妻子，但是他依旧日复一日地挑柴看书。

有一次，他挑着柴从一处坟墓边经过，正好遇到了前妻和她的丈夫在上坟。当时朱买臣饥寒交迫，体力不支以致倒下了。前妻看见，就给了他一些食物和水。

这样的艰苦日子维持了几年之后，朱买臣有机会跟随上计吏当差，

86

于是就推着板车，载着衣食用具，长途跋涉来到都城长安上报文书。

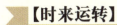
【时来运转】

朱买臣的文书呈上去之后却杳无音讯，他只好在公车府等待传召。不久，所带粮食不足，作为上计吏手下的小卒只得轮流到街上乞食。

朱买臣上街乞食的时候，恰巧遇到了同乡严助。此时的严助已经不是以前的一介平民，他早已平步青云，受尽武帝恩宠。两个人寒暄了几句，严助便明白了朱买臣现在的情况，知道朝廷此时正是用人之际，于是就在武帝面前称赞朱买臣的才能。

武帝求才若渴，听了严助的一番举荐，就迫不及待地下诏接见了朱买臣。朱买臣晋见武帝，在大殿之上侃侃而谈，从《春秋》到《楚辞》无所不通，无所不谈。武帝也对朱买臣十分赞赏，任命他为中大夫，和严助一样同为侍中，地位显赫。

这时，汉朝正在加紧修建朔方城。御史大夫公孙弘屡次劝谏武帝，认为修建朔方城是不明智的举动，会使国家疲惫不堪。武帝于是让朱买臣等人道出修建朔方城的有利之处来诘难公孙弘。朱买臣等人

🔖 朱买臣负薪读书

朱买臣在未得武帝赏识之前，家境贫寒，靠砍柴卖薪度日。在这样艰苦的生活环境中，他还坚持一边挑柴，一边读书。

向公孙弘提出了十个问题，公孙弘无法辩说，最后只得就此作罢。

之后，朱买臣因事获罪，被罢免官职。过了很久，他又被征为待诏。

当时，东越屡次归服后又再次反叛，朱买臣认为这样不是长久之计，于是向武帝建议说："以前东越王盘踞在泉山这样一个有利的位置，易守难攻，使得我军难以取胜。现在他们向南迁徙，正是一个千载难逢的时机。臣恳请皇上派人挥军南下，一举歼灭东越，从而消除祸患。"

此话正中武帝下怀，于是武帝任命朱买臣为会稽太守，紧密筹划征战之事。等到两人商讨完毕，武帝开玩笑说："富贵不回乡，就像是穿着华丽的衣服在夜里行走，没有人会看到。对此你有什么看法呢？"朱买臣嘴上没有说什么，只是叩头谢恩。他明白了武帝的意思是让他衣锦还乡，于是向武帝辞行。

▶【引祸上身】

朱买臣曾有获罪被免官的经历，当时他寄居在京城中的会稽郡邸，跟着看守郡邸的官吏蹭饭吃。如今朱买臣被提拔为会稽郡守，他还是穿着往日的衣服，怀里揣着太守印，若无其事地步行到郡邸，正好遇上了来京城上交计簿的会稽官卒。会稽来的官卒们聚在一起喝酒聊天，看到朱买臣进来，也不理睬他，各自喝着酒。

朱买臣不紧不慢地走进屋里，装作什么事也没有发生，和守邸官吏一起吃饭。等到快吃饱的时候，朱买臣故意将怀里揣着的会稽郡印绶露出一角。守邸官吏看见了觉得很奇怪，就拽起朱买臣的印绶，仔细一看，大叫了一声，跑出屋外告诉上计掾等人。

当时，那些官卒大多喝醉了，都说不信，想进屋看个究竟。后来，大家证实朱买臣的印绶后都很惊讶，马上报告了郡邸的守丞。这些进来看印绶的人中就有一个平时很看不起朱买臣，看了以后更是震惊。众人知道怠慢了朱买臣，一行人畏畏缩缩，相互推拥着过来拜见他。

朱买臣这才满意地走出门来。不一会儿，厩吏就驾着四匹马拉的车子来迎接朱买臣。朱买臣这才乘车离开长安，到会稽郡上任。

到了会稽郡，郡上大小官吏都来迎接新太守，他们乘坐的马车前前后后加起来有一百多辆，迎接的场面非常浩大。朱买臣终于得以衣锦还乡。尽管如此，朱买臣还是不敢懈怠武帝交给他的任务。他上任不久就传令修建楼船，准备好军用物资，一切整装待发，等到诏书一到，立马可以进军东越。

某日，朱买臣在马车里看到了前妻和丈夫正在道旁修路，随即喝住了马车，把他们夫妻二人接回了太守府，并腾出后园让他们居住，供给他们吃穿。过了一个月，朱买臣

的前妻羞愧难当，上吊自杀。朱买臣又拿了些银两给前妻的丈夫，让他好好安葬前妻。不仅如此，朱买臣对以前有恩于自己的人都一一召见，并给予适当的报答。

之后几年，朱买臣官至丞相长史，与御史大夫张汤不和。之前，朱买臣做侍中，贵幸无比，而张汤只是一个小吏，不料之后与他平起平坐，因此朱买臣心中暗生妒恨。再者，张汤曾经排挤陷害过严助，致使朱买臣对张汤更是怀恨在心。

等到朱买臣担任丞相长史之职时，张汤知道他素来高傲，更是利用职权多次羞辱他。一次，朱买臣拜见张汤，张汤故意坐在床上，不以礼相待，朱买臣认为这是奇耻大辱。如此，朱买臣对张汤一日恨甚一日，常常想着要除掉他。

后来，朱买臣向武帝告发张汤暗中将朝廷的经济决策散布给商人。武帝于是派人审问张汤，张汤自杀身亡。在死之前，张汤留下遗书，说是朱买臣等人诬陷他，他才以死明志。

武帝后来得知张汤死后的遗产不足五百金，勃然大怒，将朱买臣等人赐死。

卷六十五

东方朔传

东方朔为人聪慧，善于言辞，性格幽默诙谐，因自命不凡，四处树敌。为官时，他不仅下嘲同仁，还常常直言进谏和讥讽武帝。他虽然有才，但武帝始终把他当做俳优看待，并没有重用他。东方朔一生政治抱负无法施展，心中也不免悲愤。在后世的传说中，东方朔是一个色彩斑斓的人物。但在现实中，他也是一颗被埋没在历史泥沙中的珍珠。

▶【自荐上位】

东方朔，字曼倩，平原郡厌次县（今山东惠民）人，性格幽默诙谐，善于言辞，喜欢讽刺别人。

武帝即位初年，征告天下推荐贤良正直和有文学才能的人士。天下间贤能的人纷纷上书议论朝政得失，借以获得武帝的赏识。东方朔刚到长安，也向武帝上书自荐。他的自荐书很奇特，毫无谦逊之意，而是将自己大夸特夸了一番。他在自荐书中说："我东方朔从小失去父母，由哥哥嫂子养大。十三岁开始读书，三年学会了文书和记事。十五岁学击剑。十六岁学习《诗经》《尚书》，背诵了二十二万字。十九岁学习孙子、吴起的兵法，有关作战阵形的论说、打仗时队伍进退的节制等内容也背诵了二十二万字。所以说，我总共能背诵四十四万字的知识，还非常熟悉子路的言论。我今年二十二岁，身高九尺三寸，眼睛像珍珠那样明亮，牙齿如同编成串的贝壳般整齐洁白，勇猛像孟贲，敏捷如庆忌，廉洁似鲍叔，守信同尾生，像这样的人，可以做天子的大臣了。因此，我东方朔冒死向陛下禀奏。"

看到这样的自荐书，武帝很惊讶，赏识他的气概，命令他在公车府待诏，但俸禄微薄，也迟迟没有召见他。

过了一段时间，东方朔日益不满自己的处境。某日出游，东方朔哄骗看管御马圈的侏儒们说："陛下认为你们耕田的力气比不上旁人，地位高于平民百姓却不能治理民事，也不能参军打战，对国家没什么用处，又浪费朝廷的衣食，所以要杀掉你们。"侏儒们听了非常害怕，聚在一起哭哭啼啼。于是东方朔教唆他们说："陛下即将从这里经过，你们要叩头请罪。"

过了一会儿，侏儒们见到武帝路过，就哭着跪在地上磕头。武帝见到这个情形，就好奇地问："你们为什么这样做？"侏儒们回答说："东方朔先生说陛下要把我们全都杀掉。"

　　武帝知道东方朔心数多，就召见了东方朔，责问他："你为什么恐吓那些侏儒呢？"东方朔回答："臣东方朔活着也要说，死了也要说。侏儒高三尺多，俸禄是一袋粟，二百四十钱。臣东方朔高九尺多，俸禄也是一袋粟，二百四十钱。侏儒饱得要死，臣东方朔却饿得要死。如果我的话可以采纳，希望改变礼节对待我。如果不能采纳，就让我回家，不要让我白吃长安的米。"武帝听了大笑，便让东方朔待诏金马门。此后，东方朔才逐渐得到武帝的亲近。

【智斗郭舍人】

　　某日，武帝在宫中玩耍，让术士把壁虎盖在盆子下面，让大臣们猜是什么东西，大臣们都猜不出来。东方朔便上前说："臣曾学《易》，请允许我猜猜是什么。"于是他将蓍草排成各种卦象，回答说："我认为是龙又没有角，说它是蛇又有脚。它还善于在墙上爬行，这东西不是壁虎就是蜥蜴。"东方朔猜对了，武帝很高兴，赐给他十匹帛。接着，武帝又让他猜别的东西，东方朔连着都猜对了，每次都被赐给帛。

　　这时，武帝身边受宠的优伶郭舍人嫉妒东方朔，说："东方朔太狂了，不过是侥幸猜中罢了，并没有实在的术数。我希望让东方朔再猜，他猜中了，就打我一百鞭；猜不中，就赐给我帛。"

　　说完，郭舍人就把树上长的寄生菌藏在盆子下面，让东方朔猜是什么东西。东方朔说："是窦薮。"郭舍人高兴地拍了拍大腿说："我就知道东方朔猜不中。"东方朔又笑着说："生肉叫脍，干肉叫脯，附在树上叫寄生，盖在盆子下面就叫窦薮。"

🍑 东方朔偷桃

传说武帝寿辰之日，西王母携七个仙桃来为武帝祝寿。除自留两个仙桃外，其余五个献给武帝。武帝吃后想留下桃核种植。西王母说："此桃三千年一结果，中原地薄，不能生长。"又指东方朔说："他曾三次偷吃我的仙桃。"因为偷吃仙桃，东方朔得以活了一万八千岁以上，被奉为寿星。后世帝王寿辰时，常用东方朔偷桃图。

武帝认为东方朔说得有道理，便命令倡监鞭打郭舍人。郭舍人疼痛难忍，大声嚎叫。东方朔讥笑他说："咄，嘴上没毛，叫声嗷嗷，屁股越翘越高。"郭舍人愤怒地说："东方朔，你竟敢随便诋毁欺侮天子的侍从官，罪当弃市（死刑的一种，指在闹市执行死刑并将犯人暴尸街头）。"

武帝听后，就责问东方朔："你为什么诋毁侮辱他？"东方朔回答："我不敢诋毁侮辱他，只是跟他说个谜语而已。"武帝又问："说的是什么谜语？"东方朔答："嘴上没毛，是狗洞。叫声嗷嗷，是母鸟喂雏鸟食时的叫声。屁股越翘越高，是鹤低头啄食的样子。"

郭舍人不服气，说："我希望也问东方朔一个谜语，如果不知道，他也应该挨鞭子。"于是郭舍人胡乱编了个谐音谜语说："令壶龃，老柏涂，伊优亚，标畔牙。这说的是什么？"东方朔回答："令，就是命令。壶，是用来盛放东西的。龃，是牙齿长得不正。老，是人人敬的老人。柏，是鬼的廷府。涂，是浸湿的路。伊优亚，是言语含糊不清。标畔牙，是两条狗打架。"郭舍人不服气，又胡乱编了许多谜语，都被东方朔巧妙地破解了。东方朔语出惊人，反应灵敏，对答如流，在场的大臣都啧啧称奇。从此，武帝也更加宠幸东方朔，不久就任命他为常侍郎。

【分肉谏猎】

过了很久，在一个三伏天里，武帝诏令赏肉给侍从官员。等到天黑，分肉的官员还没出现。东方朔就拔出自己的剑割了一块肉，对同僚们说："三伏天应当早回家，请允许我早早接受陛下的赏赐。"说完，东方朔便揣着肉离去了。

次日，武帝责问东方朔："昨天赐肉，你不等诏令下达，就将肉割走了，你为什么这么做？"东方朔摘下帽子，下跪谢罪。武

东方朔画赞碑拓片（局部）·唐·颜真卿

晋人夏侯湛作《东方朔画赞》，以赞颂东方朔的睿智诙谐和高风亮节，唐代书法大家颜真卿将此文书写刻碑。

帝怜悯他，就说："先生站起来自责吧。"东方朔再拜，说："东方朔呀！东方朔呀！接受赏赐不等诏令下达，多么无礼呀！拔剑割肉，多么豪壮呀！割肉不多，又是多么廉洁呀！回家送肉给妻子吃，又是多么仁爱呀！"

武帝听完哈哈大笑说："让先生自责，竟反过来称赞自己！"于是武帝又赐给他一石酒、一百斤肉，让他回家送给妻子。

建元三年（前138），武帝开始喜欢上了微服出行狩猎。浩浩荡荡的马队恣意追赶珍禽猛兽，践踏摧毁了不少庄稼，百姓怨声载道。这时，有人建议武帝建一个皇家林苑，专供狩猎使用。于是武帝令吾丘寿王等人将阿城以南，盩厔以东，宜春宫以西地区的农田顷亩数编为簿册，并将这一片地区设计为上林苑。

东方朔得知这一消息后，上书力劝武帝。他说："建造这样的林苑，破坏了自然环境，侵占了百姓的土地，对国家无用，对百姓不利，这是第一个不能建造的理由。建造这样的林苑破坏了百姓的祖墓，使得百姓生无所居，死无所葬，这是第二个不能建造的理由。建造这样的林苑还要挖深沟渠，劳民伤财，这是第三个不能建造的理由。"

武帝看完东方朔的奏章后，任命东方朔为太中大夫，赐黄金百斤。不过，武帝还是建了上林苑。

纵观东方朔的一生，像上林苑事件这样的劝谏还有不少。他为人正直，善于讥讽，朝中大臣从公卿到群臣，没有他不敢直言的人。

东方朔并不是一个只会插科打诨的人，他在文学上也很有成就，以《答客难》和《非有先生论》两篇最好，他常常借文章表达自己怀才不遇的心情。

论赞

赞曰：刘向说他年轻时多次拜访贤明的老人中通晓故事者，以及与东方朔同时代的人，他们都说东方朔言辞诙谐，善辩，不固执己见，喜欢跟平常人闲聊，所以使得后世有很多关于他的传闻。可是扬雄却认为东方朔言不纯师，行不纯德，言辞意义浅薄，实在没有什么值得称道的。东方朔名过其实，是因为他诙谐通达，机智多变，诙谐似倡优，上谏时似直臣，减少自己的德行像是一位大隐之士。非议伯夷、叔齐而肯定柳下惠，告诫他的儿子容身避害的上策说："伯夷、叔齐不食周粟，饿死于首阳山，实在笨拙。老子为周柱下吏，隐于朝而终身无患，为工巧。吃饱了饭散散步，以俸禄换取农民生产的东西，依违朝隐，玩身于世，行与时违而不逢祸害。"这样看来，东方朔是滑稽之雄啊！东方朔的诙谐表现在逆违讥刺、射覆等，这些事情浮浅，在百姓当中流传，儿童、放牧的小孩无不炫耀，而后世好事之人就喜欢把一些奇言怪语附在东方朔的身上。

卷六十七

朱云传

朱云，汉之一代忠臣，性格狂放，以直言进谏著称。后人也多用"朱云气节"、"朱云折槛"来称颂臣子敢言直谏，有非凡的气节。朱云一生多次向上弹劾佞臣，为人耿直，却不被重用，晚年不再为官，致力于传授学业，于七十余岁病死家中。

【仕途多舛】

朱云，字游，鲁国人，后迁居平陵，身高八尺多，容貌伟岸，以勇力著称。他年轻时喜好结交天下侠客，并资助侠客报仇，四十岁时才改变节操跟随博士白子友学习《周易》，后来又随前将军萧望之学习《论语》。他偶傥洒脱而识大节，因此颇受时人推重。

汉元帝时，华阴守丞向元帝上呈密封的奏章，推荐朱云任御史大夫。元帝就此事征询公卿大臣的意见。太子少傅匡衡在对策中认为："大臣是国家的股肱，是万民瞻仰的对象，圣明的君王都慎重地选择。古书上说，下民轻视官员，卑贱的人图谋成为掌权大臣，就会使国家动摇，民不安宁。如今，一个守丞竟然图谋大臣之位，想让一个平民位列在九卿之上，这不是重视国家、尊崇江山社稷的做法。应该将华阴守丞交给有关官员审查，弄清楚他的用心。"元帝认为有道理，便下令审查华阴守丞。华阴守丞因此而获罪。

这时，元帝爱好《梁丘易》，想考证《梁丘易》和其他解《易》之说的异同，便让宠臣五鹿充宗与其他易学家进行辩论。五鹿充宗地位显贵，口才出众，儒生们纷纷借口有病，不敢和他辩论。这个时候，有人推荐朱云来进行辩论。于是元帝召他入宫与五鹿充宗辩论。朱云提起长衣下摆，登阶上堂，抬头相询，声音洪亮得能震动整个宫殿。在整个辩论中，朱云屡屡占据上风，甚至多次讥讽五鹿充宗。后来，众儒生便说："在这场辩论中，五鹿充宗头上长角，朱云折断他的角。"朱云也因这场辩论得到了元帝的赏识，被任命为博士。

后来，朱云迁升杜陵县县令，因故意放走亡命之徒而获罪。朱云获罪的时候，恰巧碰上元帝大赦天下，朱云又被举荐为方正，做了槐里县县令。

不久，中书令石显专权，与五鹿充宗结成同党，压榨百姓，谋求私利。朱云和陈咸多次上疏，抨击丞相韦玄成和石显，结果反被丞相韦玄成等人陷害入狱，一直到元帝去世才被释放。

【朱云折槛】

到了成帝即位时，丞相、前安昌侯张禹因为是成帝的老师，得以赐位特进，很受尊宠。朱云上书说："如今朝廷大臣上不能匡扶君主，下不能给百姓带来利益，都是些空占职位、白领俸禄而不理事的人。这就是孔子所说的'目光短浅的人不可以辅佐国君'，'他们怕失去宠幸、俸禄，就没有什么事做不出来'。臣希望陛下赐给我尚方斩马剑，斩断一名佞臣的头来劝诫其他人。"成帝便问："这位佞臣是谁啊？"朱云回答说："安昌侯张禹。"成帝非常生气，说："小臣居下谤上，在朝廷上侮辱我的老师，应该处死！"成帝命令御史拖朱云下殿处死，朱云死死攀住殿前栏杆不走，喊道："我能到地下和关龙逄、比干交游，已经心满意足了，只是不知道国家前途会怎么样啊！"结果，朱云把栏杆都掰断了，御史才得以将他拽走。

这时候，左将军辛庆忌摘下帽子，解下军印，在殿上叩头说："陛下，这位臣子向来以狂放正直而闻名于世。如果他的话说得对，就不能杀他；如果他的话说得不对，也要宽容他。我愿意冒死进言。"说完，辛庆忌向成帝叩头，直至鲜血直流。成帝怒气逐渐消解，终于免了朱云的死罪。

等到后来要修理栏杆时，成帝说："不要调换，照原样补好它。这就用来表彰刚烈正直的臣子吧。"

此后，朱云不再做官，经常住在鄠县乡下。他有时乘牛车出门，后面

🔊 **汉成帝葺槛旌直**

跟着很多学生，所到之处，人们都很尊敬他。朱云传授学业，会先挑选学生，选取众人中好的子弟进行培养。他的学生中有不少人能继承他的学识，入朝为官。其中，九江郡人严望及严望哥哥的儿子严元都成为博士，严望后来更官至泰山郡太守。

朱云七十多岁时在家中去世。他留下遗言，要以当时身上穿的衣服入殓，用仅能容下身的小棺材，墓穴能放下棺木就可以了。结果他的坟只有一丈五尺长，就在平陵邑东郊外。

论赞

赞 曰：世人称颂朱云多言过其实，所以孔子在《论语》中说："大概有不知道情况而凭空述作的人，但我孔子不是这样的人。"

霍光传

霍光，武帝时期的重要谋臣，他临危受命，拥立昭帝，确立宣帝，为匡扶社稷立下汗马功劳。他身居要位长达二十年，使整个霍氏家族空前显贵。然而在他晚年，霍氏家族因子孙多犯罪逐渐衰败，并于霍光死后三年全部被诛灭，结束了霍氏专权的局面。

【临危受命】

霍光，字子孟，骠骑将军霍去病的弟弟。

霍光的父亲霍仲孺是河东平阳人，以县吏的身份在平阳侯家当差，同侍女卫少儿私通生下霍去病。霍仲孺回乡后又娶妻生下霍光。不久，卫少儿的妹妹卫子夫得宠于武帝，被立为皇后。霍去病的地位变得尊贵，并受到武帝的宠幸。

后来，霍去病被封为骠骑将军攻打匈奴。大败匈奴返京时，霍去病便把同父异母的弟弟霍光带到了长安。当时霍光才十几岁，便被任命为郎官，不久提升为诸曹侍中。霍去病死后，霍光被封为奉车都尉、光禄大夫，经常奉车随驾，侍奉在武帝左右。霍光进出皇宫二十余年，处事一直小心谨慎，未曾有过差错，很受武帝的亲近信赖。

武帝晚年时，太子刘据被江充陷害以致身死，燕王刘旦、广陵王刘胥又都有很多过失，不适合做继位之人。这时，武帝的宠妃钩弋夫人生了一个男孩。武帝为其取名为刘弗陵，暗暗打算把皇位传给他，并决定由霍光等人来辅佐幼主打理社稷。于是，武帝叫宫廷画师画了一张西周大臣周公背着周成王接受诸侯朝贺的画赐给霍光。

后元二年（前87）春天，武帝出游五柞宫，病得很厉害。霍光流泪问道："如果陛下有不测，当由谁来继位？"武帝说："难道你还不明白上次送给你的画的意思吗？立少子为帝！你要依照周公辅佐成王那样行事。"霍光叩头，谦让说："我比不上金日磾。"金日磾也说："我是匈奴人，不如霍光。"于是武帝任命霍光为大司马大将军，金日磾为车骑将军，太仆上官桀为左将军，搜粟都尉桑弘羊为御史大夫，共同辅佐幼主。霍光等人在天子的床前叩拜受职，泪流满面。

次日，武帝去世，太子承袭皇位，即为孝昭皇帝。昭帝年仅八岁，政事全由霍光来决策。

【辅佐幼主】

霍光辅佐幼主，兢兢业业，恪尽职守，不敢有半点逾越的行为。当时，霍光与左将军上官桀是儿女亲家，关系亲密。霍光的大女儿嫁给上官桀的儿子上官安为妻。上官安有个女儿年龄同昭帝相当，上官桀想将这个孙女嫁给昭帝为后。霍光虽然身为外祖父，却拒绝了这门婚事。

后来，上官桀通过昭帝的姐姐盖长公主，把孙女送进后宫，被立为皇后。上官桀为了报答盖长公主的恩情，想为盖长公主宠幸的丁外人谋取爵位，结果遭到了霍光的反对。于是，上官桀父子和盖长公主对霍光的怨恨日益加深。

当时，御史大夫桑弘羊建议设立了酒类专卖、盐铁官营的制度，为国家增加了财富，便居功自傲，打算为自己的子弟谋得官职，也遭到霍光的阻挠，便憎恨起霍光。而燕王刘旦认为自己是昭帝的哥哥，没能继承帝位，一直怀恨在心。于是，上官桀、上官安以及桑弘羊等人就与燕王刘旦商议谋反，蓄意陷害霍光，妄图铲除昭帝。他们以燕王的名义上书，说："霍光出城演练郎官、羽林，排场像皇帝出行，还擅自增加自己幕府的人员，恐怕有谋反的企图。臣刘旦愿交还燕王的符节玺印，入朝值宿守卫，审察奸臣的阴谋。"

霍光

霍光跟随武帝近三十年，后又受诏辅佐昭帝，执掌汉室最高权力近二十年，是西汉历史上一位重要的政治人物。

该奏疏是上官桀等人趁霍光出宫休假的时候递上的，他们还打算从宫内直接将霍光拘捕并解除他的职务。

奏疏交上去后，昭帝留下奏书不肯批复。次日，霍光听说了这件事，就留在殿前的画室中，没有进去朝拜。昭帝于是召见霍光。霍光进来后，取下官帽，叩头谢罪。昭帝说："将军请戴上帽子，朕知道这封奏书上说的都是假的，将军没有罪过。将军到广明演习郎官是近来的事，调选校尉到现在也不过十天。况且将军要做非法的事，也不需要校尉。"当时，昭帝年仅十四岁，说出这样一

番话，令尚书以及左右大臣都很吃惊。后来，呈送书信的人果然逃走了，官府开始紧急搜捕。

此后，上官桀的党羽中凡有人说霍光坏话，昭帝就发怒道："大将军是忠臣，先帝托付来辅佐朕的，敢有诽谤他的人就判有罪。"上官桀等人不敢再说霍光坏话了。不久，他们密谋让盖长公主摆酒席请霍光赴宴，准备埋伏士兵击杀他，乘机再废除昭帝，迎立燕王为天子。事情被揭发后，霍光将上官桀、上官安、桑弘羊、丁外人等人族诛了。燕王、盖长公主也相继自杀。至此，霍光的威势震动全国。

【废黜昌邑王】

昭帝成年后，仍在霍光的辅佐下执政。当时，百姓生活富足，四方的少数民族都俯首称臣。

元平元年（前74），昭帝驾崩，年仅二十一岁，没有继承人。当时，武帝的六个儿子中，唯独广陵王刘胥还活着，朝中大臣便主张立广陵王为帝。但是鉴于广陵王德行欠佳，霍光与大臣们商量后，改立昌邑王刘贺。

刘贺是武帝的孙子，昌邑哀王的儿子。他初登帝位，不久就行为淫乱。霍光忧虑气愤，独自以此事去问亲信大司农田延年。田延年建议霍光向太后禀报，另选贤能之人为帝。

于是霍光将田延年引荐为给事中，暗中同车骑将军张安世谋划，并在未央宫召集丞相、御史、将军、列侯、中两千石、大夫、博士等一同商议。霍光说："昌邑王行为昏聩淫乱，恐怕会危及国家，你们看怎么办？"众大臣大惊失色，不敢发言。田延年离开座席走上前去，手按住长剑，说："先帝把年幼的孤儿托给将军，把天下交付给将军，是因为

汉昭帝明辨诈书

将军忠诚贤能，能够稳固刘氏天下。如今群臣百姓鼎沸，国家将要倾覆，汉家将要断绝香火，将军即使以死谢罪，又有什么脸面到九泉之下去见先帝呢？今天的议事应当即刻解决。群臣中如果有拖延回答的，臣下请求用这把剑斩了他。"此时，参加议事的大臣都叩头说道："我们愿听将军的指示。"

得到群臣的认可，霍光立刻同朝中几位重臣一起禀告太后，详细陈述昌邑王不能再当皇帝的理由。太后于是乘车来到未央宫承明殿，诏令各宫禁门卫不要放昌邑王的群臣进宫。霍光也随即派人将昌邑王的群臣驱逐出宫，并命令原昭帝的侍中、中常侍看守昌邑王。不久，太后下诏召见昌邑王，昌邑王开始害怕起来。太后穿着珍珠缀成的短袄，坐在布满兵器的帷帐中，几百名宫廷卫士都拿着武器排列在殿下。群臣按顺序走进殿来，叫昌邑王跪在前面听诏。

霍光同各位大臣奏劾昌邑王。太后听到一半，便气愤地说："停一下！为人臣子怎么能这样糊涂放肆呢！"昌邑王吓得离开席位伏在地上。丞相等人继续禀奏，最后请求废除昌邑王。太后下诏："准奏。"于是，霍光解下昌邑王身上的玺印绶带，捧上前交给太后，然后哭着送走了昌邑王。临行前，霍光向昌邑王告罪说："臣下等怯懦无能，不能自杀来报答您的恩德。臣下宁可有负大王，不敢对不起国家。"

【改立宣帝】

昌邑王被废后，霍光与重臣商议立戾太子刘据的孙子刘询为帝，得到太后的认可。不久，霍光捧着皇帝印玺授位刘询。刘询就是汉宣帝。宣帝成年后，霍光交出政权，宣帝谦让着不敢接受。此后，朝中各种政事都要先请示霍光后，再上奏给宣帝。霍光每次上朝参见，宣帝都谦恭严肃，对他十分恭敬礼让。霍光执政前后达二十年。地节二年，霍光病重，宣帝亲自前往探病，为之流泪。霍光去世后，宣帝及太后亲自到霍光的灵堂去吊唁，赐谥号宣成侯，并征发河东、河南、河内三郡的士兵挖掘墓穴，盖起陵墓祠堂，设置看护的园邑三百家，长史、丞掾按照旧法守护陵园。

论赞

赞曰：霍光崛起于宫闱之中，品德行迹受到皇上的赏识，后来又接受辅佐幼主的托付，肩负汉室的期望主持朝政，阻止了燕王的谋反，挫败上官桀的阴谋，用权力制伏敌人，成就了他的忠诚。他身处皇帝废立的关头，身临大节而志向不变，才得以匡正国家，安定社稷。他拥护昭帝，确立宣帝，即使周公、阿衡，也没有什么超过霍光的地方！但是霍光不明大理，隐瞒妻子的奸邪阴谋，立自己的女儿为皇后，沉湎于永不满足的欲望，以致增添了灭亡的灾祸。他死后仅三年，宗族就被诛灭，真是悲哀啊！

金日磾传

金日磾是匈奴休屠王的太子，后来成了汉宫中一名养马的宫奴，又因一次偶然的机遇得到武帝赏识。他为人刚毅，善于审时度势，做了武帝的托孤大臣。他与霍光共同辅佐幼主，推动整个西汉王朝的历史进程，更在维护国家统一上立下不朽功勋。此外，他的子孙后代也因忠孝著名，创下金氏七世不衰的佳话。

▶【人生起伏】

金日磾，字翁叔，匈奴休屠王的太子，降汉后得武帝赏识，并赐姓金。

金日磾是如何来到汉朝的？元狩年间，骠骑将军霍去病带兵攻打匈奴的西部地区，斩杀了很多人，并夺取了休屠王用以祭祀天神的金铸人像。匈奴单于怨恨昆邪王、休屠王多次被汉军所攻破，想杀掉他们。昆邪、休屠二王感到害怕，就谋划投降汉朝。休屠王后来反悔，昆邪王就把他杀了，并率领匈奴军队投降了汉朝。金日磾是休屠王的儿子，由于休屠王反悔不肯投降汉朝，金日磾和他的母亲阏氏、弟弟金伦被收进官府为奴。金日磾被送到黄门养马，时年十四岁。

一天，武帝带着后宫嫔妃宴游，想要看宫里养的马。金日磾等几十个养马的宫奴牵马依次走过大殿，这些人兴奋不已，东张西望，只有金日磾目不斜视。他身高八尺二寸，容貌威严，把马养得膘肥体壮。武帝问他养

马的情况，金日磾如实作答。武帝认为此人奇特，当天就赐给他沐浴衣冠，任命他为养马总管，后又升任为侍中、驸马都尉、光禄大夫。

金日磾受到武帝亲近后，不曾有过失，武帝很信任喜爱他，给他的赏赐加起来有千金之多。

金日磾的两个儿子都很可爱，武帝非常疼爱他们。有一次，金日磾的两个儿子从后面抱住武帝的脖颈。金日磾在前面看见了，就向他们瞪眼。孩子们跑开并哭着说："老先生发怒了。"这两个儿子成年后，大儿子行为不检点，同宫人戏耍，被金日磾撞见。金日磾痛恨不已，就把他杀了。武帝大怒，金日磾叩头请罪，详细说明缘由。武帝听后感到很哀痛，为他流泪，也更加信任他。

▶【忠心护主】

征和二年（前91），太子刘据被江充所害。后来，武帝为刘据平反，

诛灭了江充的所有党羽。莽（马）何罗的弟弟也参与了江充策划的巫蛊案，莽何罗担心祸及自己，便打算起兵谋反。金日磾见他心志异常，便暗中观察他的动静，与莽何罗等人共同出入宫殿。莽何罗也觉察到金日磾怀疑自己，因此久久按兵不动。

一日，武帝住在林光宫，而金日磾因小病卧床休息。莽何罗觉得机会终于来了，便同两个弟弟连夜矫诏发兵谋反。次日，武帝还没有起床，莽何罗便进了宫。金日磾上厕所时忽然觉得内心不安，于是来到殿中，方才坐定，就看到莽何罗袖子里藏着匕首走了进来。莽何罗看见金日磾，脸色顿时一变，朝武帝寝宫快步奔去，却撞到了瑟器，一下子就僵在原地。这时，金日磾冲上前去趁机抱住了莽何罗，然后高声呼喊："莽何罗造反了！"武帝被惊醒，左右侍卫拔出刀想杀死莽何罗。武帝怕误伤金日磾，命左右侍卫不要击杀。最后，金日磾抓住莽何罗的脖子把他扔到殿下，侍卫这才抓住了莽何罗。不久，参与此次谋反的人都服罪。从此，金日磾以忠孝的节操闻名。

金日磾为人正直，随侍武帝身边数十年，目不斜视。武帝赐给他的宫

🔴 **金日磾**

作为一个汉朝俘虏，匈奴人金日磾能得到武帝的亲近和信任，是因为他为人极其谦逊恭谨，也显示出了武帝胸怀的博大。

女，他也从来不敢亲近。武帝想把他的女儿娶进后宫，他也不答应。金日磾越是忠厚谨慎，武帝就越觉得他与众不同。

后元二年（前87），武帝临终前把幼主托付给霍光，让金日磾做霍光的副手。此后，金日磾便协助霍光共同辅助幼主昭帝。后来，霍光把女儿嫁给了他的嗣子金赏。一年多后，金日磾病得厉害，霍光禀告昭帝加封金日磾。金日磾躺着接受了印绶。

不久，金日磾病逝，谥号敬侯。昭帝赐给他丧葬用具和墓地，用轻车武士为他送葬，送葬队伍一直排列到茂陵，场面非常壮观。此后，金日磾的子孙也非常谨慎，深得历代皇帝的喜爱，一直到王莽时，金钦、金遵还被封为侯，位列九卿。

论赞

赞曰：金日磾是少数民族人，先是作为俘虏在汉廷，后来凭借虔诚恭敬感动了武帝，成为汉室的谋臣。他以忠诚信实而著称，建立功勋被封为上将，其封国传给后人，金氏世代都以忠孝闻名，七代都为内侍，这是何等的荣盛！

赵充国传

> **赵**充国，西汉时期杰出的军事家和政治家，是平叛羌族战争的核心人物，开创了屯田抗敌的先河，为西汉抗击羌族奠定了坚实的基础。他为人沉着英勇，富有谋略，善于骑射，一生对内稳定边境百姓，维系一方安定，对外戎马征战，维护国家国土完整，是西汉历史上著名的边境将领。

【三朝名将】

赵充国，字翁孙，陇西上邽（今甘肃天水西南）人，后迁到金城令居（今甘肃永登西北），历事武、昭、宣三代。

赵充国早年为骑士，后来因善骑射做了羽林卫士。他为人沉着勇敢，有谋略，年轻时仰慕将帅的气节，好学习兵法，通晓四方少数民族的事情。

天汉二年（前99），赵充国以副将身份跟随贰师将军李广利攻打匈奴，被敌人重重包围，粮断马疲，伤亡惨重。赵充国率一百多名壮士突破包围，攻陷敌阵。李广利带领士兵跟随在后，才得以脱离险境。当时，赵充国身受二十多处伤。武帝得知后，召见赵充国，当场验其伤痕后封他为中郎，任车骑将军长史。

昭帝即位后不久，武都郡的氐人造反。赵充国以大将军护军都尉的身份带兵平定了叛乱，于是升为中郎将，率兵驻守上谷郡，回来后又被任命为水衡都尉。同年冬天，匈奴两万骑兵侵犯汉朝边疆，赵充国领兵征讨，斩首、俘虏九千多人，并俘获西祁王而归，因战功卓著被任命为后将军，兼任水衡将军如故。

昭帝去世后，赵充国与大将军霍光拥立刘询为宣帝有功，被封为营平侯。本始二年（前72），匈奴与车师国联合进攻乌孙（故地在今新疆伊犁河流域），乌孙向汉朝求援。宣帝封赵充国为蒲类将军，率三万骑兵出酒泉一千多里，在蒲类海（今新疆巴里坤湖）进攻匈奴，斩杀数百人。不久，匈奴又聚集十万多骑兵，大有入侵之势。赵充国统领四万余骑，驻屯于北部边境九郡严阵以待。匈奴见势不妙，便退兵离去。

【老年出征】

元康、神爵年间，赵充国成为西汉王朝处理羌族战事的核心人物。

羌族是中国古代西北地区的一个游牧民族，汉朝时有先零、广汉等十几个部落，位于今四川北部、甘肃西部及青海一带。匈奴强盛时，羌族依附匈奴，企图侵犯汉朝的疆土。

元康三年（前63），宣帝派光禄大夫义渠安国巡视羌族部落。先零首领杨玉请求朝廷允许他们渡过湟水游牧。义渠安国便奏请朝廷答应羌族的请求。赵充国却持相反意见，认为羌人有诈，还向宣帝上书分析了利弊。宣帝认为有道理，就召回了义渠安国，拒绝羌人的要求。先零不肯罢休，联合本族各部落，强渡湟水，占据了汉朝边郡地区。

不久，先零与二百多位羌族部落酋长会盟，互相交换人质，订立盟约。此时，赵充国向宣帝提出了要及早防范羌人叛乱的建议。没过多久，羌族某个酋长派使者果真向匈奴借兵，企图进攻鄯善、敦煌，切断汉朝通往西域的交通线路。

宣帝听到这一消息后，便召见赵充国询问他的意见。赵充国详细分析了羌族的内部情况，以及与匈奴的往来关系，指出他们一旦"解除仇恨，互换人质"，并与匈奴勾结在一起，就一定会叛乱，所以要立即检阅边防部队，做好备战工作，同时派人前去离间羌族各部落。宣帝采纳了赵充国的建议，派骑都尉义渠安国出使羌地。

义渠安国到陇西后，召集了三十多位羌族酋长，谴责他们图谋不轨，并将他们处斩。此外，义渠安国又纵兵杀掠羌族一千多人。结果，此举激化了羌人与汉朝的矛盾，加速了羌族叛乱的爆发。先零羌首领杨玉率先反击，随后会同各部落羌兵围攻义渠安国。义渠安国大败而归。

当时，赵充国已经七十多岁了。宣帝认为他年纪大了，就派御史大夫丙吉去询问他谁可以领

🔵 **赵充国**

西汉抗击匈奴的名将，曾于武帝天汉二年（前99）五月以代理司马的身份跟随贰师将军李广利出师酒泉，攻打匈奴右贤王。

兵。然而赵充国壮心不已，坚定地说："再没有比我更合适的人了。"宣帝听说后，又派人来问："将军估计羌人会怎么行动？应当发兵多少？"赵充国答："百闻不如一见。用兵时的情况难以预测，老臣我请求赶到金城，再制订作战方略。羌戎不过是弱小的夷族，逆天命背叛国家，不久定当灭亡。愿陛下把这件事交给老臣，就不要再担忧了。"宣帝于是笑着说："答应你了。"

【平叛羌族】

赵充国到达金城，等到支援的军队汇集到一方，就准备渡过黄河。他怕被敌人拦截，就在夜间先派三校人马衔枚（古代行军时让士兵口中衔着形如筷子的枚，以防出声）渡河。渡过河后，他便命士兵摆好阵式。等到天亮时，士兵阵式已经摆好，这才开始让剩下的部队按次序全部渡过黄河。

不久，敌人有几十成百的骑兵前来，在汉军军营旁边出入。赵充国下令士兵不可贪小利出击，接着又派出骑兵到四望峡侦察，之后又领兵趁夜色行进到上游的落都，召集各校司马，并对他们说："我现在知道羌人不会用兵了。如果他们派几千人守在四望峡，我们的部队又怎么能得来呢。"

赵充国视派出侦察兵为要务，认为行军时一定要时刻做好战斗准备，驻扎时一定要加固营垒。他稳重谨慎，爱护士兵，行动前总是周密计划。

有一次，赵充国的军队活捉到一个羌人俘虏，这个人招供说羌人首领之间数次互相责怪说："叫你不要造反，如今天子派遣赵将军来到这里，他年已八九十，善于用兵。现在想要决一死战，还有可能吗？"由此可见，羌人畏惧赵充国，以致内部产生矛盾。

后来，开的首领靡当儿派弟弟雕库前来向都尉报信说先零想造反。后来，先零羌果然造反了，雕库人有很多在先零羌中，于是都尉就把雕库人扣留作为人质。赵充国却认为他没有罪，便遣送他回去告诉部落首领："汉朝大军只杀有罪的人。犯法的人如果抓获斩杀其他罪犯，可以免罪。斩杀有罪的大首领一人，可以得到四十万钱的赏赐；斩杀中等首领的，可以得到十五万钱。斩杀下等首领的，可以得到两万钱，斩杀成年男子的，可以得到三千钱；斩杀妇女、老人和小孩的，可以得到一千钱，还要把其所捕获的妇女、孩子以及钱财物品都给他。"赵充国计划用这种恩威并施的方法来招降罕、开部落以及其他被胁迫叛乱的部族，瓦解粉碎敌人的阴谋，等到他们困顿之时再发动攻击。

此时，出战平羌的另一位将领辛武贤却持有不同意见，认为赵充国的方案会无限期延长作战时间，便上奏请求宣帝给他权力，出兵速战速决。宣帝将辛武贤的奏疏给赵充国，让赵充国和其他将领共同商议。赵充国接过奏疏，又上奏了辛武贤的方略不当的若干理由。结果，宣帝仍坚持采用辛武贤的作战方案，并下令要求赵充国听从辛武贤的命令。赵充国拒绝接受辛武贤的命令，上书说："将在外，君命有所不受。"同时，他又提交了一份详细的作战计划。宣帝审阅后，最终同意赵充国的看法。

不久，果真有万余羌人先后投降。赵充国这才带兵攻打先零羌，大获全胜。羌人想渡河逃跑，赵充国也不急着追赶。结果，羌人跌落河里溺死的有数百人，投降和被斩首者有五百余人。不久，罕羌没有用兵就被征服了。

【屯田治羌】

赵充国取得胜利后，并不打算乘胜追击，而是在当地屯田耕作，以供给军队的日常开支。赵充国认为汉军占领肥沃的土地，而羌人却被迫驻扎在贫瘠的土地，时间一久，羌人内部必定产生矛盾。到时候，汉军就可以乘胜追击，轻易获胜。赵充国向宣帝上疏，陈述了屯田的十二个好处，出兵追击的十二个不利因素，还强调屯田可以节省军队开支，起到对敌军不攻自破的目的。此外，他还提出了详细的屯田和节省开支的方案，并建议撤离骑兵来最大限度地减少开支。他的方案之详细，让宣帝不得不同意。

得到诏书后，赵充国开始着手实施以屯田威震羌人的计划，并在短时间内取得巨大成效。截至元康六年(前60)，投降的羌人已有三万一千二百人，溺水死亡的有五六千人，斩首的共计七千六百余人，残余叛党不过

四千人。

同年秋天，羌人若零、离留、且种等先后杀死先零羌首领犹非、杨玉等人，并率领四千余羌人前来投降。至此，赵充国自创的屯田降敌法取得空前成功。

平羌回京后，赵充国请求辞官养老。宣帝赐给他一辆四匹马拉的车子，黄金六十斤，并同意他卸职回家。此后，朝廷每当有关于四夷的重大讨论，都会请赵充国参与，向他询问方略。

甘露二年（前52），赵充国去世，享年八十六岁，谥号壮侯。他的爵位从儿子传到孙子赵钦。

论赞

赞曰：秦、汉以来，华山以东常出丞相，华山以西常出将军。秦朝将军白起是郿县人，王翦是频阳人，都验证了这句话。有汉以来，郁郅的王围、甘延寿，义渠的公孙贺、傅介子，成纪的李广、李蔡，杜陵的苏建、苏武，上邽的上官桀、赵充国，狄道的辛武贤、辛庆忌，都以勇猛威武著称。这是他们值得赞许的地方，其余的不可胜数。为什么呢？华山以西的天水、陇西、安定、北地等地与羌人、胡人很近，民间风俗多习武备战，崇尚武力骑射，这才培育出不少的将领。所以《秦诗》有云："王要兴兵打仗，就整备铠甲兵器，和你一起出征。"可见这种风气习俗自古就有。现在的歌谣听起来慷慨激昂，古风犹存。

傅介子传

傅介子，西汉时期的勇士和著名使者。他生性机智、英勇果断，曾请缨出使大宛，刺杀匈奴使者立下功劳，升为平乐监，后又以赏赐为名出使楼兰，于宴席中斩杀楼兰王，立汉楼兰质子为王，因功封侯。此后，傅介子的事迹在西域逐渐传开，为汉朝在西域树立声威起到了关键性的作用。

▶【出使大宛】

傅介子，北地（郡治在今甘肃庆阳）人，从军后被提升做官，为人机智英勇，沉着冷静。

征和元年（前92），楼兰国王去世，匈奴立即送返在匈奴当人质的楼兰王子安归回国继承王位。安归继承王位后倾向匈奴，多次与匈奴勾结背叛汉朝，先后杀害了数名汉朝派往西域的使者。不久，楼兰王又杀害大宛、安息等国派到汉朝的使者，使汉朝与西域的交往彻底断绝。随后，龟兹国贵族也争相模仿，派人杀害汉朝派驻轮台的屯田校尉赖丹。

元凤三年（前78），傅介子以骏马监的身份请求出使大宛，得到昭帝允许。傅介子拿着诏书前往谴责楼兰、龟兹。

傅介子到了楼兰，就责备楼兰王怂恿匈奴杀害汉朝使者。他说："汉朝的大军就要到了，您如果不怂恿匈奴，匈奴使者经过这里到达各国，你为什么不报告？"楼兰王听后，表示愿意服罪，说："刚刚经过的匈奴使者应该是去乌孙，中途会经过龟兹。"

于是，傅介子到了龟兹，责备龟兹王，龟

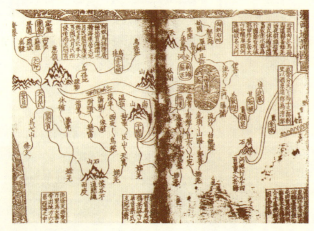

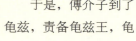

汉西域诸国图·南宋

这是一张南宋景定年间（1260~1264）的雕版墨印图，反映了汉代西域诸国的分布和交通路线，图中还标注了七十多处地名。

兹王同样也表示服罪。傅介子又马不停蹄地赶往大宛，完成出使任务后，再赶回龟兹。这时，龟兹人对他说："匈奴使者从乌孙回来，正在这里。"傅介子当机立断，率领所带的士兵斩杀了匈奴使者。

傅介子回到京城后，把情况上奏，宣帝下诏任命他为中郎，升为平乐监。

【刺杀楼兰王】

不久，傅介子就对大将军霍光说："楼兰、龟兹两国多次背叛我汉朝却没有受到惩罚，难以起到惩戒他国的作用。我经过龟兹时，知道他们的王离别人很近，容易得手，我愿前去刺杀他，以此树立威信，告诫西域其他各国。"

霍光说："龟兹路途遥远，暂且先去楼兰试验此法吧。"于是霍光奏请宣帝派遣傅介子前往刺杀楼兰王。宣帝同意，并颁下诏书。

傅介子拿到诏书后，便和士兵带着金银钱币出发了，还一路声称将把这些东西赏赐给外国。他们到了楼兰，楼兰王看样子不愿亲近傅介子。傅介子便假装要离开，等到达楼兰西部的边界后，又派遣翻译对楼兰王说："汉朝使者带有黄金锦绣要来赐给各国，大王如果不来接受赏赐，我就要离开这里，到西面的国家去了。"说完，傅介子拿出金币给翻译看。翻译回去后，把情况报告给楼兰王。楼兰王贪图汉朝财物，于是前往会见傅介子。

傅介子热情地招待楼兰王，和他坐在一起饮酒，并拿出财物给他看。

等到楼兰王放松警惕，慢慢喝醉了，傅介子就在楼兰王的耳边说："天子派我来私下报告给大王一些事情。"楼兰王于是起身随同傅介子进入帐幕中，两人单独谈话。就在这时，两名壮士突然从后面刺杀楼兰王，刀刃在胸前相交，楼兰王当场死亡。

发生如此大的变故，楼兰的贵族及左右官员都想各自逃走。傅介子告诫他们说："楼兰王多次背叛汉朝，有罪，所以天子派我来诛杀他。你们应该改立以前留在汉朝为人质的太子为王。另外，汉军刚到，你们不要轻举妄动。如果有所行动，汉军就会把你们的国家消灭掉！"之后，傅介子带着楼兰王的首级回京交旨。宣帝封傅介子为义阳侯，赐给食邑七百户，士兵中斩杀楼兰王的勇士都做了侍郎。一时间，朝中公卿、将军等无不称赞傅介子的英勇和功劳。

傅介子死后，他的儿子傅敞有罪，不能继承爵位，于是封国被废除。到了元始年间，朝廷重赏功臣的后代时，又封傅介子的曾孙傅长为义阳侯，直到王莽失败后才断绝。

论赞

赞曰：从元狩年间（前122～前115），张骞开始沟通西域，到了地节年间（前69～前66），郑吉建立了都护的称号，一直到王莽的时代为止，共有十八人，都是凭勇猛有谋略而当选，傅介子就是其中的一员。

盖宽饶传

盖 宽饶早年为郡文学，后举方正，对策高第，任御史大夫。他为人刚直，廉洁奉公，弹劾不符合礼数的人事从不避忌，公卿贵族都害怕他，后因锋芒毕露，以下犯上遭罪，自刎身亡。

【弹劾无避忌】

盖宽饶，字次公，魏郡（郡治在今河北临漳）人，因通晓经术，任郡文学，又凭孝廉的身份做了郎官，后来被举为方正，又升为谏大夫，代理郎中户将职务。在职期间，他弹劾卫将军张安世的儿子在殿门前不下车，因所奏不属实，被降职为卫司马。此后，他常常不出宫殿的门，戴着大冠和长剑，走遍士兵们的居室，察看他们的饮食起居，对有疾病的士兵会安抚慰问，并给他们药物。等到年终交班接替，宣帝亲自犒赏退伍士兵，有几千名士兵叩头请求再留下来服役一年，以报答盖宽饶的大恩。宣帝看到这个情形，便表彰盖宽饶，让他担任太中大夫，命他考察各地风俗。盖宽饶举荐和贬斥了很多人，宣帝于是又让他做司隶校尉。盖宽饶检查和揭发官员们的过失，从来不考虑官大官小。

盖宽饶任职后弹劾了很多人，廷尉对他的意见也是一半采用一半不采用。当时，公卿贵戚以及出使到长安的郡国官吏都害怕盖宽饶，不敢违背禁令。京城中顿时到处和谐有序。

不久，平恩侯许伯迁入新居，丞相、御史、将军以及俸禄为中两千石（汉朝官吏秩禄等级，中是满的意思，中两千石即实得两千石，月俸一百八十斛）的官员都去道贺，唯独盖宽饶没去。许伯邀请他，他才前往，独自向东而坐。许伯亲自给他斟酒，盖宽饶说："不要多给我斟酒，我喝多了是要发狂的。"丞相魏侯笑着说："你醒着时就有些发狂，哪里一定要

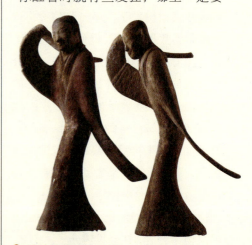

🔴 **拂袖女舞俑·西汉**

西汉繁荣时期，乐舞艺术得到蓬勃发展，长袖舞便是当时盛行的舞蹈之一。

喝酒呢？"说完，在座的人都用轻视的眼光看着盖宽饶。

待到酒兴正浓的时候，长信少府檀长卿跳起了舞，表演沐猴与狗搏斗，把在座的人都逗笑了。盖宽饶不高兴了，仰头看着屋顶，叹息道："唉！富贵无常，转眼间物是人非。换了主人，美丽的屋子就像旅店一样。这些事情我看得很多，只有谨慎从事才能保持长久，你们怎么能不警戒呢？"他说完就起身快步走出，弹劾长信少府以列卿的身份表演沐猴舞，失去礼数。宣帝大怒，欲治少府之罪，许伯替他求情，宣帝才不再追究。

【上书获罪】

盖宽饶好弹劾他人，但是他处事小心谨慎，才没被同僚抓到把柄。不仅如此，他为人刚直，高风亮节，为官多年，始终贫穷，每月领到的俸禄，他会拿出一半来给替他侦察反映情况的官吏和百姓。他身为司隶，却没有坐骑，儿子到北方边境做守卫，却需要徒步前往。

盖宽饶就是这样一个俭朴谨慎的人，但是始终得不到宣帝的重用。他自认为品行清廉能力高，对国家有贡献，现在那些平凡庸碌的人却超过了自己，便感到心灰意冷，几次上奏争谏都没有得到结果。

太子庶子王生认为盖宽饶品行高尚，但不赞成他的处事方法，便写信给他说："圣明的陛下知道您清廉公正，不畏强暴，所以让您在主管检举

的官位，高官厚禄已经给您了。您应当日夜想着当今的要务，实行法令，宣扬教化，为天下百姓分劳解忧，即使天天有贡献，月月有功劳，仍然不足以称职而报答陛下的大恩呀。如今您不力求履行您的职责也就罢了，竟想要用上古的事例来匡正辅佐陛下，几次进谏不能被采用或难以被听从，就跟陛下的左右大臣争辩，这不是传扬美名保全性命的行事方法。希望您能自重。"虽然王生言辞诚恳，但是盖宽饶不肯接受。

当时宣帝正以刑法治国，非常信任中尚书宦官。盖宽饶递上密封的奏章，劝谏宣帝不能对受过官刑的人委以重任。密章上奏后，宣帝认为盖宽饶对朝廷不满的情绪一直未减，就把他的奏章交给中两千石。当时执行的官吏诬蔑盖宽饶想要宣帝让位，借此来治他的罪。谏大夫郑昌怜悯盖宽饶忠诚正直，关心国事，因为奏事不合宣帝心意而被文官诋毁，便上书为他平反。结果宣帝不听，把盖宽饶交给狱吏。盖宽饶拔出佩刀，在北阙下自刎身亡。听说这件事的人无不叹惜。

论赞

赞曰：盖宽饶身为检察之官，以一身正气立于朝廷之上，即使是《诗经》中所说的"国之司直"也不过如此。如果他能采纳王生的话一直到老，那么他就接近古代的贤臣了。

白话精编二十四史 ◉ 第二卷 ◉

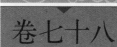

萧望之传

望之，萧何的孙子，西汉历史上著名的经学家。他为人正直，气节高尚，好研究学问，为当时京师诸儒所称道。后来曾为宣帝的谋臣，又为元帝的老师，因被宦官弘恭、石显陷害，最终以自杀来彰显节操。

【气节高尚】

萧望之，字长倩，东海郡兰陵县（今山东苍山西南）人，后来迁徙到杜陵。萧家世代以种田为业，到了萧望之才爱好起学问。早年，萧望之研究《齐诗》，师从同县的后仓将近十年，后来又到太常门下学习，师从以前同师受业的博士白奇，还跟随夏侯胜学习《论语》《礼服》，由于成绩优异，京师的儒生们都称赞他。

当时，大将军霍光执政，长史丙吉推荐的儒生王仲翁和萧望之等几人都被召见。鉴于不久前左将军上官桀与盖长公主阴谋败露遭到霍光诛杀，霍光出入都严加防备，得到他接见的官吏百姓，都必须脱衣搜身，去除兵器，并由两个官吏挟持着。得到召见的人都谨慎地听从官吏的指挥，唯独萧望之不肯听从，从小门退出，说："不愿谒见。"官吏气势汹汹地拉他。霍光听说这个情况，就告诉官吏不要挟持他。萧望之来到霍光面前，规劝他说："将军凭借功勋和德行辅佐年幼的陛下，将要推行宏大的教化政策，

以达到协调和平的统治，所以天下的士人都伸长脖颈，踮起脚跟，争相要亲身效力，以辅佐高明的您。现在要拜见您的士人都要先脱衣搜身受到挟持，这恐怕不合周公辅佐成王时一饭三吐哺，一沐三握发以招徕寒士之礼吧。"霍光听罢，任用了其他儒生，唯独不用萧望之。

三年内，王仲翁被提升至光禄大夫给事中，萧望之则因为考中甲科才做了郎官，代理小苑东门侯。某日，王仲翁偶遇萧望之。此时他已经出入有奴仆跟从，下车进门时前传后呼，很是显尊。他对萧望之说："你不肯遵循常规，反而只做了个守门官。"萧望之却说："各从其志罢了。"

几年之后，萧望之因为弟弟犯法，不能再担任皇宫警卫，被免职还乡做了郡吏。后来，御史大夫魏相赏识萧望之作属官，经考核后任用他为大行治礼丞。

【观天相对答】

不久，大将军霍光去世，霍光的

儿子霍禹任大司马，侄子霍山任尚书。霍氏其他亲属也都在宫中任警卫、侍中，各居要职，西汉朝政继续被霍氏把持。

地节三年（前67）夏天，都城降下冰雹。萧望之向宣帝上疏，希望宣帝给他一个机会，让他讲述天灾异象的意旨。宣帝听说过萧望之的名声，便问："这是东海的萧生吗？让他不要有所隐讳，尽管直言。"萧望之阐述自己的观点，他说："《春秋》记载鲁昭公三年（前539）天降冰雹，当时季氏专权，最终流放了鲁昭公。假如过去鲁昭公察觉了天灾的征兆，应该没有这场灾祸。现在陛下凭仗圣明之德居于皇帝的位置，思考政事寻求贤能，这是尧舜治理天下的用心。然而祥瑞之兆还未出现便阴阳不和，是因为大臣执政、异姓专权所致。"

此番对答之后，宣帝任命萧望之做了谒者。此后，但凡有人书陈述利国利民策略的，宣帝都会把这些奏章交给萧望之，询问利弊，萧望之的意见都能得到宣帝的采纳。一年之内，他连升三级，分别任谏大夫、丞相司直，最后成为两千石级的官员。之后，霍氏因为谋反被诛，萧望之的预言成真，更加受到宣帝的重用。

当时，宣帝正在挑选通达政事的博士和谏大夫担任郡守国相，便派萧望之为平原太守。萧望之希望能在朝廷任职，于是上奏说："陛下体恤百姓，担心德政教化不能普及，将谏官都派出去担任地方官，这是担忧事物的末节而忘记了它的根本。朝中没有谏官就不能发现过错，京城里没有通达的人，陛下就无法听到善言。希望陛下明察。"

萧望之的奏书被上呈后，宣帝征调他进朝廷管理少府。后来，宣帝了解到萧望之明晓经学，处事稳重，议事论理留有余地，才干胜任宰相，就想仔细考察他处理政务的能力，于是派他担任左冯翊。萧望

🔴 汉宣帝诏儒讲经

萧望之墓

对于萧望之墓的位置，各种文献中有不同记载。直到1987年4月，新的考古发现证明萧望之墓就位于古长安城东面三门之中的春明门外。

之从少府调出，被降低职位，心想是得罪了宣帝，便上书称病请假。宣帝知道了这件事，就派人传达旨意说："朝廷欲用之人都要先考察其功绩。您从前当平原太守的时间很短，所以将您派到三辅去，不是听到了什么不好的话。"于是萧望之即刻前往任职。

【反赎罪论】

西羌反叛时，宣帝派遣后将军去讨伐。京兆尹张敞上书说："国家的军队在边疆，他们在夏天出发，陇西郡以北、安定郡以西的官吏和百姓都参与供给运转，将造成农业荒废，没有余粮储备。虽然羌虏的叛乱被平息了，但是第二年春天民众的粮食必定匮乏。在贫穷偏僻的地方，这些东西用钱也买不到，县里的官库粮食又不足以赈济他们。希望陛下下令罪犯都可以有差别地送粮食到这八个郡来赎罪，除非是抢劫钱财、杀人和犯重罪不能赦免的。务必要积聚粮食来预备给百姓。"

这个事情交给有关部门处理，遭到萧望之的强烈反对。萧望之认为民众有邪正两种气质，既有坚守正义的心愿，又有追逐利益的欲望，其关键就在于教化和引导。尧帝不能完全去除民众追逐利益的欲望，却能让他们的逐利之欲不胜于守义之心。让民众捐粮食来赎罪，富有的人就得以生存，贫穷的人只有死路一条。这将造成穷人和富人受到的刑罚不同，律法也变得不公正。按照人之常情，贫穷的人，如果父亲兄长被囚禁，听说出钱可以救命，他们的儿子和弟弟便会不顾死亡的威胁，用败乱的行径去夺取钱财，以求救出亲人。一人得以生存，十人因此丧命，这样教化就会趋于瘫痪。当时丞相魏相、御史大夫丙吉也认为西羌的粮食不成问题，朝廷因此未采纳张敞的建议。

在萧望之任左冯翊的三年，京城井然有序，百姓生活安稳，人人都称赞他。于是武帝提升他为大鸿胪。

神爵三年（前59），宣帝又提升萧望之为御史大夫。

【自杀显节操】

后来，萧望之因为言语间得罪了宣帝，被降为太子太傅。

黄龙元年（前49），宣帝临终前，召萧望之、周堪等人共同辅佐幼主。

到了元帝即位，霍氏势力已经逐渐退出政治舞台，新一代宦官弘恭和石显逐渐浮出水面。他们不仅朋比为奸，还勾结外戚，把持朝政。受诏辅佐幼主的萧望之和周堪对弘恭、石显等人非常不满，多次上书元帝，劝谏元帝要远离他们。

弘恭和石显等人也开始视萧望之、周堪为眼中钉，他们不但怂恿曾附庸在萧望之和周堪身边的郑朋上书揭发萧望之和周堪之间的"奸情"，还趁萧望之和周堪出宫的时候弹劾他们。

弘恭和石显在奏疏中说："萧望之、周堪、刘向等人互相勾结，互相举荐，诋毁大臣，请召致廷尉。"当时，"召致廷尉"意为逮捕下狱，但元帝却误认为是让廷尉调查此事，便同意了此奏疏。

过了一段时间，元帝再问起萧望之和周堪等人事件的调查情况，侍从才回答已经将他们逮捕入狱。元帝大惊，问起弘恭和石显，弘恭和石显才回答说是元帝批准的。元帝下令释放他们，但又听从弘恭和石显的建议，将他们贬为庶人。

几个月后，弘恭和石显借口萧望之的儿子上书诉讼冤情，有失大体，以不敬罪逮捕萧望之。当时，萧望之想自杀；他的夫人阻止了他，认为这并不是元帝的本意。萧望之就此事询问了朱云，朱云是一个爱好名节的人，就劝萧望之自杀。

萧望之不禁悲从中来，仰天长叹说："我曾经担任过将相之职，年纪也已超过六十岁，年老而进监狱，如果苟且偷生，就太差劲了。"说完，萧望之便让朱云取来毒酒，自杀身亡。

元帝听说这件事后，十分震惊，顿时泪流满面地说："先前我就怀疑老师不肯进牢狱，结果真的杀了我的好老师！"适时，太官刚刚端上午餐，元帝推开饭食，为萧望之哭泣，悲哀之情感动了左右侍从。元帝又召来周显等人，以计划不周详为由责问他们。这几个人都脱下帽子谢罪，很长时间元帝才作罢。

萧望之因有罪身死，于是就有官员向元帝上书请求废除他的爵位和封邑。元帝却下诏给萧氏家族加恩，封他的长子萧伋为关内侯。元帝对萧望之久久不能忘记，此后每年都遣使者到萧望之的墓上祭拜，以悼念两人的师生情谊。

论赞

赞曰：萧望之官至将相，凭借做元帝老师之恩，可以说和元帝是亲密无间。后来，他被奸邪之徒陷害，自杀身亡，真是可怜！萧望之堂堂正正，宁折不弯，身为儒生泰斗，有辅佐皇帝的才能，近乎古代的社稷之臣了。

扬雄传

扬雄一生淡泊名利，不汲汲于富贵，不戚戚于贫贱，喜好钻研学问，他在辞赋、儒学等方面取得了极高成就，学问渊博为西汉一代之冠。当时的人曾将扬雄与孔子相比较，可见扬雄的成就之高。

【文辞出众】

扬雄，字子云，蜀郡成都（今四川成都）人。

扬雄有口吃的毛病，不能畅谈，但是从小勤奋好学，博览群书，为人坦荡，好思考。他处世平和，不好名利，也不追逐富贵。虽然家中贫穷，全部家产不过十金，穷得没有一石余粮，却也怡然自得，不是自己喜欢做的事情，即使能富贵也坚决不去做。扬雄喜好辞赋，非常欣赏司马相如的赋。每次作赋，他都把司马相如当做榜样来模仿。

到了成帝时，扬雄以文辞被召见，之后又为成帝作赋多篇。他的《蜀都赋》描绘了成都的秀丽山河及当地富饶的物产，开创了后世京都大赋的先河。他的《甘泉赋》《河东赋》《羽猎赋》《长杨赋》，四赋陈述铺陈非常精彩，说理和讽谏功底比司马相如更胜一筹。由此，后人常将扬雄和司马相如并称。

由于扬雄才华出众，成帝提升他做了给事黄门。

扬雄一直专心致力于著作，不好名利和富贵。曾经有一个客人讽刺扬雄说："我听说上世之士，他们立身处世的准则是不出生则已，出生于世便向上尊崇于国君，向下使父母荣显，分别人的圭，受别人的爵，拥有别人的符节，分得别人的俸禄，身配青紫绶带，乘朱丹之车。现在您有幸遇到盛明之世，处在不必顾忌的朝廷，和众贤人同列，却不能策划一个奇谋，向上劝说君主，向下和公卿谈论，获得富贵。难道您真的想用白色来彰显自己的高洁吗？为什么做官做到如此落魄呢？"没

⚫ 扬雄

在辞赋方面，继司马相如之后，西汉一代成就最高的就是扬雄。在儒学方面，扬雄所著《法言》大行于东汉，是为一代巨著。

想到扬雄却说："您只是想让我的车马华丽，却不知道一失足将使我的家族血流成河！前周朝纲荒废，诸侯纷争，天下分为十二，又合为六七，四分五裂，出现诸侯争雄的局面。士子不会一直侍奉一个君主，国家也没有固定的大臣。得到士子的就富，失去士子的就贫，举翅而飞，随意栖止。所以邹衍因上下不定而取得名望，孟轲虽遭遇艰难，仍为万乘之师。"扬雄一直专心致力于学术研究，他就是这样一个只好学问，不好名利富贵的人。

【哲学思维】

扬雄不仅善于辞赋，还曾模仿《周易》《论语》作《太玄》和《法言》，书中尽显古典和神秘。

在《太玄》一书中，扬雄认为世界上的事物有变化和发展，自然界的事物都将转化到它的对立面，人事也不能例外。这些古朴的观点表达了扬雄的辩证思维。

在《法言》中，他反对当时盛行的天人感应、神鬼图谶之说，认为混沌未分的元气是天地的根源。在元气开始的时候，虽然还没有天地，但是已经有了天地的萌芽。有了天地之后，又有了万物。万物是天地互相作用的结果。此外，他还反对有圣人的说法，他认为先知的人是有的，只是由于他能由小知大、由微知著，这些都是通过合理而客观的分析推断出来的。因此，所谓的长生不老显然是不存在的。因为有生必然有死，有始必然有终，

这是自然的规律。从这些观点也可以看出，扬雄的思想中有辩证的元素，但同时又禁锢在形而上的"玄论"中。

后来，王莽篡位，扬雄被逼无奈，作了《剧秦美新》颂扬新朝功德。当时，扬雄是刘歆儿子刘棻的老师。刘棻因用《符命》来反对王莽，事发被诛杀。扬雄也因此事受到牵连，当逮捕的使者来到时，扬雄从阁楼上跳下，摔得半死，还是难逃被抓进监牢的命运。后来，王莽听说扬雄只是充当了刘棻的老师，便释放了他，又召他为大夫。

天凤五年（18），扬雄去世，享年七十一岁。

论赞

赞曰：扬雄四十多岁时，从蜀地来到京师。当时，大司马车骑将军王音很欣赏扬雄的文才，召他做了门下史，推荐他待诏。一年多后，扬雄上奏《羽猎赋》，被成帝封授为黄门郎，和王莽、刘歆并列。哀帝初年，又和董贤同官。成帝、哀帝、平帝年间，王莽、董贤都做了三公，权倾天下，超过天子，他们推荐的人没有不受到提拔的，但扬雄却历经三朝而不升官。到了王莽篡位时，谈说之士用符命赞美王莽的功德而被封爵的人很多，扬雄仍不被封侯，因为年纪大而渐升为大夫，他就是如此淡泊名利。他确实好古爱道，想以文章在后世扬名，认为经最好的是《易》，所以作《太玄》，传最好的是《论语》，所以作《法言》。

卷八十九

文翁 黄霸传

文翁和黄霸崇尚教化于民，任职期间以教化治理其管辖的郡县，使边境百姓的民风民俗得以改变，人人安居乐业。文翁是西汉历史上第一个兴办官学的人，他招下县子弟入学，免其徭役，并录取成绩优良者为官吏，大大促进了当地的文化发展。黄霸则擅长法纪，不仅屡破奇案，还在当地大力宣扬法纪，使百姓崇尚教化，依法行使。

【文翁兴学】

文翁，庐江郡舒县（今安徽舒城）人，年少时很好学，通晓《春秋》，以郡县官吏的身份被察举到朝廷任职。

景帝末年，文翁任蜀郡太守。他宽仁爱民，喜欢用政治教化来影响、治理蜀郡的百姓。蜀郡位处偏远僻陋的边疆地区，文化落后，文翁便想从多方面教导启发蜀郡的百姓，使之进步。

文翁挑选郡县小吏中开明敏睿又有才能的官吏十多人，亲自劝诫勉励，并送往都城长安学习。这些人中的一部分跟随博士学习儒家经传，另一部分则跟随文吏学习法律条令。几年后，派出去的官吏学满归来，文翁便让他们担任郡中高级职务，实施教化。不仅如此，文翁还通过察举等途径把他们推荐给朝廷，其中还有官至郡守或刺史的人。

文翁还在成都市中建立学校，招收成都以外各县的少年子弟为学生，免除他们的更赋徭役。学生中成绩好的可以担任县官吏，差一些的则任孝悌、力田等乡职务。他还常常选拔学校中的青年学生在郡府偏房里帮忙处理政务，积累经验。每次外出巡行各县的时候，文翁也总是让很多通晓经书、品行端正的学生随他一道四处宣扬教化政令，出入于郡县官衙。县邑吏民看到这种情形非常羡慕，不到几年，当地人都争着要成为学生，甚至有钱人家愿意出钱买学。从此教化盛行，蜀郡风气大变。

到武帝的时候，朝廷下令各郡国设置学校，这是由文翁开创在郡国设立学校开始的。

后来，文翁在蜀郡去世。当地的官吏百姓为他建了祠堂，常年祭祀不断。直到今天，巴蜀地区的百姓讲礼仪而不粗鄙，都是受文翁教化的影响。

【黄霸治民】

黄霸，字次公，淮阳阳夏（今河南太康）人，后迁居云陵。

黄霸年少时学习法律条令，喜欢做官吏的事情。武帝末年，他以待诏身份捐钱为官，补侍郎谒者。后为补左冯翊的卒史，负责掌管郡里的钱财、谷物。黄霸以廉洁闻名，被察补为河东郡均输长，后又因廉洁被升为河南郡太守丞。黄霸思维敏捷，熟悉法律条文，待人接物温良谦让。他任太守丞时处事议政合乎法度，太守十分信任他，老百姓也敬爱他。

武帝末年，律法开始严厉起来。到年幼的昭帝继位时，大将军霍光当政，并继续武帝时的严刑峻法约束臣民，于是就有不少官吏以严酷的刑法而获名，但黄霸始终宽容温和。

宣帝即位，深知百姓苦于严刑峻法，于是召黄霸做了廷尉正。黄霸数次裁决疑难案件，人们一致认为判得公平。不久，黄霸又临时担任了丞相长史。

在一次公卿会议中，黄霸因明知长信宫少府夏侯胜有非议皇帝诏书的不敬言行而不举报，与夏侯胜一起以死罪关入监

狱。黄霸在狱中跟着夏侯胜学习《尚书》，到第三年才出狱。夏侯胜出狱后，又当上了谏大夫，便让左冯翊宋畸举荐黄霸为贤良，宣帝便提拔黄霸当了扬州刺史。又过了三年，宣帝升黄霸为郡太守，其官秩为比二千石。上任时，宣帝赐给他车中高盖，特许可高一丈，其属下别驾河主簿的车子，车轼前可挂挡泥的丹黄色帘子，以彰示其仁德。

黄霸任职后，曾因有秘事需要调查，便派遣一位老成的廉吏前往秘密访察。廉吏奉命出发，途中更换寻常衣服前行，不敢住在驿亭，饿了便躲在路边悄悄地吃些东西。当时，突然飞来一只乌鸦，抢走了他手里的肉。有人见到这个情形，便告诉了黄霸。廉吏回来复命时，黄霸迎上前说："太辛苦了，在路上吃饭还被乌鸦抢走了肉。"廉吏大惊，以为黄霸对他外出的起居情况都已知晓，于是对调查结果不敢有丝毫隐瞒。

郡中如果有孤寡之人死了没钱安葬，黄霸都会妥善地料理后事。他常告知某处有棵大树可做棺木用材，某亭有头小猪可做宰祭之用，然后命乡吏去取，结果也都像黄霸所说的一样。官吏和民众都称他是神明，奸盗之徒也不敢在这个郡县继续待下去。

五凤三年（前55），黄霸任丞相，受封为建成侯，食邑六百户。五年后，黄霸去世，谥号定侯。

🔴 **黄霸**
黄霸实施教化为先，刑罚为后，他治理下的郡县户籍人口逐年增加，治理状况是当时天下最好的。

郅都传

郅都，西汉酷吏，以执法严明苛刻著名，人称"苍鹰"。他公忠清廉，对内不畏强权，诛杀豪强；对外抵御外侮，镇守雁门，使匈奴人闻名丧胆，可谓"国之爪牙"。后因遭受到匈奴人的陷害，被窦太后处死。

▶【苍鹰展翅】

郅都，河东郡大阳县（今山西平陆）人，曾以郎官的身份侍奉文帝，景帝时任中郎将，以敢于向皇上直言进谏，直面斥责大臣的过失而闻名。

某日，郅都随侍景帝去上林苑游玩。休息时，贾姬如厕，一头野猪也跟着钻了进去。眼看妃子遭遇危险，景帝连忙目示郅都前去营救。结果，郅都却丝毫未动。景帝没办法，就想亲自上前去救贾姬。郅都跪伏在景帝面前说："失去了一个贾姬，又会有一个新的贾姬，天下缺少的难道是像贾姬这样的人吗？陛下即使不为自己的安全着想，又怎能不为国家和太后着想？"景帝听了郅都的话，便退了回来。结果野猪在厕所中并没有伤害贾姬。后来，太后听说了这件事，认为郅都是忠臣，赏赐给他黄金一百斤。景帝也因此赏赐给郅都黄金一百斤，从此更加器重他。

济南郡（郡治在今山东章丘西北）瞷氏宗族有三百户，称霸一方，把济南郡搞得乌烟瘴气，好几任郡太守都拿这个家族没有办法。于是景帝任命郅都为济南太守，前往处理此事。郅都到任后，立即杀掉了瞷氏的魁首，吓得其他宗族和余党不敢再作恶。至此，郅都威震济南，连邻郡太守也恐惧他，看到他就像下属看到上司一样。才一年多的时间，号称难治的济南郡就出现了路不拾遗、夜不闭户的景象。

后来，景帝将郅都调回长安担任中尉，率领北军维护都城地区的治安。都城是权贵云集之地，历来最难治理。吏民们害怕触犯达官贵人，人人明哲保身，只有郅都一人不畏权贵。由于郅都执法丝毫不避权贵，京城的列侯宗室见到他都侧目而视，私下称他为"苍鹰"。

▶【悲剧结局】

郅都为官公正廉洁，为人有勇气亦有气节，从不接受亲友的馈赠和私下嘱托。他经常对身边的人说："我丢下亲人，离乡背井外出做官，就应该为国忠于职守、尽忠死节，家中的妻子和儿女是无法兼顾的。"

后来，皇子临江王刘荣在修建宫室时侵占宗庙土地，被召到中尉府接受审讯。他想要笔墨给景帝写封信谢罪，郅都却禁止狱吏给他。魏其侯窦婴派人暗地里送给临江王笔墨，于是临江王写信谢罪后自杀身亡。

窦太后听说这件事后非常愤怒，以重法中伤郅都，并免去他的官职，放回乡里。景帝知道郅都冤屈，随后就派人到郅都家里任命他为雁门太守，并特意吩咐他不用到朝廷辞谢，取近路直接到雁门郡（郡治在今山西左云西）赴任就行。景帝还授权给郅都，让他可以全权处理当地的政务。

雁门郡地处汉朝的北方边境，与匈奴相接。匈奴人素闻郅都气节高尚，知道他到任后，便撤离了边境上的全部部队，直到郅都死的时候，都不敢再接近雁门郡。匈奴人甚至刻了个郅都面容的木偶人，命令骑兵骑马射杀木偶人，以锻炼胆识。结果，匈奴骑兵各个恐惧郅都的威严，没有一个能够射中的，他们对郅都的忌惮由此可见一斑。

却坐图·南宋

匈奴人担忧郅都不除，会给他们造成隐患，于是就用汉朝法令来陷害郅都。匈奴人的奸计得逞，郅都被捕。景帝接到关于郅都案件的奏报后说："郅都是忠臣！"景帝想要释放郅都，但窦太后反对说："难道临江王就不是忠臣了吗？"在窦太后的坚持下，郅都最终被处斩，一代名臣就此结束了他公正严明的一生。

成帝时的大臣谷永将郅都与战国时期的名将廉颇、赵奢等并论，誉之为"战克之将，国之爪牙"。这算是还了郅都一个公道。

论赞

赞 曰：郅都虽然以严酷暴烈而闻名，但是为人正直不阿，恪尽职守，能明辨是非，识大体。

邓通传

邓通的一生极富传奇色彩，因为文帝的宠信，他从一个名不见经传的小人物，变成富甲天下的天子近臣，广开铜矿，垄断当时的铸钱业，最后却又一文不名地死去，但他的名字却随着邓通钱的流通天下而名垂青史。

【铜山造币】

邓通，蜀郡南安（今四川南安）人，为人严谨，不善交际，不喜好与人往来。他原本只是一个名不见经传的黄头郎（汉代掌管船舶行驶的吏员），后来突然富贵，这源自于文帝的一个梦。

某天夜里，文帝梦见自己想要成仙却不得道，忽然出现一个黄头郎推了他一把，终于使得文帝升天。文帝回头看推他的人，见这人把上衣穿在屁股上的革带之下，很与众不同。梦醒之后，文帝就根据梦中所见情形四处寻找黄头郎。不久，文帝就寻到了邓通，这个黄头郎的打扮与他梦中所见的一模一样。文帝大喜，问他姓名。邓通如实回答。因为"邓"与"登"读音相似，文帝更加欣喜，认为邓通就是梦中助自己成仙的人，便留他

在身边，荣宠日胜一日。

平日里，文帝看邓通为人忠厚老实，不好四处与人结交，就常常赐给他金银珠宝，前后多达十几次。由于文帝的喜爱，邓通的仕途也顺风顺水，很快就官至上大夫。

文帝宠信邓通，每次微服出巡的时候都一定要到邓通家游玩。邓通自知没有什么特别的才能可以在文帝面前卖弄，于是把全部心思放在讨好文帝上。

有一次，文帝命令一个精通相术的人给邓通算命。相士观察了半天，最后说出四个字："当贫饿死。"文帝听了有点不高兴，说："身为一国之君，我能让邓通永远荣华富贵，这贫穷饿死之说又怎会有呢？"接着，文帝把蜀郡严道的铜山赏赐给邓通，并准许他铸造

汉文帝梦中见黄头郎

钱币。从此之后，邓通铸造的钱散布天下，他的财富达到了无以复加的地步。

【吮疮固宠】

邓通感念文帝对自己的好，对文帝更是小心翼翼地服侍着。文帝身上经常会长出脓疮，每次都是邓通用嘴巴把脓吮去。

有一次，文帝心情不好，于是就问邓通："你说谁是天下间最关心我的人？"邓通很从容地回答说："回禀陛下，臣认为当然是太子了。天下间恐怕没有人会像太子那样爱您了。"

正好太子进来向文帝请安，文帝于是让太子帮自己吸脓。太子自出生便养尊处优，听了文帝的要求，心里不是很情愿，但还是答应了。结果，太子刚吸了一口脓，就恶心得作呕起来。文帝见此情形，心里非常不痛快。

之后，太子从别人那里听说邓通为了讨好文帝，经常为文帝吮吸脓疮，于是就对邓通心生隔阂，暗暗记恨他。

文帝有生之年一直宠信提拔邓通，太子虽然不满邓通，也不敢明目张胆地指责他。等到文帝一死，太子即位为景帝，立刻下旨免去了邓通的官职。

邓通知道树倒猢狲散的道理，黯然神伤地回到家乡定居。不料，刚回家不久，便有人告发邓通私自在外铸造钱币。刚即位不久的景帝知道后，立即派官员追查这件事。受命调查邓通事件的官员证明确有此事，且证据确凿。于是景帝命人查处了邓通的全部家产，连一点值钱的东西都没有给他留下。后来，长公主知道文帝生前的愿望是不想邓通贫穷致死，便赏赐了邓通一些钱财。结果，长公主偷偷赏赐邓通的钱财也被官府没收了，就连邓通戴在头上的簪子也被拿走了。长公主见邓通可怜，但也不敢再给他钱财，只是暗中让人给他一些食物和衣服。

荣华半生的邓通获罪后寄居在别人家里。他死的时候，真的如当年给他相面的人所说的，身上没有留下一点儿钱财。

白话精编二十四史

第二卷

论赞

赞曰：邓通等人所受宠爱各不相同，得到的富贵，受到的重用，是当时其他大臣没办法比的。但是这些人的发迹并不是依靠正道，他们的地位高过了以他们的职位和能力能得到的，最后也都不得善终，这正是过度宠爱反而害了他们。孔子说："友便辟，友柔善，友便佞，损矣。"意思是损友有三种，惯于走歪门邪道的朋友，善于阿谀奉承的朋友，精于花言巧语的朋友。作为有至高无上权力的皇帝，如果常常和这三类人交朋友，就会陷国家于不义。天子不能凭个人情感授人官职，大概就是这个原因了。

匈奴传

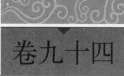

匈奴是中国古代北方的游牧民族，性情彪悍，与汉朝曾兵戎相见，也曾和平相处。匈奴人的历史是一部内部抗战、巩固政权，对外侵略扩张的历史。历任匈奴单于中，以冒顿单于在位时期，匈奴部落达到空前鼎盛。冒顿单于为人坚毅，有胆识，他弑父后登上单于大位，不断扩张领土，为部落发展打开了新的篇章。

【早期匈奴】

匈奴的祖先是夏后氏的后代，名叫淳维。在唐尧、虞舜之前，有山戎、猃狁、薰粥等分支，居住在中国北部边陲。他们以放牧为主，养的牲畜大多是马、牛、羊，另外还有骆驼、驴、骡等中原地区比较少见的牲畜。为了给牲畜提供丰富的水草，匈奴人逐水而居，没有固定居住的城邑。

匈奴男子从小就善于骑羊，拉弓射鸟和鼠，稍稍长大后就射狐狸和兔子，多以肉为食。壮年男子力气大，能弯弓射箭，多数都披甲为骑士。

匈奴地区和中原地区的风俗习惯、道德观有很大不同。匈奴人都吃畜肉，穿牲畜的皮革，披穿毡裘。健壮的年轻人吃肥美的食物，老年人吃剩下的。他们以健壮的人为贵，轻视老弱的人。父亲死了，儿子便娶后母为妻；兄弟死了，活着的便娶兄弟的妻子。姓名方面的习俗是有名字，不避讳，没有表字。

夏朝衰落后，周的始祖公刘在西戎改革风俗，建立都邑。三百多年后，戎狄攻击周太王，周太王就到岐山下定居，并建立周国。到了西周，戎族开始威胁中原。周幽王烽火戏诸侯后，犬戎部落占领周的原有领地，并袭扰中原地区，迫使周平王东迁。战国时，林胡、楼烦多次侵扰赵国，赵武灵王胡服骑射驱逐林胡、楼烦，在北边新开辟的地区设置了云中等县。林胡、楼烦北迁并融入新崛起的匈奴。秦始皇统一六国后，命蒙恬率三十万秦军北击匈奴，收河套，屯兵上郡，从榆中沿黄河至阴山构筑城塞，连接秦、赵、燕五千余里旧长城，并修筑北起九原、南至云阳的直道，构成了北方漫长的防御线。蒙恬驻守北方十余年，使匈奴不再犯秦朝疆土。到了秦朝末期，北方游牧民族东胡、月氏很强盛。匈奴单于头曼曾出兵抵挡秦朝，后来抵挡不住，于是往北迁徙。十多年后蒙恬去世，秦朝内部混乱，匈奴再次侵犯中原边境。

【冒顿弑父】

头曼立有太子，名叫冒顿。后来，头曼宠爱的阏氏（单于的妻子）生了个儿子，头曼便想改立小儿子为太子，便派冒顿到月氏去做人质。冒顿到了月氏后，头曼发兵攻打月氏，想借此除掉冒顿。月氏人想杀掉冒顿，冒顿偷了宝马逃回匈奴。头曼认为冒顿勇壮，就让他率领1万名骑兵。

回到部落的冒顿开始对父亲有了隔阂。他带领一万名骑兵日夜训练，要使他们成为一支精锐队伍。

冒顿制作了一支会响的箭，在训练骑兵射箭的时候，他下令说："我的响箭射到哪里，你们的箭也要跟到哪里，不听令者处死。"冒顿带人打猎的时候，有人不向响箭所射的目标射箭，冒顿立即处死违令者。不久，冒顿用响箭射向自己的宝马。骑兵中有不少人知道冒顿非常喜爱这匹马，不敢跟着射杀，冒顿处死了这些人。后来，冒顿又用响箭射向自己的妻子，不少骑兵非常害怕，不敢射箭，冒顿又杀死了这些人。过了些日子，冒顿又带领骑兵外出打猎。途中，他用响箭射杀单于的宝马，他身边的所有骑兵也应声射去，箭无虚发。这时，冒顿知道自己身边的人可以为己所用了。一天，他带领身边的精锐部队跟随头曼去打猎。途中，冒顿突然将响箭射向头曼，冒顿身边的骑兵毫不犹豫地追随响箭的目标射杀了头曼。冒顿回到部落营地后，先后杀死后母、弟弟和不听从自己的大臣们，并自立为单于。

【鼎盛时期】

冒顿当上单于时，东胡十分强盛。东胡的首领听说冒顿杀父自立，就派使者对冒顿说："东胡人想要得到头曼时号称千里马的宝马。"冒顿就此事询问大臣。大臣们都说："这是匈奴的宝马，不能给他们。"

🔴 **匈奴武士骑射图**
匈奴人崇尚武力，成年男子骑射技术高超。他们在没有战争的时候随意放牧，捕猎禽兽，既保证了生活，又练习了武艺。如果发生战争，男子们每个人都要演习和作战，人人皆兵。

冒顿却说："怎么能为一匹马就得罪邻国呢？"于是把千里马给了东胡。不久，东胡首领以为冒顿惧怕自己，又派使者对冒顿说："东胡想得到单于的一个阏氏。"冒顿又向左右大臣询问。大臣们无不愤怒，说："东胡人不近情理，竟然敢要我们的阏氏！请单于派兵攻打他们。"冒顿却说："怎么能为一个妇人得罪了邻国呢？"于是把自己喜爱的阏氏送给了东胡。

由此，东胡王日益骄横，打算向西侵略。在匈奴与东胡之间有一片无人居住的荒地，长达一千多里，匈奴与东胡各居一边。东胡首领派使者对冒顿说："匈奴与我们之间的那片荒弃的土地，匈奴人管理不了，我们想占据它。"冒顿再次就此事询问大臣们的意见。有大臣说："反正这是块荒弃的土地，给了他们吧。"冒顿听后大怒，说："土地是国家的根本，怎么能送给别人？"并杀了所有持相同意见的大臣。

随后，冒顿命令所有国人出击攻打东胡，有后退的立即杀头。起初，东胡首领轻视冒顿，认为他怕了自己，并不作战备。等到冒顿率兵来到，毫无准备的东胡人很快被匈奴人虏获。

冒顿大胜而归，后又发兵向西赶走月氏，向南吞并楼烦和白羊河南王，完全收复了秦时被蒙恬占领的土地，与汉朝以原来的河南塞为界。当时，高祖刘邦正与项羽作战，无暇兼顾边境，所以冒顿才能够逐渐强盛起来，能弯弓骑射的战士有三十多万。

从淳维到头曼有一千多年，匈奴人居住零散分离，冒顿做单于时堪称是匈奴最强大的时期，北方各少数民族都服从他的统治，与南边的华夏各族为敌国，匈奴的世系传承、姓氏官号也都得以记述下来。

【汉匈战事】

到汉朝初定天下时，韩王信迁到代地，建都马邑。匈奴大举围攻马邑，韩王信投降匈奴。

匈奴得了韩王信，便率军向南越过句注山，进攻太原，攻到晋阳城下。高祖刘邦亲自率军前去抗击匈奴。正巧碰上寒冬下大雪，汉朝士卒中被冻掉手指者十之有二三。冒顿用计，假装失败逃跑，引诱汉军追击。他隐藏精兵，把老弱的士兵暴露出来，于是汉朝发三十二万大军向北追击匈奴军队。刘邦亲率先锋到达平城（今山西大同西北），冒顿立即派出三十多万精锐骑兵将刘邦围困在平城白登山七天七夜。

汉军内外不能互相补给粮草，刘邦听从娄敬的计谋，派使者暗中送厚礼贿赂匈奴阏氏。阏氏便对冒顿说："两位君王不应该相互围困。如今即使得到汉朝的土地，单于您终究也不能住在这里。况且汉朝的皇帝是有神灵保佑的，请您再考虑一下吧。"冒顿曾与韩王信的部将王黄、赵利约好会师时间，如今两人的军队却迟迟不到。冒顿怀疑他们与刘邦有密谋，再加上阏氏的劝说，于是就将白登山包围圈打开了一个角。刘邦立即命令士兵都拉满弓，面朝外，从解围的一角突出，终于和大军会合。冒顿也率军退去。

刘邦领兵回朝后，派刘敬为使者前往匈奴，表达汉匈两家和亲的意愿。

此后，韩王信做了匈奴的将军，和王黄、赵利等人屡次背叛汉匈和约，侵掠代郡、雁门郡、云中郡。过了不久，陈豨反叛汉朝，与韩王信合谋进攻代郡。汉朝派樊哙率兵出击，收复代郡、雁门郡、云中郡等郡县。当时，因为汉朝将领多次率领部众前去投降，所以冒顿经常往来侵掠代郡。刘邦为

此深感忧虑，便派刘敬护送刘姓宗室之女去往匈奴，嫁给单于做阏氏，并每年送给匈奴一定数量的丝绵、缯绢、酒和食物。汉匈之间约为兄弟，实施和亲，这才使汉匈之间处于短暂的和平。

到了文帝时期，文帝还是推行和亲政策，以求百姓能免于战役之苦。

直到武帝时期，西汉经过近七十年的休养生息，经济、国力大大增强，才将对匈奴的战略从防御转为进攻。这一时期，汉朝前后对匈奴发动了三次大的战役，均大获全胜，重振汉之威名。此后，匈奴和汉朝双方均实力受损，开始了漫长的休战时期。

论赞

赞曰：自从汉朝建立，忠心的大臣们都费尽心机，出谋划策。高祖时有刘敬，高后时有樊哙、季布，文帝时有贾谊、晁错，武帝时有王恢、韩安国、朱买臣、公孙弘、董仲舒。这些人的意见归纳起来不外乎是和亲和征讨两种。事实上，圣明的君王不应该与他们立约盟誓，也不应该与他们打仗。因为与他们立盟约，就会既花费钱财又被欺骗，攻打他们就会使军队疲惫，又招来他们的侵袭。他们那里的土地不能耕种从而收获食物，他们的人民不能作为臣子从而抚养他们，他们来进攻，要予以反击，他们退走后，要防备他们；他们来朝贡，则以礼相待，加以笼络。这才是圣明的王朝驾驭匈奴的常道。

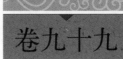

王莽传

王莽为人奸佞，城府极深，处处谨言慎行，为自己博取了忠义的好名声。他历经成、哀两帝，得享高官厚禄，权倾朝野，却仍不满足。他毒害平帝，谋朝篡位，即位后暴虐的本性败露，引起天下百姓的不满，最终招致恶果。

▶【谨言慎行】

王莽，字巨君，是孝元皇后（王政君）的侄子。

孝元皇后的父亲和兄弟都在元帝、成帝的时期封侯，担任要职，其中九人封侯、五位曾任大司马，只有王莽的父亲王曼去世较早，没有封侯。

王莽的叔伯兄弟们都是将军、侯爷的儿子，过着奢侈糜烂的生活。他们多以车马高壮、歌妓多寡、姬妾美丑来互相攀比，只有王莽过着孤独贫穷的日子。

早年，王莽待人谦恭，生活俭朴。他拜沛郡人陈参为老师，学习《仪礼》《周礼》，勤奋不懈，涉猎广泛，衣着像普通书生一样。他侍奉母亲和守寡的嫂子，抚养没有父亲的侄儿，行为谨慎检点。他还广交杰出的朋友，侍奉家族中各位伯父叔父，待人接物彬彬有礼。阳朔年间，他的伯父大将军王凤病倒。王莽侍候他，亲自尝药，不梳头，不洗脸，以致蓬头垢面，接连几个月衣不解带。王凤被王莽的孝义感动，临终前把王莽托付给王太后

和成帝。王莽被任命为黄门郎，后来提升为射声校尉。

后来，王莽的叔父成都侯王商上书成帝，表示愿意拿出自己的封户来分封给王莽。长乐少府戴崇、侍中金涉等有名望的人也都替王莽说好话。因此，成帝认为王莽是个贤能的人。

永始元年（前16），成帝封王莽为新都侯，封地在南阳郡的新乡，领有一千五百封户，后又提升为骑都尉、光禄大夫加侍中。王莽的官位越来越高，态度也越来越恭谦。他分出车马和轻暖的衣物施舍救济宾客，以致家里没有多余的衣物。在以长裙为美的汉代，王莽的妻子竟然没有及地的长衣，裙褂也不过膝，穿着朴素，接待宾客时常被误认是奴婢。王莽还接纳供养知名人士，结交很多将军、丞相、卿大夫，所以身居要职的人更加推崇他，社会上的知名人士替他宣扬鼓吹，他的名声传遍朝野，超过了他的几位位高权重的伯父、叔父。

王莽不仅谨言慎行，还善于隐藏自己的真实情感。他曾喜欢一个奴婢，

并暗中将她买了下来。后来，这件事情就在兄弟们中间传开了。王莽便说："后将军朱子元没有儿子，我听说这个女子能多生儿子，因而替他买了她。"当天他就把婢女送到了朱子元府上。

【职场沉浮】

当时，太后王政君姐姐的儿子淳于长很有才干，位列九卿，做官在王莽之前，名誉地位在王莽之上。对于王莽来说，这是一个难缠的对手。王莽暗中搜集了淳于长的罪证，通过大司马曲阳侯王根上奏成帝。不久，淳于长伏法被杀，王莽也因而获得了忠诚正直的名声。

绥和元年（前8），大司马王根向成帝请求辞官归家，并推荐王莽代替自己。成帝同意了王根的要求，提拔王莽任大司马。这一年，王莽仅三十八岁，但他的成就却超出了同辈，是继四位伯父、叔父之后辅佐皇帝的重臣。

为此，王莽打算更加努力使自己的名誉超过前人。他更加严格地要求自己，不知疲倦地工作，还聘请许多贤良的人充当属官办事。成帝的赏赐和封邑的收入也全都用来招待士人，他自己过得比以前更加俭朴节约。

王莽辅政一年多，成帝去世，哀帝继位，尊称太后王政君为太皇太后。太皇太后命令王莽辞官回家，让权给哀帝的外戚。王莽只好上奏章请求辞官。哀帝接到奏章后，就派尚书令转告王莽说："先帝把朝政托付给您而抛弃了臣属们，朕能够接掌江山，也希望能跟您同心同德。现在您上书说有病要求辞官，这显得朕不能顺从先帝的意旨，朕对此十分悲伤。朕已经命令尚书等待您入朝奏事。"哀帝还派遣丞相孔光、大司空何武等人禀告太皇太后说："陛下听到太后的诏命非常难过，大司马如果不出来做官，陛下就不敢处理朝政。"于是太皇太后又命王莽任职理事。

后来，未央宫举行宴会，内者令给傅太后设置了帷帐，

王莽

这是一个实实在在的野心家，他凭借谦恭、仁义的外表平步青云，大权在握。一旦时机成熟，便将汉家天下据为己有。在位十五年后，却落得个途穷身死，被绿林军所杀的下场。

坐在太皇太后的座位旁边。王莽巡视时见了就责备内者令说："定陶太后（即傅太后，因其子被封定陶王，傅氏随子归国后称定陶太后）是藩王的太后，元帝的姬妾，怎么能跟最尊贵的人并列！"并下令撤去帷帐，改设座位。傅太后听说这件事后非常生气，不肯出席宴会，对王莽心生怨恨。

两年后，傅太后、丁姬都有了尊贵的称号，丞相朱博上书说："王莽从前不尊敬尊长，压制降低太后的尊号，有损孝道，应当伏法就戮，幸亏遇到赦令。他不应当再享有爵位和封地，请陛下贬他为庶人。"因为是太皇太后外戚的缘故，王莽得以免罪，只是被遣回了封国。

王莽回家后关闭大门，安分守己。一次，他的儿子王获杀死了一个奴婢，王莽竟逼儿子自杀来偿命。王莽的举动使得许多人为他被罢官的遭遇鸣不平，哀帝于是召回王莽。

元寿二年（前1）六月，哀帝病死，年幼的平帝即位，王政君以太皇太后之名临朝称政，任命王莽为大司马，总揽朝政。

【篡位登基】

为了进一步扩大势力，元始三年（3），

王莽将自己的女儿嫁给十三岁的平帝为皇后。当时，有人为王莽奏请赐给他田地两万五千六百顷。王莽辞谢，不肯接受。后来，太皇太后又赐给他黄金两万斤，王莽只接受四千斤，其余的均分给了别人。

元始五年（5），王莽置毒于酒中，毒死了平帝。接着，他立两岁的孺子婴为帝，自己效仿周公辅佐成王，以摄政名义居天子之位，称为"假皇帝"，臣民称其为"摄皇帝"，改元居摄。

王莽的行为引起了刘氏宗亲的不满，认为他专政势必影响刘氏的天下，于是起兵反莽。这时，关中霍鸿等人也群起反抗，烧毁官府，但是都相继被王莽镇压。后来，刘京、梓橦等人迎合王莽的心意，伪造符命，宣称汉已终，假皇帝应为真天子。于是，王莽自立为帝，改国号为新，次年改元始建国。

王莽即位四个月就着手对田制、税收、货币、奴婢、市场管理等问题进行改革。他首先颁布"王田令"，企图解决西汉后期土地兼并的问题。他规定，凡是家中男人不满八人的，不能拥有超过九百亩的田地。天下的田地都为王田，禁止买卖。同时，他又改革奴婢为"私属"，严禁主人将其进行买卖。

在货币方面，他不切实际地禁止使用五铢钱，盲目推行各式各样的新币制，种类繁多，且换算不合理，使货币的流通和信用受到了严重的影响，财政经济陷于瘫痪，曾一度造成社会极大的混乱。

在市场管理上，他大行五均六筦。五均指均市价以利四民（指士、农、工、商）和公家。六筦指酒、盐、铁三项物资的生产和流通全部由国家经营。五均六筦是中国历史上最早的市场管理法规，然而却违反了当时的客观情况，给西汉末期的经济带来了重创。

【新朝衰败】

王莽的改革在西汉末期并不能起到力挽狂澜的作用，反而激化了各种矛盾，最终诱发了赤眉、绿林等农民大起义。当时的官僚和贵族们也参与到起义中，纷纷打出了反莽的旗帜。

地皇三年（22），王莽派王匡和更始将军讨伐赤眉军，在成昌战败。次年，司徒王寻、大司空王邑被绿林军内外夹攻，困于昆阳，全军覆没。

随后，绿林军乘胜追击，兵分两路，一路北上攻洛阳，一路向西攻长安。此时，卫将军王涉、国师刘歆和大司马董忠也密谋挟持王莽投降更始政权，结果事情败露，董忠被杀，王涉、刘歆相继自杀。

不久，绿林军抵达长安。王莽命令京城里的囚犯出城阻击，结果囚犯出了渭桥，就立即四散。他们还挖掘王莽的祖坟，烧毁他的祖庙。随后，绿林军和长安城的百姓攻入皇宫，王莽逃走。

地皇四年，愤怒的群众攻入了王莽躲避的渐台。商人杜吴第一个将王莽杀死，随后校尉东海公将王莽的头颅砍下，霎时间数十人争砍王莽的尸体。至此，王莽统治的时代彻底结束。

论赞

赞曰：王莽没有仁厚的品德，花言巧语，虚伪奸诈。他利用四个伯父、叔父经历元帝、成帝两代掌权，后遇到汉朝中途衰落，才造成他篡夺皇位成功。王莽窃取帝位，居于不该他占据的地位，败亡的趋势比夏桀、商纣的时候还要来得快。他即位后开始放纵暴戾，放肆施逞他的威势权术，因此全国百姓、朝廷和地方都怨愤他。于是，天下百姓一齐发动起来，京城就守不住了，王莽的躯体也被分裂了。自从有文字记载，乱臣贼子这类没有道义的人，查考他们所造成的灾祸和所遭到的失败，都没有像王莽这样厉害的。

后汉书

后汉书

中国社会科学院历史研究所中国史研究动态编辑部编审
刘洪波

《后汉书》是一部记载东汉历史的纪传体史书，全书上起东汉的汉光武帝建武元年（25），下至汉献帝建安二十五年（220），记载了其间195年的史事。《后汉书》是继《史记》《汉书》之后又一部私人撰写的重要史籍，作者为我国南朝刘宋时期的历史学家范晔，他先著成《纪》10卷和《列传》80卷，后人把晋朝司马彪《续汉书》8《志》30卷与之合刊，成为我们今天所见到的《后汉书》。

范晔（398～445），字蔚宗，南朝宋顺阳（今河南淅川东）人。宋文帝元嘉九年（432），范晔因为"左迁宣城太守，不得志，乃删众家《后汉书》为一家之作"，开始撰写《后汉书》。至元嘉二十二年（445）以谋反罪被杀止，写成了十《纪》，八十《列传》。

司马彪，字绍统，晋高阳王司马睦的长子。司马彪鉴于汉氏中兴，忠臣义士昭著，而时无良史，记述繁杂，遂"讨论众书，缀其所闻，起于世祖，终于孝献，编年二百，录世二十，通综上下，旁贯庶事，为《纪》《志》《传》凡八十篇，号曰《续汉书》"。范晔的《后汉书》出，司马彪的《续汉书》渐被淘汰，唯有八《志》因为补入范书而保留下来。司马彪的八《志》中，《百官志》和《舆服志》是新创，但没有《食货志》却是一大缺欠。

光武帝纪

西汉末年，王莽乱政，天下群雄风起云涌，并不起眼的刘秀也揭竿而起，历经艰辛，终成就了汉室复兴的大业，使汉王朝绵延了四百年之久。这在有史记载的封建社会中算是最长的，后来的大唐盛世也不过在三百年左右徘徊。

【光武帝起义】

汉光武帝刘秀，字文叔，南阳蔡阳（今湖北枣阳西南）人，是高祖刘邦的第九代孙，出身于景帝族系。

刘秀九岁丧父，被叔父刘良收养。他为人勤奋好学，热衷经营农业。但是，他的长兄刘縯却喜好侠义，收养门客，豢养打手，还讥笑刘秀，将他比作高祖刘邦的兄长刘仲。

天凤年间，刘秀赴京求学，师从中大夫，学习《尚书》。此前，他曾倾心于新野美女阴丽华。后来，他在京师求学期间，见到执金吾（秦汉时率禁兵保卫京城和宫城的官员）的威武排场，便发出感叹："做官要做执金吾，娶妻要娶阴丽华！"

王莽当政末年，天下处于乱世，各地农民纷纷揭竿起义，反抗王莽暴政。地皇三年（22），刘家宾客抢掠百姓财物，刘秀受到牵连，逃亡到姐夫家避难。当时，新野大商人李通等人有意联络南阳宗室刘縯兄弟共同起兵，便派人将刘秀迎接到新野，劝说他起义。

同年十月，刘秀、李通等人在宛县起兵。此时，刘縯也起兵，但是刘氏子弟们纷纷躲避刘縯，认为刘縯是在做危害家族的事情。后来，他们看到刘秀穿着武官的衣服加入了起义，便放心地说："连刘秀这样忠厚的人也参加了起义！"这才安定下来。

刘秀率军在湖阳打了胜仗。当时，由于财物分配不均，军中不少人有异议，想要策动反攻刘氏子弟。刘秀听到这个消息，立即没收了刘氏家族的所得财物，再平均分配给各位士兵，这才平息了一场战前内讧。

不久，刘秀率领士兵们一举攻陷棘阳（今河南南阳），随后在小长安征收士兵，挫败前队大夫甄阜。接着，刘秀在沘水西岸再次大破甄阜、梁丘赐，并将二人斩首。适时，刘縯在淯阳击败王莽的纳言将军严尤、秩宗将军陈茂，进围宛城。至此，刘氏家族的起义一路势如破竹，所到之处皆能大败王莽的主力。

【昆阳大战】

更始元年（23）二月，平林诸将领拥立刘玄为帝，即更始帝。更始帝拜刘縯为大司徒，刘秀为太常偏将军。

三月，刘秀攻下颍川、定陵、郾城等诸县。王莽得知各大郡县均已被攻陷且刘玄称帝的消息后，十分恐慌。他派遣大司徒王寻、大司空王邑率领百万大军与刘縯诸军决一死战。

五月，王寻、王邑的军队抵达颍川，与严尤、陈茂的军队会合。王莽军队的声势顿时壮大了起来，还带来了老虎、豹子、大象等大型动物助阵。

这时，刘秀手下的士兵们开始害怕起来。他们都顾及家室，纷纷想弃城逃跑。刘秀便对众人说："虽然我们粮食匮乏，外寇强大，但是只要我们合力攻击，还是有一线生机的。如果大家像一盘散沙，只顾逃跑，那么就只有死路一条。难道大家只想保全妻儿财产，不想建功立业吗？"诸将领听后非常愤怒，说："刘将军怎么能这样说话？"刘秀含笑离开，缄口不言。

不久，王莽十万大军逼近，众将领束手无策，只好再度请出刘秀商议。刘秀让王凤、王常等将领留守，自己率宗佻、李轶等人冲出重围，寻求援兵。到达定陵后，刘秀成功地游说了各个将领随自己前往昆阳。

六月，刘秀与援兵赶回昆阳。刘秀亲自率领千余步骑在距离王莽四五里的地方摆开阵仗，斩获部分敌军。刘秀的英勇让其他将领啧啧称奇。

刘秀等人连战连捷，步步逼近敌营。这时，他派人给城中送信，谎称刘縯的救兵已经赶到，又故意将书信掉落，好让王寻、王邑等人捡到信件。王寻等人果然中计，捡到信件后十分焦虑。这时，刘秀再次率领三千敢死队，一举击败王寻、王邑的大军。战斗中，王寻被杀死，

🔴 **光武帝刘秀**

光武帝于汉室风雨飘摇之时一统天下，重新恢复汉室政权，为汉朝中兴之主。

城中的守军也适时擂响战鼓，内外夹攻，王莽的军队顿时溃不成军，互相践踏，尸横遍野。当时，天公作美，雷声大作，狂风暴雨，王莽军中的狮子、豹子、大象等动物都吓得发抖，失去了雄威。士卒们夺路而逃，其中践踏而死、溺水而亡的多达数万人。刘秀将王寻军队的粮食和车甲全部缴获。

▶【擒杀王郎】

昆阳战役的胜利，成功地摧毁了王莽军队的主力。然而，这时更始集团内部也发生了严重的矛盾冲突。更始帝在李轶、朱鲔的教唆下，杀死了声威非常高的刘縯，刘秀也受到了猜忌。

刘秀得知刘縯的死讯，立即赶往宛城，当面向更始众人谢罪，只字不提自己的显赫战功。他不替刘縯服丧，也只字不提自己在昆阳战役中的功劳。对于前来吊唁刘縯的同僚，也不敢贸然深谈，只是一再检讨自己的过失。为了取得众人的信任，他在刘縯治丧期间，还娶了阴丽华为妻。刘秀的举止让更始帝感到惭愧，于是任命他为征虏大将军，封武信侯。

刘秀表面上与常人没什么两样，事实上，每逢夜深人静独处一室的时候，他总是拒绝吃肉喝酒，枕席上常常留下泪痕。他在众人面前掩饰真实的情绪，为的是避免杀身之祸。

更始元年（23）九月，王莽被杀。更始帝定都洛阳，刘秀以大将军的身份处理大司马的事务，北渡黄河，挺进河北。他每到一处，都进行深入的考察。他废除了王莽时期的苛刻条例，恢复汉朝的官吏名称，重新审理案件，从宽发落囚犯。刘秀的种种举措获得了当地百姓和官员的爱戴，人们都争相为他送来酒肉。

同年十二月，王郎称帝，河北郡县纷纷倒戈相向。王郎以十万户悬赏擒拿刘秀。刘秀不得已，匆匆南下。他和士兵们沿途不敢入城休息，一路风餐露宿，赶到信都（今河北翼县）。

到达信都后，刘秀为了争取冀州的支持，还娶了郭氏之女圣通（其母为西汉真定王之女）为妻。适时，上谷太守耿况、渔阳太守彭宠也派景丹、吴汉等人率领骑兵增援刘秀。

更始二年（24）五月，刘秀攻陷邯郸，杀死王郎。其间，刘秀缴获了王郎的文书，发现其中有自己的士兵偷偷与王郎联络的信件，当中辱骂刘秀的信件就多达上千封。刘秀没有翻阅这些信件，反而当着众将领的面将信件全部烧毁。刘秀告诉大家："我之所以这样做，是希望能让大家安心。"刘秀此举也为他在军中树立了威望。

▶【登坛即位】

刘秀擒杀王郎后，更始帝担心刘秀称雄河北，便派人封刘秀为萧王，令其返回长安。刘秀以河北未平定为借口，拒绝西归。至此，刘秀与更始政权开始分裂。

为了能更好地在河北立足，刘秀

前后大破巨鹿、魏郡，因刘秀收编了许多铜马义军，所以关西称他为"铜马帝"。

适时，赤眉军进军关中，直逼长安。刘秀派心腹大将邓禹尾随赤眉军，伺机攻取关中。另外，刘秀经过数月的苦战，也终于平定了河北。

建武元年（25）六月，刘秀在鄗城称帝，建元建武，并设置百官。同年十月，刘秀定都洛阳（今河南洛阳东），建立东汉王朝。

建武三年（27），光武帝率大军亲征关中，赤眉军十万余众被迫投降。此后，光武帝又治理削平各地割据势力，于建武十二年（36）统一了全国。

光武帝即位后，首先致力于分封功臣，受封者有两百多人。建武十三年（37），功臣增邑受封多达三百多人。邓禹、吴汉等人封邑达到四县，超过西汉初年对功臣封侯的奖赏。表面上，光武帝是赐给功臣封地，实际上是在剥夺他们的权力。在第二次赐封中，光武帝就免去一些功臣的将军头衔，剥夺了他们的兵权。随后，光武帝又迅速提拔一批文臣以取代武臣，从而有效控制了各级政府，强化了中央的统治。此外，光武帝还下令全国统一后，不得从事各种军事活动，让百姓休养生息。

建武中元元年（56）二月，光武帝率领文武百官在泰山举行了声势浩大的封禅大典。

建武中元二年二月，光武帝在南宫前殿去世，终年六十二岁。去世前，光武帝遗诏说自己无益于百姓，丧葬仪制务必从简。

光武帝在位三十三年，是一位十分勤政的皇帝。他每日清晨即起，早早上朝处理政事，日斜方才罢朝。经常与大臣讨论国事，至夜阑更深方才休息。太子见父亲勤政不怠，十分辛劳，于是劝谏道："陛下有大禹、成汤之明，却失黄老养生之福。期望您能颐养精神，优游自宁。"刘秀听罢，笑答："我乐在其中，不以为疲倦。"

论赞

论曰：光武帝出生的时候有红光照射在室内。他的父亲感到很惊奇，就请人来占卜吉凶。占卜的人避开左右，声称此为吉祥之兆。这一年，济阳县边界处长出祥瑞的禾苗，一根茎上生出了九颗穗，因此光武帝的父亲才给光武帝起名为刘秀。等到光武帝起兵返回春陵，远远望见屋舍南边火光明亮，一直连接到天上。起初，道士西门君惠、李守等人也说刘秀将要做天子。莫非王者受天命，确实有符瑞吗？不然的话，为什么光武帝能乘时势而成为皇帝呢？

赞曰：汉朝中落，王莽篡位改国制。九州动荡纷乱，日月星辰呈现昏沉。光武帝顺应天命起义，王寻、王邑等人率众跟随。英豪们威武齐振，王莽怎么能不灭亡？三河之地还没有归顺，光武帝等人就替天行事讨伐无道。众人操谋略，雄断决胜千里外，就这样，汉室复兴了。

刘盆子列传

刘 盆子，景王刘章的后代，是中国历史上第一个经由抽签当上皇帝的人。他以放牛娃的身份随赤眉军四处征战，通过抽签得以上位，多次推辞不果，最后随赤眉军投降光武帝，受到光武帝的礼遇，得以安享晚年。

【放牛娃当皇帝】

刘盆子，泰山式县（今山东宁阳）人，城阳景王刘章的后代。他的祖父刘宪在汉元帝时被封为式侯，其父刘萌继承了爵位，于王莽篡位时被废除。

后来，赤眉军路过式县时，掠走了刘盆子和他的两个哥哥刘恭、刘茂，并把他们安置在军队中。刘恭自幼学习《尚书》，通晓其中大义，被更始帝封为式侯，后提升为侍中，跟随更始帝定居在长安。刘盆子和刘茂则留在赤眉军中，任右校卒史刘侠卿的属下，主管放牧牛群，称作牛吏。

赤眉军中常有齐地的巫师击鼓跳舞祭祀城阳景王，以求义军得到庇佑。某日，巫师借景王之名诳言："景王很生气，应该做天子的怎么成了盗贼？"当时军中有不少人讥笑巫师，都立即病倒，这在军中引起了恐慌。适时，方阳怨恨更始帝杀死了他的哥哥，便极力游说樊崇等人立汉宗室之后，起兵讨伐更始帝。樊崇等人也认为有道理，便说："连鬼神都这样说，所以我们要尊立宗室的后人为天子。"

樊崇找来军中景王的后代共七十余人，其中只有刘盆子、刘茂和刘孝是景王最近的宗亲。樊崇等人在郑地北面起坛，将一块写有"上将军"字样的木板置入三个空筒子中的一个，然后命刘盆子等三人根据年龄大小先后选取竹筒。刘盆子年龄最小，却在最后摸到写有"上将军"字样的竹筒。顿时，众人俯首称臣，向刘盆子叩拜。当时刘盆子只有十五岁，披散着头发光着脚丫，汗流满面。他见众人下拜，惊恐得要大哭。就这样，一个毫不起眼的少年被立为皇帝，年号建世。

【乞怜让位】

刘盆子即位后，和将领们居住在长乐宫。当时各路将领常常聚集在一起争论功劳大小，甚至拔剑相向。三辅郡县和军营长官派使者来献礼，士兵们抢完就一哄而散，有时甚至为抢夺酒席上的食物互相砍杀。刘盆子因此惶恐不已，日夜哭泣。

刘恭见赤眉军内部混乱，认为他们必将战败。他担心刘盆子遭受灾祸，便暗地里让刘盆子归还玉玺，并教他练习辞让帝位的话。

建武二年（26）正月，樊崇等人举行盛大朝会。刘恭首先说："诸位拥立我的弟弟为皇帝，恩德实在深厚。立为天子将近一年，混乱一天比一天严重，我实在没有能力辅佐他成就大业。我愿引退做平民，改立贤能聪明的人。"刘恭一再坚持请求，还是遭

灰陶说唱俑·东汉

俑高55厘米，四川郫县出土。这件俑赤裸上身，下穿长裤，肚皮凸露于裤腰之上，赤着双足，布满皱纹的面孔充满笑意，还半吐舌头做出滑稽的表情，一臂挟鼓，另一手持桴随意敲击。它真实地刻画出豪族地主为了享乐，驱使身体有缺陷的侏儒故作滑稽姿态供人笑乐的情景。

到众人的拒绝。于是刘盆子从坐床上下来解下玺绶，边叩头边说："如今虽然立了天子，但是盗贼如同过去一样猖獗。这样的事情流传到四方，不再有人信任向往朝廷。这都是立了不应该立的皇帝所造成的，希望能让我活命，让圣贤就任皇帝之位。如果一定要杀死我刘盆子才能补过的话，我不会逃避死亡。"刘盆子边说边涕泣嘘唏，众人没有不为此哀伤的。樊崇等人上前叩头说："臣等无规矩，有负陛下。今日以后，不敢再放纵。"他们一起抱住刘盆子，替他戴上玺绶，然后各自关闭营房约束军队。军队恢复了短暂的平静，百姓们争相返回长安，人人都称赞天子聪明。

后来，赤眉军内部又发生混乱，连连战败，最终带着刘盆子向光武帝投降。光武帝见到刘盆子便问他："你自知是否该死？"刘盆子回答说："我罪应处死，还希求陛下可怜，赦免我的死罪。"光武帝听后笑着说："你小子很狡黠，看来刘氏没有愚笨之人。"光武帝怜惜刘盆子是刘氏宗亲，信守承诺没有杀害他，并加以厚待，让他能收当地的赋税过日子。

论赞

赞曰：赤眉恃乱起兵，刘盆子摸取札符，登上帝位。他即使窃居了皇帝之位，投降后尚能收取均输赋税度过余生，实在是幸运！

隗嚣列传

隗嚣以知书通经而闻名，具有很高的威望，被推举为上将军，参加起义，开始建立陇右政权，雄霸一方。他曾假意联合光武帝，结果独据一方的野心暴露，最终招致了恶果。

【扶摇直上】

隗嚣，字季孟，天水成纪（今甘肃秦安）人。

隗嚣年轻时在州郡做官吏。后来，王莽的国师刘歆召他为自己的属官。刘歆死后，隗嚣才返回乡里。

隗嚣有个叔父名叫隗崔，平日性情豪爽，能博得众人的拥护。隗崔听说刘玄已被绿林军拥立为天子（即更始帝），而王莽的军队连连失败，于是与哥哥隗义谋划起兵响应更始帝。隗嚣却制止他说："战争是凶事，宗族有什么罪要遭遇此劫！"隗崔不听隗嚣的劝阻，仍旧聚众数千人，攻打平襄（今甘肃通渭西北），杀死了王莽的镇戎大尹。

不久，隗崔和杨广等人认为起兵应该拥立主位者，这样就能使众人一心。经过讨论后，众人都认为隗嚣一向有声望，又喜好经书，能担此大任，于是众人共同推举隗嚣为上将军。隗嚣辞让不过，便说："承蒙诸位父老众贤不弃，如果能遵照我的意见行事，我才敢从命。"众人纷纷表示同意。

隗嚣任上将军后，派人请来平陵人方望为军师。方望对隗嚣说："足下想继承天命顺应民意，辅汉而起。如今王莽占据汉都城长安，您虽想借汉室之名，但其实无所受命，这样又如何取信于人？当今之计，应该赶紧建高祖庙，以汉室臣子的名义祭祠。"隗嚣接受了方望的建议，在城东立庙，祭祀高祖、文帝、武帝，自称汉臣，盟誓复兴汉室，改元汉复。

盟誓之后，隗嚣率兵攻杀雍州刺史陈庆，接着转攻安定。安定大尹王向是王莽的侄子，在安定有很高的威望。隗嚣多次写信给他，陈述当前的局势，劝他投降，但王向始终不肯。于是隗嚣发兵攻打安定，并擒住了王向，平定了整个安定。当时，长安城中也有人起兵诛杀王莽。隗嚣于是分别派遣将领征讨陇西、武都、金城、武威、张掖、酒泉、敦煌，均大获全胜。

更始二年（24），更始帝派遣使者召隗崔、隗嚣、隗义等人进京。隗嚣临行前，军师方望出言阻止他，认为更始帝此举用意不明，希望他不要贸然前往。但隗嚣执意要前往，方望便留书辞去军师职位，返回乡里。

隗嚣等人到了长安后，更始帝封隗嚣为右将军，隗崔、隗义官职不变。同年冬天，隗崔、隗义策动反叛，隗嚣为保全自己，向更始帝告密。隗崔、隗义被处死，隗嚣受封为御史大夫。

【联合光武帝】

更始三年 (25)，赤眉军攻入关中，更始政权受到威胁。当时传闻光武帝在河北称帝，隗嚣向更始帝建议把部分政权交给光武帝的叔父刘良，借此来拉拢光武帝，以共同对付赤眉军。但更始帝没有听从隗嚣的建议。这时，更始帝的部下企图劫持更始帝东归投降，隗嚣也参与其中，不料此事很快就暴露了。更始帝传召隗嚣，隗嚣称病不往，并与亲信王遵、周宗等人领兵自卫，于黄昏时分突出重围，率数十骑趁夜冲出城门关，逃回了天水。

回到天水后，隗嚣重新召集旧部，占据原有的地盘，自封为西州上将军，成为陇右一支强大的割据势力。

更始政权被颠覆后，很多士大夫都跑来投靠隗嚣。隗嚣也礼遇士大夫们，每逢有什么要事，也与他们共同商议。很多相继归附隗嚣的士大夫都得到了高官厚禄，新的政权体制逐渐建立起来。隗嚣也逐渐名震西州，声名遍及崤山以东地区。

东汉建武二年 (26)，光武帝派大司马邓禹攻击赤眉军。途中，其部下反叛，领兵进入天水。隗嚣协助邓禹剿灭反叛的部下，被封为西州大将军，管理凉州、朔方的事务。

后来，赤眉军兵败长安，向西挺进陇右。隗嚣派将军杨广迎击，于安定一带大败赤眉军，迫使赤眉军放弃

◑ 赤眉军无盐大捷

地皇三年 (22)，赤眉军在汶水之阳、无盐城（今山东汶上北）周围大败王莽新朝军队，收复无盐城，史称无盐大捷。赤眉军是当时势力较大的起义军之一，因将士们都把眉毛染成红色，所以才得"赤眉"之名。

西进计划，巩固了陇西政权的完整。

建武三年（27），隗嚣接受部下的建议，写信给光武帝，表达联合的意愿。适时光武帝忙于其他地区的统一战争，无暇兼顾收复陇右政权，便给予隗嚣很高的礼遇，极力笼络他。光武帝还在信里直呼他的名字，显示对他的器重，并用对等国家的礼仪中非常高的规格对待隗嚣，意为安抚。

这时，陈仓人吕鲔拥兵数万，与公孙述相勾结，侵犯三辅。隗嚣又派遣兵力辅助征西大将军冯异攻打他们。吕鲔败逃，隗嚣便派遣使者上书朝廷。光武帝亲手写回信给予肯定，说："我爱慕有道德信义的人，从心里想与您相交。承蒙您多次帮助，就像伯乐看一眼马就能增价十倍一样。假如公孙子阳到汉中、三辅一带，我希望凭借您的军队与他较量。假如您愿意按照我说的话去做，承蒙上天赐福，必定能按功劳取得封地。"

【政权剥离】

隗嚣联合光武帝后，光武帝想试探隗嚣的忠心，便将关中将帅上书请愿攻打蜀地的奏章给隗嚣，让他去讨伐蜀地。隗嚣接到奏章后，就派长史给光武帝上书，极力申说三辅兵力孤单势弱，刘文伯又在边境，在这种情形下发兵攻打蜀地非常不合宜。此时，光武帝终于明白隗嚣并不希望天下统一，只想两边观望，独据一方。

后来，光武帝知道隗嚣与来歙、马援交情甚好，便多次让来歙、马援

丸泥封关

成语丸泥封关源自《后汉书·隗嚣列传》中王元对隗嚣说的一句话："元请一丸泥为大王东封函谷关。"丸泥指一丁点泥，今人用"丸泥封关"比喻地势险要，只需少量兵力就可以把守住。

劝说隗嚣入朝为官，并许诺给他显贵的爵位。隗嚣不想东去，多次辞让，说自己没有功劳和德行，等待四方平定以后，就要退隐回归乡里。

建武五年（29），光武帝又派遣来歙劝说隗嚣送儿子入朝侍奉。隗嚣听说刘永、彭宠都已经被消灭，迫于无奈，只好让他的长子隗恂随来歙入朝。

隗嚣表面上畏惧光武帝，归附光武帝，实际上他常常对身边的心腹说："如今天下的归属还不知道，现在不想一心一意为汉室做事。"这时，王元就劝说隗嚣："过去更始帝定都长安之时，四方响应，天下人景仰归顺。但是一旦失败，大王几乎没有安身之处。现在天下各地称王称公的有十几个，假如听信儒生马援的游说，放弃

侯王的基业，寄身于面临危机的国家是重蹈覆辙。我请求用一枚丸泥似的兵力替大王到东边封锁函谷关，万世功业在此一举。如果不考虑这个计划，姑且招募兵士畜养战马，占据关隘自守。长时间坚持，即使不能实现帝业，也能称霸一方。"隗嚣赞同王元的计谋，虽然将儿子送入朝中做人质，仍然依仗险要的地势，想要独霸一方。不久，游士、长者和曾经归附他的部分士大夫也逐渐离开他。

后来，隗嚣派遣周游赴京师，途经冯异的军营，被仇人所杀。适时，光武帝派人携带珍宝前往陇右，半路也被贼人全部劫走。光武帝处心积虑想拉拢隗嚣，和他建立推心置腹的情谊，结果却一次次落空。事后，光武帝感慨地说："我和隗嚣的友好大概以后都不能和谐了。"至此，隗嚣和光武帝的政权分离初现端倪。

【陇右势力瓦解】

建武六年（30），公孙述侵犯南郡，光武帝命令隗嚣前往讨伐，隗嚣再次拒绝。光武帝认为隗嚣是政权统一的隐患，便下决心征讨陇右，派虎牙大将军盖延等人以征讨公孙述为名，率军西进。隗嚣得知后，派遣部将王元等人分居要地，阻挡汉军西进。盖延与隗嚣诸将交战，惨败而归。

同年十二月，隗嚣又派王元等人进攻三辅，结果被冯异所败。隗嚣只好上书谢罪，试图延缓汉军的攻势。光武帝要求隗嚣再送一个儿子来做人质，以显示其忠心。隗嚣拒绝，转向公孙述称臣，联合公孙述抗击光武帝。

建武七年，公孙述封隗嚣为朔宁王，派兵增援陇右。于是在这年秋天，隗嚣亲率步骑大军共计三万大举进攻安定郡（在今宁夏固原），想要解除对自己左翼的威胁。大军行进至阴槃，遭到了冯异大军的迎击，东进被阻。接着，隗嚣又进攻汧地的祭遵军，结果战平，于是引军而还。

经过两次挫败，隗嚣的政权开始分离，隗嚣只好携带妻儿投奔杨广。此时，光武帝劝降隗嚣。隗嚣不从，光武帝便处死了隗嚣的长子隗恂。

光武帝见隗嚣已经不能对东汉构成威胁，便派遣大司马吴汉、征南大将军岑彭包围西城，建威大将军耿弇与虎牙大将军盖延进逼上邽，自己则返回洛阳。一个月后，杨广死去。隗嚣无路可退。

建武九年（33），隗嚣病重，城中缺少粮食。他出城寻找粮食时，心情极度压抑，骤然死亡。不久，隗嚣的陇右势力便被光武帝瓦解了。

论赞

论曰：隗嚣孤立于一隅，夹在两个大国之间，以陇山为隘，区区陇西、天水两郡，对抗光武帝军队，致使朝廷想尽办法，花费大量赋税。他死后，兵众才瓦解。隗嚣处事也有值得怀念的地方，四方豪杰投奔他，士兵也为他效死奋战。

卷十七

冯异列传

冯异，东汉初期的战将，"云台二十八将"之一，为人谦逊，不好争功，人称"大树将军"。他戎马一生，骁勇善战，精通兵书，治军严明，关爱百姓，声威传千里，所到之处屡屡收获降兵。在为人上，他又非常谦退，从不居功自傲，与光武帝建立了深厚的君臣情谊。

【大树将军】

冯异，字公孙，颍川父城（今河南平顶山）人，喜好读书，精通《左传》与《孙子兵法》。

王莽末年，冯异以郡掾身份监管五个县，和父城县令苗萌一起守城，替王莽抵御汉军。光武帝转战颍川，攻父城不下，于是屯兵于巾车乡。

某日，冯异出城巡视下属各县，被汉军抓获。当时，冯异的堂兄冯孝以及同郡的丁綝、吕晏都是光武帝帐下的爱将。他们借机一起推荐冯异，冯异因而得到了光武帝的召见。冯异说："我冯异是普通人，投降了也无足轻重，但城中还有我的老母亲。我愿意回去劝降五县，来为您效力，报答您的恩德。"光武帝同意，并释放了冯异。

冯异回城后就对苗萌说："当今各地将领都是武士起事，多残暴蛮横，只有刘将军每到一处不抢劫。我观察他的言语行动，看得出他一定不是平庸的人，我们可以投靠他。"苗萌说："我们同生共死，我听从您的意见。"

于是，光武帝往南回到宛城，更始帝则派人攻打父城，前后共有十多批人马，冯异和苗萌都坚守城池不肯投降。后来，光武帝做了司隶校尉，路经父城，冯异等人马上大开城门，捧着酒肉迎接。光武帝委任冯异做主簿，苗萌做从事。冯异乘机推荐同乡铫期、叔寿、段建、左隆等人，光武帝都把他们任用为掾史，并让他们跟随自己到洛阳。

王郎起兵后，光武帝从蓟县东部向南急行军，早晚露宿野外。到达饶阳无蒌亭时，天气严寒，冯异体恤光武帝，亲自给他端上豆粥。次日，光武帝就对众将说："昨天吃了公孙的豆粥，饥饿寒冷都消失了。"大军行至南宫这个地方时，又遇上暴风雨，光武帝被淋得透湿，于是下车到路旁的一间空屋里避雨。冯异找来干柴为光武帝烘烤衣服，又弄来麦饭给他充饥。这两件事让光武帝异常感动，并终生不忘。

随后，光武帝渡过滹沱河，进至

信都，派冯异募集河间士兵。冯异出色地完成了征兵任务，并随光武帝攻破了王郎，被封为应侯。

冯异为人谦让不自夸，出行和众将相遇，都主动让路。军中的人都称他很有规矩。每次宿营，众将领都会一起坐下来评功劳，只有冯异常常一个人坐在树下，于是军中都称他为"大树将军"。

后来，光武帝攻破邯郸，开始改编部队分属各位将领。士兵们都说要跟随大树将军，光武帝也因此更加看重冯异。

冯异荒亭献粥·清末民初·马骀

【离间计】

不久，光武帝征战河北，更始帝派舞阴王李轶、廪丘王田立、大司马朱鲔、白虎公陈侨率军，号称三十万，和河南太守武勃一起守卫洛阳。又派遣冯异为孟津大将军，统率魏郡、河内的士兵，与朱鲔、李轶等人抗衡。

适时，冯异写信给李轶，劝说他归附光武帝。李轶和光武帝原先手足情深，共同起义，结成盟友。后来，更始帝即位，李轶参与谋害光武帝的哥哥刘縯，和光武帝的关系正式破裂。

李轶收到冯异的信后，很想投降，却又怕光武帝会杀害自己，于是回信给冯异说："我现在驻守洛阳，将军驻守孟津，都把守着天下的要地。机会千载难逢，我也想二人联合，来帮助国家安定百姓。"李轶回信给冯异后，便不再和他交兵。冯异趁机北上攻打天井关，攻取上党二城，夺下河南城皋以东十三县。冯异所到之处，降者合计十万余人。

这时，更始帝的部下武勃率领一万多人攻打各处反叛的人。冯异便带兵渡过黄河主动迎击，和武勃交战于士乡亭下，大败敌军，斩获武勃，杀敌五千多人。

冯异将自己和李轶通信的情况告知光武帝。光武帝就故意丢失李轶的信，让朱鲔捡到。朱鲔看到信后非常愤怒，于是派人刺杀了李轶。

不久，朱鲔派讨难将军苏茂率领几万人进攻温县，自己则统率几万人攻打平阴，以牵制冯异。冯异派校尉护军带兵，和寇恂合兵攻击苏茂，成功地打败苏茂。接着，冯异又乘胜横渡黄河，进攻朱鲔。结果朱鲔惊慌，逃回洛阳。

【平定三辅】

建武二年（26），光武帝封冯异为阳夏侯，领兵攻打阳翟贼人严终、赵根。冯异大胜，受诏回乡祭祀祖先陵墓。其间，光武帝还派太中大夫为冯异送去牛和酒，命令两百里以内的太守、都尉以下的官员及冯氏宗族都必须前往祭祀，充分表现了对冯异的器重。

这时，赤眉军扰乱三辅，大司徒邓禹率兵西征，久而无功。光武帝便改派冯异前往平定。光武帝亲自送冯异到达河南，并赐给他御用的坐骑、七尺剑，告诫冯异只需安定地方，不能掠夺土地烧毁城池。于是，冯异所到之处，谨遵光武帝的告诫，深得民心。弘农一带的起兵者都纷纷向冯异投降。

此后，冯异与赤眉军在华阴相会，双方相持六十余日。数战下来，赤眉

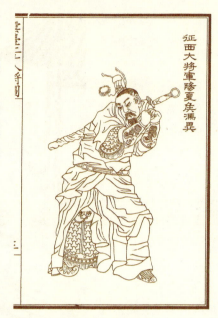

征西大将军阳夏侯冯异

冯异本为儒生，又通晓兵法，文才武略兼具，治理郡县时政绩卓著，领军作战常能料敌决胜，为东汉的建立立下了汗马功劳。

军将领刘始、王宣等五千人投降。

建武三年（27），冯异因战功显赫被封为征西大将军。适时，邓禹、邓弘在班师回朝的路上遇见冯异的军队。邓禹邀请冯异一起攻打赤眉军，冯异拒绝，说："我和赤眉军交战数次，屡屡能俘虏他的将领。我认为可以用恩信来逐步劝降他们。"邓弘不接受冯异的方案，坚持率领军队出击赤眉军，结果被敌军击溃。冯异和邓禹适时带兵前往营救，赤眉军才退却。不久，邓禹也想带兵出击赤眉军。冯异又出言阻止，他认为现下士兵饥饿疲惫，不应该出战。邓禹不听从冯异的建议，一心想要建功立业，执意再次出战，结果死伤三千余人。

邓禹逃回宜阳，冯异则留守原地，召集邓禹的残余部下。他集合汉军残部，征集关中数万人，与赤眉军约期而战。交战当天，冯异让部分士兵换上赤眉军的服装，埋伏在道路两旁。天亮之后，赤眉军出击应战，发现冯异只有少量兵力，便展开全面的攻击。

等到太阳西沉，赤眉军锐气大减，冯异便命令先前埋伏的士兵全部出击。此时，天色昏暗，赤眉军无法分辨与自己服装几乎一样的汉军，一时间大乱方寸。此战冯异大捷，共俘虏了赤眉军八万人。不久，赤眉军的十余万人也都向光武帝投降。

【君臣情谊】

赤眉军降汉后，关中地区还是十分混乱，不少乱寇占山称王，百姓叫苦连天，甚至出现人吃人的现象。冯异便停留在关中，边战边走，最后进驻上林苑。冯异在当地一方面打击乱寇势力，一方面安抚当地百姓。

不到两年，冯异就打败了以延岑、公孙述为主的两大恶势力，造福当地百姓，他还帮助百姓申理冤屈。前后三年，关中人口剧增，上林苑成了城邑。冯异担心久居关中会引起光武帝的猜疑，便上书请求回京。果然没过多久，就有人密告光武帝，说冯异在关中实行专制，斩长安令，深得民心，号称"咸阳王"。光武帝派人将此信送给冯异。冯异看到非常惶恐，赶紧上书谢罪。然而，光武帝却下诏安慰冯异说："将军与我名为君臣，情分却如父子，你有什么可以猜疑甚至畏惧的呢？"

建武六年（30），冯异来到都城朝见光武帝。光武帝召见冯异，并常常对身边的公卿说："这个人是我起兵时的主簿，他为我披荆斩棘，平定关中。"之后，又派中黄门（宦官）

赐给他许多珍宝、衣物、钱和帛，并下诏书说："仓卒无蒌亭豆粥，滹沱河麦饭，厚意久不报。"可见光武帝对当年共患难之时的事念念不忘。

此后，光武帝还多次设宴招待冯异，和他商讨伐蜀的方案。冯异羁留十余日后，光武帝才依依不舍地特许他携家眷西归。

同年夏天，冯异再次率兵出击隗嚣，大获全胜，隗嚣的部将全部降服。随后，冯异带兵进军义渠，任北地太守。不久，北地青山一带的少数民族武装部队万余人向冯异投降。冯异合并武装部队，又击破卢芳部将。此后，上郡、安定两郡都向冯异投降。

建武十年（34），冯异与诸将攻打落门（今甘肃武山），病死军中，谥号节侯。

论赞

论曰：重振汉朝大业的将帅很多，但是只有岑彭、冯异建立了平定一方的功勋。他们从函谷关以西、方城以南一路扫荡敌军，立下显赫功绩。尽管如此，冯异却不自夸功劳，岑彭则讲信义。大概也只有这样才足以感动三军并招降敌人，得以完成大业，保持对他们的奖赏直到最后吧。

赞曰：阳夏侯冯异带兵打仗之所以屡屡获胜，就在于他有谦和的品德。他威震敌军，屡次以奇谋破敌，是东汉的著名战将。

吴汉 盖延列传

吴 汉和盖延都是东汉初年的名将，他们年少立志，投奔明主，此后一心为国效力，戎马一生，以报答明君的知遇之恩，是不可多得的将相之才。吴汉为人机智、沉着，早年随当地太守归附光武帝，此后一心效忠光武帝，多次为他出征平定叛乱。盖延以力气著称，为人骁勇善战，早年功成封侯，晚年依旧戎马征战，彰显壮志。

【吴汉妙计归汉】

吴汉，字子颜，南阳宛县（今河南南阳）人。

吴汉年轻时家里非常穷困，在县里任亭长。王莽当政末年，吴汉因为宾客犯法，逃亡到渔阳，途中因缺少费用，不得不以贩马为业，往来于燕、蓟之间。每到一处，吴汉都结交当地的豪杰。

更始帝即位后，派使者韩鸿攻取河北。韩鸿赴河北招降，并选举郡县长官。这时，有人向韩鸿推举吴汉。韩鸿便召见他，任命他为安乐县令。

不久，王郎起兵，北方各地人士纷纷响应。这时，吴汉却认为光武帝德高望重，有豪情壮志，是值得依附的人。于是，吴汉劝太守彭宠说："渔阳、上谷的精锐骑兵是天下闻名的，您为什么不召集两郡精锐将士归附刘公攻打邯郸呢？这是立即就可以建立的功业啊！"彭宠认为吴汉说得有道理，但他部下的人却都想归附王郎。

彭宠一时间无法定夺。

于是吴汉告别众人出城，停留在城外亭子里，想出个主意哄骗众人归顺光武帝，却想不出什么好的点子。这时，吴汉看到路上有个书生模样的人，便叫住了他。吴汉给了他一些食物，并向他问起光武帝的情况。书生据实回答，说光武帝大军所经过的地方从不抢劫，各郡县都争先归顺他。说起王郎，则指他实际是盗用尊号，根本不是刘氏家族的后人。

吴汉听后非常高兴，立即伪造光武帝笔迹写下一封书信，派书生拿去见彭宠，并让他用自己听说的事劝说彭宠。吴汉也跟在书生后面进了城。

彭宠听到书生的讲述后，更加肯定光武帝的为人，于是派吴汉率兵和上谷众将领会师南行，攻杀王郎的将帅。吴汉率领军队最终在广阿追上光武帝，与光武帝的军队成功会师。光武帝便拜吴汉任偏将军。攻克邯郸后，光武帝又封吴汉为建策侯。

【清除叛党】

吴汉会师光武帝后，邓禹推举吴汉去征调幽州的部队。光武帝于是任吴汉为大将军，让他拿着符节北上征调十郡的精锐骑兵。

当时，更始帝的幽州太守苗曾闻讯后，命令各郡不许听从吴汉征调。吴汉四处征调不到兵马，心中料想可能是苗曾从中阻挠。为了麻痹苗曾，吴汉特地带二十名骑兵前往苗曾所在的城邑。当时苗曾毫无戒备，出城迎接吴汉。吴汉立即指挥骑兵抓住苗曾，将他处死，并夺了他的军队。至此，吴汉威震诸州，各城池的将领争相归顺他。吴汉成功征兵归来，光武帝看着花名册，疑惑地说："不是说各州都不愿意借兵给他吗？怎么现在有那么多？"语毕，在场曾经受到苗曾唆使的将领都觉得很惭愧。

征兵结束后，光武帝率兵北伐铜马军。当时，吴汉常常带领五千突骑作为前锋，率先登城陷阵，立下显赫战功。河北平定之后，吴汉和诸将一起拥立光武帝即位。光武帝称帝后，封吴汉为大司马，居三公之首，改封为舞阳侯。

建武二年（26）春天，吴汉率大司空王梁、建义大将军朱祐等人在邺东漳水大破檀乡农民军，收降十余万人。光武帝派使者封吴汉为广平侯，享有广平、斥漳、曲周、广年四县的食邑。接着，吴汉又率众进击黎伯卿所部，在河内修武（今河南获嘉）大破敌军。为了表彰吴汉的军功，光武帝亲临军中慰劳他。此后，吴汉又进军南阳，相继攻克宛、涅阳、郦、穰、新野等城邑。随后，吴汉还和偏将军冯异先后攻破铜马、五幡农民军，为东汉王朝清除叛乱余党。

【出击刘永】

建武三年（27）春天，吴汉率建威大将军耿弇、虎牙大将军盖延在轵西进攻青犊军，青犊军兵败归降。不久，吴汉又率骠骑大将军杜

白话精编二十四史

第二卷

● 吴汉

成语"差强人意"出自《后汉书·吴汉列传》中光武帝刘秀评价吴汉的一句话："吴公差强人意，隐若一敌国矣。"原意是说吴汉能振奋人的意志，今意变化很大，指大体上能让人满意。

茂、强弩将军陈俊等人在广乐（今河南虞城）包围了苏茂。苏茂原为绿林军将领，随朱鲔投降光武帝，后杀死淮阳太守潘蹇，投降刘永的大司马。适时，刘永部将周建率十万人马增援广乐。吴汉率领骑兵迎战，交战中不慎坠马，摔伤膝盖，收兵回营。周建也顺利进入广乐，与苏茂连兵。

吴汉负伤卧床不起，诸将领们见此情形，都对战事失去了信心。吴汉发现后，立刻裹住伤口起床，强打精神巡视营垒，杀牛酤酒，犒劳士兵。他对军士们说："贼寇虽然多，但都是强盗之辈。他们胜利时互不相让，失败了也是互不相救，不是仗义之辈。现在就让我们打倒这批贼人，建功立业吧！"

吴汉的豪情壮志很快就感染了士兵们。次日，全军士气倍增。这时，苏茂、周建也出兵包围吴汉。吴汉挑选四部精兵和乌桓突骑三千多人，擂鼓呐喊，同时进击。结果，周建大败，逃入广汉城。吴汉纵兵追击，命部下与周建的败兵争门并入，占领广乐城。苏茂、周建只好再次弃城逃跑。

吴汉留下杜茂、陈俊驻守广乐，自己则率兵到睢阳帮助盖延包围刘永。双方相持百余日，刘永粮尽突围，被盖延斩杀，睢阳至此归降。

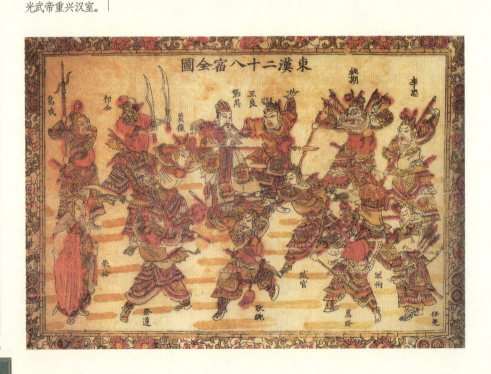

【征战公孙述】

建武十二年（36）春，吴汉和公孙述帐下将领魏党、公孙永战于鱼涪津（在今四川乐山），大败敌军，包围武阳。公孙述派女婿史兴率领五千人援救武阳。吴汉迎头攻打史兴，将其全歼后，乘胜进入犍为郡（郡治在今四川宜宾）。犍为郡各县坚守城池，吴汉于是进军攻打广都并得胜，又派轻骑烧成都市桥，武阳以东的各小城全部投降。

当时，光武帝告诫吴汉，成都有十多万驻军，不能轻敌，希望吴汉坚守广都，等耗尽敌人的精力再攻打他们。结果吴汉不听光武帝的劝告，率领步兵骑兵二万多人乘胜进军直逼成都，离城十多里，停在江北扎营，又造浮桥，派副将武威将军刘尚率领一万多人屯扎在江南，两军相距二十多里。

光武帝听说后大惊，派人送诏书责备吴汉。结果，诏书还没送达，公孙述就派他的将领谢丰、袁吉率十多万人马，分为二十多个营，一起出兵攻打吴汉，并派别将率领一万多人攻打刘尚，让他们不能互相救援。

吴汉与敌人大战一天，结果兵败。谢丰乘机包围了吴汉。吴汉召集各位将领并鼓励他们说："我和各位跨越险阻，转战千里，每到一处都斩杀俘获敌军，深入敌人领地，到达他们的城下。现在我们和刘尚两处被包围，看形势已经接应不上，只有秘密出兵到江南靠拢刘尚，合兵抵御敌人才能有生路。"说完，吴汉大宴士兵，喂

饱马匹，关闭营门三天不出。他在营中树起许多旗帜，使烟火不减，给人以大军未动的错觉。而他自己却悄悄领着小部分兵力趁着天黑出营，和刘尚的军队会合。

次日，吴汉和刘尚的联军陈兵江北，大败敌军，杀谢丰、袁吉，斩杀兵士五千多人。战事结束后，吴汉把情况写成奏折递上去，向光武帝深刻检讨自己的过失。光武帝很快回复，并称赞吴汉的做法很恰当。

不久，吴汉和公孙述多次交战，均大获全胜，成功瓦解了公孙述雄霸一方的势力。

【临终遗愿】

纵观吴汉的一生，他战功显赫全赖于为人努力。吴汉每次跟随光武帝征战，光武帝没有安定下来时，他常常担心害怕不敢休息，一直守卫在光武帝身边。各位将领见战阵不利，大多心生惶恐，失去了平常的样子，然而吴汉却镇定自若，还常常激励士兵。

吴汉征战在外时，光武帝时常派人观察他在做什么。结果回来报告的人，每次不是说吴汉在整理打仗的兵器，就是在激励士兵。光武帝感慨地说："吴公能够振奋人的意志，稳重得像一个国家栋梁！"

吴汉用兵神速，每次出师时，他早晨接到诏令，晚上就能领兵上路，因此光武帝常常委派给他重要的军事任务。

吴汉多次出外征战，他的妻子

在他走之后购置田产。吴汉回来后，就责怪她说："部队在外，军费不足，你怎么能多买田地房屋？"说完，就把买来的田产全部分给兄弟和舅舅家。

等到天下统一，吴汉入职朝廷，他也不居功自傲，反而更加拘谨诚朴。光武帝也因此更加器重他。

建武二十年（44），吴汉病危。光武帝亲自探望，问他有什么要说的。吴汉回答说："臣愚笨，什么也不懂，只希望陛下千万不要大赦天下罢了。"吴汉去世后，光武帝下诏书悼念他，赐谥号忠侯，并派北军五校、轻车、甲士送葬，遵照葬大将军霍光的旧例。

【盖延立功睢阳】

盖延，字巨卿，渔阳要阳人，身高八尺，能拉开三百斤的弓，以勇气闻名。

盖延曾任郡列掾、州从事，彭宠做太守时，暂任营尉，代理护军。王郎起兵时，盖延和吴汉就共同商议归顺光武帝。

于是，盖延到广阿与王郎交战，大胜，拜偏将军，号建功侯。随后，盖延又随光武帝平定河北。光武帝即位时，封盖延为虎牙将军。

建武二年（26），光武帝改封盖延为安平侯，并派遣其南下攻打敖仓，转攻酸枣、封丘等地，结果盖延全部攻克。

同年夏天，盖延督率诸将领南下征伐刘永，先攻克襄邑，进军攻取麻乡，最后把刘永包围在睢阳。几个月后，盖延军队收割了田野中的麦子，在夜间用云梯架在城上攻入城中。刘永慌乱中领兵逃出东门，盖延追击，大败刘永。

刘永丢下部队逃到谯县，盖延进军攻克薛县，杀死鲁郡太守，彭城、扶阳、杼秋、萧县全都投降。刘永的部将苏茂、佼彊、周建等三万多人援救刘永，一起攻打盖延。盖延和他们在沛县西部交战，大败敌军。此时，刘永军队散乱，逃走淹死的人有一大半。刘永只好丢下城池跑到湖陵。

盖延平定沛郡、楚国、临淮后，便修筑高祖庙，设置啬夫、祝宰、乐工等职务。

建武三年（27），睢阳迎接刘永，再次反叛。盖延又率各位将领包围城池一百天，收割城外的谷物。刘永缺粮，只好突围逃走。盖延追击，

🔴 **东汉虎牙大将军安平侯盖延**

光武帝刘秀能中兴汉室，与他身边有一大批能臣虎将是分不开的，而云台二十八将则是其中功绩最显赫的一批大臣。

缴获全部军队物品。刘永也被自己的部将杀死，刘永的弟弟刘防率城投降。

【兰陵解围失败】

建武四年（28）春，盖延在蕲县攻打周建、苏茂，又进军和董宪在留县城下交战，并取得全胜。接着，盖延率领平狄将军庞萌攻打西防，攻克后又乘胜追击，于彭城打败周建、苏茂。周建、苏茂逃奔董宪。适时，董宪部将贲休率兰陵城投降，董宪听说后便从郯县进军包围贲休。

同一时间，盖延在楚地，打算前往救贲休。光武帝却命令盖延直接前往攻打郯县以解兰陵之围。

盖延没有服从光武帝的命令，认为贲休城池危急，于是先奔赴兰陵。董宪迎战并假装战败，盖延等人追击，并突破包围进入兰陵城。

第二天，董宪大举出兵包围兰陵，盖延等人恐慌，急忙出城突围，转而进攻郯县。光武帝便责怪盖延说："先前要你先攻郯县，是因为他们预料不到的缘故。现在你们已经逃走了，贼兵的计谋已经成功，包围难道还能解除吗？"盖延赶到郯县，果然不能解围。董宪终于攻克兰陵，杀死贲休。

不久，庞萌反叛，攻杀楚郡太守，领兵袭击盖延。盖延兵败，北上渡过泗水（位于今山东中南部），凿破船只，毁坏桥梁，才得以逃脱。后来，光武帝亲自率军东来，召盖延和大司马吴汉等人会师于任城，在桃乡讨伐庞萌，又合军到昌虑征伐董宪，将敌军一一讨平。

建武九年（33），隗嚣去世，盖延西上攻打街泉、略阳、清水各处屯兵，全部平定。

建武十一年（35），盖延和中郎将来歙攻河池，没有攻下，因病返回，拜任为左冯翊。建武十三年（37），光武帝增加盖延的封地，赐食邑万户。建武十五年（39），盖延去世，结束了戎马的一生。

论赞

论曰：吴汉从建武时常处在上公的位置，始终被光武帝依赖和亲信，想来是由于他诚实而努力。孔子说："刚毅木讷近于仁"，大概指的就是吴汉这样的人吧！从前陈平因为才智有余而被怀疑，周勃资质朴实忠诚而被信任。如果仁义之心不足以让人信赖，那么聪明的人因为聪明有余被怀疑，而朴实的人因为聪明不足而受人信任。

重建汉朝是艰难的事业，所幸的是敌人没有秦朝和项羽那样强大。如果只是凭借百姓想依附汉室的心情，即使怀藏玉玺，身穿官服，占据州县，建立奇异的名号，千百成群，也还是不足以和秦朝或项羽比较功业的。

赞曰：吴汉英勇，犹如腾龙。虎牙大将军盖延立功于睢阳，骁勇善战。

耿弇列传

弇，东汉开国名将，云台二十八将之一。他年少时好学，尤其喜好兵法，更始年间投奔光武帝，后为光武帝刘秀建立东汉王朝立下汗马功劳。他擅长谋略，用兵灵活，智慧果断。为官期间，他知进退，不以功劳自居，时时自省，一生都受到光武帝的器重和信任。

▶【归附明主】

耿弇，字伯昭，扶风县茂陵（今陕西兴平）人，其父耿况以明经射策取士而任郎官，后升为朔调（上谷）连率（太守）。耿弇年轻时就爱好学习，常常钻研父亲的经学。后来，他随父亲迁居到边郡，经常看到郡尉考试骑士，讲习骑马射箭的事情，才逐渐喜欢上兵法。

王莽失败后，更始帝登位，其部下攻城略地，滥用权力，所到之处随意更换太守、县令。当时，耿况是王莽任命的太守，为此深感忧虑。年仅二十一岁的耿弇就想拿着奏章到更始帝跟前进献财物，以稳固自己父亲的地位。

在半路上，耿弇听说王郎谎称是汉成帝的儿子，起兵邯郸。这时，耿弇的属从官孙仓、卫包就提议说：“刘子舆是成帝的嫡系，放着他不依附，我们跑到那么远的地方干吗？”耿弇却扶着剑，摇摇头说：“子舆是残贼，最终要做俘虏的。我到长安，向陛下

陈述渔阳、上谷兵马的用途，回来经过太原、代郡，往返几十天。到时候，回去发派精锐骑兵用车轮轧这些乌合之众，就如同摧枯拉朽一般。”孙仓、卫包不听，逃走依附于王郎。

不久，耿弇就在路上听说了光武帝的事迹，知道光武帝在卢奴，于是驱马北上，请求相见。光武帝将他留下，暂任为门下吏。耿弇乘机劝说护军朱佑，请求让他回去征调士兵，去攻邯郸。光武帝笑着说：“想不到小孩子家竟然有如此大志！”此后，光武帝在军营中屡次召见耿弇，对他非常器重，并对身边的人说耿弇就是他们北方道上的主人。

▶【引兵相助】

耿弇离开光武帝不久，蓟城就爆发了骚乱，光武帝无奈，只好南下。这时，耿弇逃到昌平投靠父亲，并劝说他派使者向东和彭宠约定，各自派精锐骑兵两千人、步兵一千人前往救援光武帝。后来，这支渔阳、上谷联

军一路南下，沿途攻杀了王郎的大将、九卿、校尉和士兵共三万人，先后平定涿郡、中山、巨鹿、清河、河间共二十二县，最后在广阿与光武帝成功会师。

光武帝非常感激耿弇信守承诺，便加封耿况为大将军、兴义侯，可以自己任命偏将。耿弇等人从此誓死追随光武帝，并于更始二年（24）攻克邯郸，杀死王郎。

更始帝见光武帝声威一天天壮大起来，便派使者立光武帝为萧王，命令他罢兵，和有功的将领回长安。这时，打了胜仗的光武帝住在邯郸宫，白天躺在温明殿，开始懈怠下来。耿弇见状，于是入宫，到床边乘机劝说道："现在更始政权不清明，君臣淫乱，士兵抢劫财物，奸淫妇女，天下百姓叫苦不迭。此外，铜马、赤眉等散部，更始帝也无力平定他们。照这样看来，他们离失败不会太远。耿弇我愿意回幽州，再征集精兵，助您完成大计。"光武帝听后非常高兴，拜耿弇为大将军，让他和吴汉北上征调幽州十郡的部队。

耿弇到上谷后立刻逮捕韦顺，并将蔡充斩首，吴汉也诛杀苗曾。接着，他们征调幽州所有部队，挥军南下，跟随光武帝打败铜马、高湖、赤眉、青犊，随后又追击尤来、大枪、五幡到元氏（在今河北元氏西北）。数次战争中，耿弇都领着精锐骑兵做先锋，几乎都能打胜仗。

不久，光武帝回到蓟城，又派耿弇和吴汉、景丹、盖延、朱祐、邳彤、耿纯、刘植、岑彭、祭遵、坚镡、王霸、陈俊、马武十三位将军追击贼兵到潞县东，于平谷再次交战，杀敌一万三千多人后凯旋。至此，耿弇等人的显赫战功为光武帝登基奠定了坚实的基础。

【出击彭宠】

建武元年（25）六月，光武帝登基，拜耿弇为建威大将军，次年改封好畤侯。

建武三年（27），延岑从武关出兵攻打南阳。光武帝派耿弇出兵迎击。耿弇和延岑等人战于穰县，大破敌兵，杀敌三千多人，活捉敌军将士五千多人，杜弘投降，延岑和几个骑兵逃往东阳。

⊙耿弇

有句古语是"三世为将必败"，耿弇为东汉王朝建立了不朽功业，受封建威大将军好畤侯，且耿氏皆以功名自终，实在难得。

此后，耿弇又跟随光武帝到舂陵。这时，耿弇主动请缨，要求北上征集兵力，平定彭宠和张丰，再收复富平，向东攻打张步，从而平定齐地。光武帝觉得他的志愿宏大，便答应了他的请求。

建武四年（28），耿弇进兵渔阳。当时，耿弇的父亲据守上谷，与彭宠关系很好。考虑到自己的兄弟中没有人在京城，耿弇担心贸然攻打彭宠会引起光武帝的疑心，于是上书请求回洛阳。光武帝很快就回复了耿弇，他在诏书中写道："将军做官，全家为国，所到之处攻陷敌阵，功劳最大，有什么嫌疑，还要请求召见？"

这时，耿弇的父亲耿况听说耿弇请求召见，也不安心，就派耿弇的弟弟耿国入京城侍奉光武帝。光武帝对此非常赞许，便加封耿况为喻糜侯。

得到光武帝的信任后，耿弇和建义大将军朱佑、汉忠将军王常等攻打望都、故安西山贼兵的十多个营寨，全部攻破。

这时，征虏将军祭遵屯兵良乡，骁骑将军刘喜屯兵阳乡，以抵御彭宠。彭宠派弟弟率领

两千多名匈奴骑兵，自己则带领几万士兵，分为两路来攻打祭遵和刘喜。此时，彭宠的胡人援兵对汉军是一个巨大的隐患，他们善于骑射，作战迅猛且凶狠，屡次挫败汉军。于是，耿弇的弟弟便用计偷袭胡兵，还杀死了两个匈奴王，为汉军除去了心头大患。不久，耿况又和耿舒攻打彭宠，攻克军都。耿弇也屡次出兵，击败彭宠。

建武五年（29），彭宠去世，其势力全盘瓦解。光武帝派光禄大夫拿着符节迎接耿况，封耿舒为牟平侯，并赐给耿家最好的府第，以嘉奖耿家一门忠烈。

【平叛齐地】

彭宠死后，张步成为影响东汉政权完整的另一个重大威胁。他割据齐地，雄霸一方，迟迟不肯归附东汉。光武帝派耿弇前往讨伐张步，这是对耿弇军事生涯的另一个重大考验。

🔴 六博木俑·东汉
六博是汉代非常流行的一种棋类游戏，游戏双方各执六枚棋子，胜负的关键在于投箸，偶然性很强。此俑高28.5厘米，出土于甘肃武威。两位老人相对席地而坐，中间放一张博局，二人似乎在争论六博的输赢。

耿弇沿路收编投降的士兵，编成部队，设置将吏，率领骑都尉刘歆、泰山太守陈俊领兵向东讨伐张步。张步得知耿弇行军的消息后，就派他的大将军费邑驻军历下，又分兵屯守祝阿，另外在泰山钟城排列几十个营垒等待耿弇。

耿弇率兵渡河后，首先攻打祝阿，还没到中午就攻下来了。这时，耿弇故意打开包围圈的一角，让城中士兵得以逃到钟城。钟城人听说祝阿已经溃败，就惶恐地丢下军营全部逃走。就这样，耿弇不费吹灰之力就收复了钟城。

接着，耿弇进军巨里，从投降的人中得知费邑要来援救巨里。于是，耿弇公开命令各部三天后要全力攻打巨里城。他又暗中放松对俘虏的看管，让他们得以逃回去。逃回去的人自然把耿弇的攻城日期告诉费邑。这天，费邑果然亲自率领精兵三万多人援救巨里。耿弇非常高兴，他对各位将领说："我果然把费邑引来了。"说完立即分出三千人守巨里，自己领精兵登上山坡，居高临下交战，大败敌军，并在阵中杀死费邑。此后，耿弇收缴城中积蓄，发兵攻打各处没有投降的敌军，攻取四十多个营垒，最终平定济南。

不久，耿弇又放出风声，扬言五天后要攻打西安。守卫西安的张蓝听说后，就日夜小心防守。到了原定的日期，耿弇却带着士兵出其不意地攻打临淄。耿弇认为攻克临淄，西安

就孤单了，借此也可以阻止张蓝援助张步。果不其然，耿弇的军队很快就攻下了临淄。张蓝听说后非常恐惧，逃回剧县。

耿弇下令军中不得在剧县胡乱抢劫，等张步赶到才抢劫，借此来激怒张步。张步听说后大笑，不以为然，率领军队打算迎击耿弇。耿弇便先出兵到淄水边，故意示弱，以壮大敌人士气。小战后，耿弇领兵回小城，列兵于城内严阵以待。张步果然士气旺盛，直接进攻耿弇军营，和刘歆等交战。这时，耿弇在东城下拦腰突击张步军阵，大败张步。不久，张步的势力逐渐被耿弇粉碎。

建武十三年（37），天下太平，耿弇主动上交军权，以列侯身份侍奉朝廷。

永平元年（58），耿弇去世，终年五十六岁，谥号愍侯。

铫期 祭遵列传

列传

后汉书

铫期、祭遵都是光武帝时期的著名战将，他们戎马一生，为开创东汉王朝立下汗马功劳。铫期为人孝顺，容貌独特，待人宽厚，敢于直言进谏，颇受光武帝的器重。祭遵则为人俭朴，执法严明，骁勇善战，气节高，死后得到光武帝的最高礼待，成为一时佳话。

▶【铫期立功封侯】

铫期，字次况，颍川郏县（今河南郏县）人，身高八尺二寸，容貌独特，严肃而有威风。铫期的父亲是桂阳太守，父亲去世后，铫期服丧三年，乡里人都称赞他的孝举。

光武帝攻打颍川时，听乡里人说铫期志向高尚，便征召他暂时充任贼曹掾。后来，铫期又跟随光武帝至蓟。

这时，王郎的征讨文告到达蓟城，蓟城各县纷纷起兵响应王郎。光武帝赶紧驾车出城，百姓围观，满路喧哗，堵住了道路无法前行。于是铫期骑马举着戟，瞪着眼冲左右大喊道："回避！回避！"众人都畏惧铫期，惊慌得四处溃散，这才让出了通道。到了城门，只见城门紧闭，经过一番打斗才得以出城。

光武帝到达信都后，任命铫期为裨将，与傅宽、吕晏二人都隶属于邓禹。邓禹认为铫期有能力，于是唯独拜他为偏将军，并交给他士兵两千人，傅宽、吕晏各领几百人。不久，光武帝便派

铫期攻取真定、宋子。铫期全部攻克，并占领了乐阳、槀县、肥累等地。

后来，铫期又跟随光武帝攻打王郎手下的将领倪宏、刘奉于巨鹿城下。铫期率先登城冲入敌阵，亲手杀死五十多人。在战斗中，他前额受伤，却只是随意整理好头巾，就继续冲入敌阵中厮杀，十分威武。经过一番奋战，铫期率领的军队终于大败敌军。

不久，王郎的势力被彻底颠覆。光武帝也因铫期的骁勇善战，封他为虎牙大将军。后来，光武帝即位，改封铫期为安成侯，领食邑五千户。

▶【宽恕李熊】

后来，檀乡、五楼的叛军侵入繁阳（今河南内黄北）、内黄（今河南内黄西北），魏郡的大姓屡次反复，更始帝的将领卓京相继在邺城反叛。光武帝便任命铫期为魏郡太守，代理大将军事务，前往平定叛军。

铫期派本郡部队攻打卓京，大胜，杀敌六百多人。卓京逃入山中，铫期

命人追杀他的将军校尉几十人，并俘获卓京的妻子儿女。接着，铫期又先后派人进军攻打繁阳、内黄，杀敌数百人，郡内终于平定。

当时，督盗贼李熊是邺城的豪强，李熊的弟弟李陆和李熊商议，想举城反叛，迎接檀乡贼人。有人把这事告诉铫期，铫期从来都不接话。直到来告发的人有三四拨，铫期才召见李熊询问这件事。

李熊见到铫期就磕头认罪，说："我愿意和老母亲一起去死。"铫期却摆了摆手，说："做官如果不如做强盗快乐的话，你可以回去和你的老母亲去找李陆。"说完，铫期便派官吏将李熊安全护送出城。

李熊出城后找到李陆，带着他到邺城西门，并把铫期、恩释他的事情告诉他。李陆得知后，既惭愧又难过，最后以死向铫期谢罪。

铫期得知这个消息后叹息不已，下令按礼安葬了李陆，并恢复李熊的官职。从此，郡中的人都敬佩铫期，铫期的威信慢慢得以建立。

建武五年（29），光武帝驾幸魏郡，得知铫期在郡中的信誉，便任铫期为太中大夫。随后，铫期跟随光武帝回洛阳，又拜为卫尉。

铫期这个人不仅擅长兵法，待人宽厚，还敢于直言进谏，在朝为官时，每当有认为不合适的事情，他都必然谏诤到底。他为人注重信义，从做将军起，每次打胜仗，从不抢劫当地财物。

铫期在洛阳期间，光武帝曾经轻率地和期门（汉朝护卫禁军名称）相约到都城近处出游。光武帝依约出行之日，铫期拦在天子车驾前，一边叩首一边说："臣听从古代与现代人的告诫，变乱从来都发生在没有料想到的时候。希望陛下不要轻率地便装出行，罔顾个人安危。"光武帝听到铫期的劝诚后，立即掉转车子回宫。

建武十年（34），铫期去世，光武帝亲自前往吊唁，并盛殓铫期，赠给他卫尉、安成侯印绶，谥号忠侯。

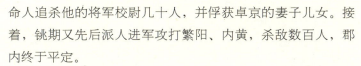

白话精编二十四史

第二卷

🔷 **东汉卫尉安成侯铫期**

南北朝著名史学家范晔曾给予铫期很高的评价，说他"重于信义，自为将，有所降下，未掳掠。乃在朝廷，忧国爱主。其有不得于心，必犯颜谏诤"。

【祭遵执法】

祭遵,字弟孙,颍川颍阳(今河南许昌)人,少时喜好读书,尤其是经书。

祭遵虽然家道富裕,但是为人俭朴,常常穿着朴素的衣服。他的母亲去世时,他亲自背土造坟。起初,官府的官员欺凌他,他没有反抗,县里的人都认为他软弱。后来,祭遵暗中结交宾客,杀死了那个官员。渐渐地,县里的人都畏惧他。

光武帝途经颍阳时,祭遵以县中官吏身份屡次进城晋见。光武帝看到祭遵,很欣赏他容貌不凡,仪表堂堂,当下就委任他做门下史,让他跟随自己征讨河北,做军市令。

不久,光武帝的家僮犯罪,祭遵依法将其击杀。光武帝很生气,下令要逮捕祭遵。这时,主簿陈副劝谏道:"明公您常想要各路部队整齐,现在祭遵执行军法毫不回避,这是军令能施行的原因。如果您抓捕了他,只能说明军法无法公正无私地执行。"光武帝觉得有道理,便赦免了祭遵,拜他为刺奸将军。

后来,光武帝对身边的将领开玩笑说:"你们一定要小心祭遵。我的家僮犯罪,他尚且敢杀了他,何况是诸位。他一定不会袒护你们的!"果然,因为祭遵执法严明,军中鲜少有人敢犯事。

光武帝看到祭遵严格执法确实做出了成果,就又任命他为偏将军,前往平定河北,后又因功封为列侯。

建武二年(26)春天,光武帝拜祭遵为征虏将军,封颍阳侯。随后,祭遵和骠骑大将军景丹、建义大将军朱祐等人进入箕关,南下攻打弘农、厌新、柏华。当时,敌人的箭射中祭遵的嘴,血流不止。诸位将领见祭遵受伤,于是领兵撤退。没想到祭遵大声喝令停止,要求士兵们继续进攻。士兵们受到祭遵的感召,顿时勇气倍增,最终打败敌人,取得战争的胜利。

● 祭遵

祭遵死后,光武帝曾感叹道:"如何才能再找到像祭遵这样忧国忧民、奉公忘私的臣子啊!"

【祭遵平叛】

不久，涿郡太守张丰拘捕光武帝的使者，领兵反叛，自称无上大将军，和彭宠联合叛变。

建武四年（28），祭遵和朱祐以及建威大将军耿弇、骁骑将军刘喜奉命攻打张丰。祭遵部队先抵达，攻打张丰，张丰的功曹孟友害怕，拘捕张丰投降。

当初张丰喜好道术，曾经有道士对张丰说他应当做皇帝，并用五彩的布袋包裹着石头系在张丰的胳膊肘上，谎称石头中有玉玺。张丰听信了道士的话，于是起兵造反。临被杀头前，张丰还不忘对祭遵说："我扎在胳膊肘上的石头里有玉玺。"

祭遵听后，立刻拔刀砸破石头，结果石头里什么都没有。张丰这才知道被骗上当，不禁仰天长叹道："判死罪没有什么遗憾的了！"

祭遵处死张丰后，接受诏令留下屯驻良乡以抵御彭宠。他派护军袭击彭宠的将领李豪于潞县，大败李豪，杀敌一千多人。

相持一年期间，祭遵又屡次挫败彭宠的前锋。后来，彭宠去世，祭遵就大举进军，夺了他的地盘。

建武八年（32）秋天，祭遵又跟随光武帝平定陇西。隗嚣被打败后，光武帝车驾亲幸祭遵军营，演奏黄门武乐，慰劳招待士兵。这时，祭遵已经身患重病，光武帝下诏赐给他厚坐垫，并用御用的车盖遮挡他的车，避免他受到风寒。

后来，公孙述派兵援救隗嚣，诸将皆败，祭遵单独留在军中不肯退却。建武九年（33）春天，祭遵在军中病逝。

祭遵廉洁谨慎，家中没有私产；他克己奉公，军中士兵对他的赞誉非常高。每次光武帝赏赐他的东西，他全部分给士兵。平日里，祭遵都穿着皮衣裤，盖着薄布的被子，他的妻子穿的裙子也不加边，一家人生活得非常节俭。祭遵去世时，光武帝非常哀伤，将他的遗体运到河南县，下诏令百官先到举行丧礼的地方集合，自己则穿着丧服去吊唁，哭得异常伤心。返回城门时，光武帝再次经过送葬的车队，眼泪还停不下来。丧礼结束后，光武帝又亲自祭祀祭遵，如同汉宣帝吊唁霍光的旧例。

当时的博士范升向光武帝上疏称颂祭遵，在文中就提到了这样几件事。祭遵的同胞哥哥祭午见他没有儿子，就要送给他一个女子为妾。祭遵派人拒绝了哥哥的好意，说是自己身担国家大任，不敢考虑子嗣的问题。去世前，祭遵还留话说死后就用牛车发丧，薄葬于洛阳。

祭遵死后，由于没有儿子，其封国被撤销。

白话精编二十四史 第二卷

论赞

赞 曰：铫期打开燕的城门，祭遵喜好礼仪，用诗歌来治理戎狄。

窦融列传

王莽新朝末年，窦融依靠河西地方势力，维系了河西一带的安定。东汉建国以后，窦融认清形势，放弃据地为王，归顺东汉，积极支持光武帝的全国统一战争，后因功受爵，窦氏家族也达到空前显贵。窦融一生侠义，处事细心，态度谦卑，进退得当。在他晚年，由于窦氏子孙屡次触犯法律，最终招致庞大的窦氏家道中落的恶果。

▶【乱世谋生】

窦融，字周公，扶风平陵（今陕西咸阳西北）人，其七世祖窦广国是孝文皇后的弟弟，封章武侯。

窦融早年丧父，于王莽摄政期间任强弩将军司马，向东攻打翟义，回师攻打槐里，因军功显赫封为建武男。他的妹妹是大司空王邑的妾。

窦融住在长安城中，出入于权贵和皇亲国戚的家门，结交了不少民间豪杰，不久便以行侠仗义闻名。同时，他又侍奉母亲和哥哥，抚养年幼的弟弟，修养品行早已闻名乡里。

王莽新朝末年，青州、徐州贼人起兵，太师王匡请求让窦融做助军，和自己一起东征。后来，更始帝即位，王邑推荐窦融，于是更始帝拜窦融为波水将军，赐给黄金一千斤，并领军到新丰。

不久，王莽政权崩离，窦融带军队归降大司马赵萌。赵萌任窦融为校尉，非常器重他，并推举他做巨鹿太守。

当时，窦融见更始政权刚刚建立，东方尚未统一，不愿意出关任职。再加上他的高祖父曾做过张掖太守，从祖父做过护羌校尉，堂弟也做过武威太守，几代人在河西，非常了解当地的民风民俗。于是窦融暗地里对兄弟们说："天下安危还不能料定，河西富庶，有黄河这道天险围绕着很稳固。再说，张掖属国有精锐骑兵上万人，一旦形势紧急，切断黄河上的渡口，足可以防守。这是个能保全家族人安全的地方。"兄弟们都认为他说得对。于是窦融每天去求见赵萌，推辞做巨鹿太守，并谋求出任河西的官职。赵萌器重窦融，便为他向更始帝说情，最终窦融才得以做了张掖属国都尉。

窦融拿到诏书后非常高兴，立即带着家人前往河西。到达河西后，窦融安抚羌人，结交英雄豪杰，深得人们的爱戴。不久，河西人就欣然归附他了。至此，窦融真的实现了雄踞一方以求家族安宁的心愿。

【归附东汉】

当时，酒泉太守梁统、金城太守库钧、张掖都尉史苞、酒泉都尉竺曾、敦煌都尉辛肜都是各州郡的英才俊杰，窦融与他们建立了深厚的情谊。

不久，更始政权果然败亡。窦融和梁统等人商议要推举一人来任大将军，统率河西五郡，以保全河西的安定，他们最终选定了声望高的窦融。梁统做武威太守，史苞做张掖太守，竺曾做酒泉太守，辛肜做敦煌太守，库钧做金城太守。

窦融在属国照旧任都尉，设从事监视五个郡，以方便管理民众。河西民风质朴，窦融等人实行宽松政策，所以河西一带官民和谐，百姓安逸富足。此外，窦融还命人修整军备，练习打仗射箭，明确烽火警报，以保卫河西一带的安定。每当羌胡入侵边塞，窦融都亲自领兵和各郡军队按照事先约定互相援救。此后，屡战屡败的匈奴人不敢再侵犯河西一带，而羌胡人也都相继归附。

东汉政权建立后，窦融常常想归附，但是因为路途遥远，始终无法和光武帝取得联系。当窦融知道东汉以"建武"为年号时，也接受了新的历法，以此来表明自己无占地为王的决心。

❀ 大司空安丰侯窦融

光武帝早已听说河西一带的情况，也常常想和窦融取得联系，于是派使者给窦融送信。使者在途中偶遇窦融的使者刘钧，便与刘钧一道返回洛阳。光武帝见到刘钧非常高兴，了解到窦融的心意后，便赐给窦融玺书和黄金，并封窦融为凉州牧。窦融接到玺书后，再次上书表明归顺东汉的决心，并声明放弃割据为王。很快，光武帝回复诏书，对窦氏给予很高的评价。

此外，窦融还修书指责隗嚣，说他一方面将儿子送去京城当人质，一方面又加紧兵变，是将儿子置于死地的做法。然而，隗嚣不听从窦融的劝告，继续加紧操练部队。光武帝得知此事后，对窦融深为赞赏，并赐给他记录外戚世系的"外属图"以及太史公司马迁所著《史记》中的《五宗》《外戚世家》《魏其侯列传》，并下诏书追述与窦融的亲属关系，正式承认窦融汉朝外戚的身份，并对他谴责隗嚣之举表示嘉奖。至此，窦融正式归附东汉朝廷，并取得光武帝的信任。

▶【急流勇退】

建武八年（32）夏天，光武帝亲征隗嚣。窦融率领五郡太守以及羌人小月氏等步兵骑兵几万人，和光武大军在高平第一城会师。

为了晋见光武帝，窦融还特地先派从事问会见皇上的礼节。当时，战争迭起，东汉政权还没巩固，很多礼仪都没有得到遵守。光武帝得知窦融先问礼仪再晋见，认为他做得非常好，就把这件事大声告诉百官，以表彰窦融的行为。为此，光武帝还摆酒举行大型宴会，向百官引荐窦融等人，用特殊礼节对待他们，并拜窦融的弟弟为奉车都尉，从弟为太中大夫。不久，窦氏家族辅助光武帝进军讨伐隗嚣。隗嚣部队战败，弃城而逃，附近的城镇也都相继投降。

于是，光武帝下诏将安丰、阳泉、蓼县、安风四个县封给窦融，并封他为安丰侯，其弟窦友为显亲侯，并依功分封各将领。此后，光武帝班师回朝，窦融等人各自返回镇守的地方任职。

这时，窦融因为自家兄弟都被封爵位，长期专任一方，害怕引起光武帝的猜忌，便多次上奏疏请求派人代替自己。光武帝回信，对窦融加以安慰。信中，他将窦融比作自己的左右手，并要求窦融不要谦让，勉励他要为百姓谋福利。

后来，全国统一，光武帝下诏命窦融和五郡太守到京城汇报政事。窦融等人奉旨回京，刚到洛阳城门，便交上凉州牧、张掖属国都尉、安丰侯官印。光武帝很快就下诏派使者将官印还给窦融。

几个月后，光武帝将窦融调任冀州牧，十多天后又升任大司空。窦融认为自己不是老臣，却位列功臣之上，于是更加注意自己的言行。每次接受诏令入朝晋见，窦融都异常谦卑恭敬。

光武帝也因此更加喜欢窦融，屡屡委以重任，结果都被他婉拒了。

🔥 错银牛灯·东汉

汉代灯具别具匠心，比如这座错银牛灯通高46厘米，江苏邗江甘泉出土，灯盘托于牛背上，在灯罩与灯盘间安有两片可以开合的弧形屏板。这盏灯可以通过灯罩将灯燃烧后的烟气灰烬经弧曲的烟筒吸入牛头而容纳在牛腹内，以保持室内清洁。

后来，某次朝会结束，窦融在席后徘徊，光武帝知道窦融想推辞爵位，就派左右侍从传令让窦融出去。过了几天，光武帝才当面召见窦融。他对窦融说："前些天知道你想辞官回乡，所以才让你暂且回避。今天见面，应该谈些别的事情。"窦融也就不敢再多说什么了。

窦融就是这样一个居高思危的人，他小心谨慎，态度谦卑，屡屡辞官，却终不能如愿。

【窦氏衰落】

建武二十年（44），窦融因为大司徒戴涉犯罪受到牵连。光武帝迫于三公的压力，下诏书免去窦融的职务。次年，光武帝又将窦融加位特进。

建武二十三年（47），窦融代替阴兴行卫尉事，又兼领将作大匠。窦融再次请求告老还乡。光武帝还是没有给予正面答复，每次总是赐给他钱、帛和珍贵的物品。后来，窦融的兄长窦友去世。光武帝怜悯窦融年迈，派人到他卧室内劝他进用酒饭。

当时，窦融的长子窦穆娶内黄公主，接替窦友为城门校尉。窦穆的儿子窦勋娶东海恭王刘彊的女儿沘阳公主。窦友的儿子窦固也娶了光武帝的女儿涅阳公主。汉明帝登位，任用窦融堂兄的儿子窦林为护羌校尉。窦氏家族一个公、两个侯、三个公主、四个两千石，同时在世。窦氏家族从祖父到孙子，宅第在京城中相连，奴仆数以千计，其显赫程度，就算是皇家

亲戚、功臣也没有能和他们相比的。

永平二年（59），窦林因犯罪被杀。明帝由此多次下诏书严厉责备窦融，并引用窦婴、田蚡得祸败家的事来告诫他。窦融惶恐不已，请求告老还乡。明帝便下诏让他回府养病。一年后，明帝同意窦融上交卫尉官印，并赐给牛和上等美酒。当时，窦融任宿卫（相当于禁卫军，其职责是守卫京师）之职已经十余年，年纪老迈，其子孙恣肆放诞，多有不法。

后来，窦融的长子窦穆假称太后的诏令，让六安侯刘盱休妻，并把自己的女儿嫁给他。刘盱原配妻子的家人上书将此事告发。明帝十分愤怒，将窦穆等人的官职全部罢免。窦氏中有在朝廷做郎官的也全部带家属回老家，只留窦融在京城。窦穆等人西行至函谷关时，又有诏书追来，令他们全部回京。不久，窦融去世，终年七十八岁，谥号戴侯。

论赞

论曰：窦融开始以豪爽侠义出名，崛起于战乱之中，顺应天命，最终享有王侯的尊贵，官至卿相，这时候的他是邀功求权的人。等到他位极人臣之后，却又一心辞官远宠，行事恭顺小心，像是不得已的样子，又是何等的聪明！曾经忖度这个人的言谈举止和行事，虽然他治理国家的方法没有什么值得称道的，但进退的礼节确实有可以称赞的地方。

马援列传

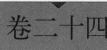

大丈夫立志，穷当益坚，老当益壮，这是东汉老将马援年轻时的壮志豪情，而他最后也实现了自己的誓言。马援追随光武帝戎马征战一生，平交阯，击匈奴、乌桓，最后死在出征前线。

▶【少年鸿志】

马援，字文渊，扶风茂陵（今陕西兴平）人。他的祖先赵奢是赵国的将军，赐爵号马服君，此后子孙都以"马"为姓。

汉武帝时，马援的祖上以两千石的官从邯郸搬家到茂陵邑。后来，马援的曾祖父马通因功受封重合侯，又因哥哥马何罗谋反坐罪被杀。所以马援和他的父亲这两代都没能做大官。

马援年少丧父，他志向远大，常常令他的兄长感到惊奇。马援幼年曾学《齐诗》，后来发现对古书没有什么兴趣，便想到边疆郡县种地放牧。他的哥哥马况便安慰他说："你有才华，一定会大器晚成的。好的工匠不把没有雕琢过的玉给人看，你可随你的爱好去做，他日必定能光芒四射。"

不久，马况去世，马援服丧一年，日夜不离坟场。平日里，他恭敬地伺候嫂子。如果衣服不整齐，没有戴好帽子，马援是坚决不进屋的。

后来，马援出任郡督邮。他押送囚犯到司命府。途中了解到某个囚犯的身世，很是同情，于是释放囚犯，自己逃到北地。

不久，马援遇上大赦，于是留在北地放牧。当地不少人仰慕马援的为人，纷纷归附他。马援常常对他的宾客说："大丈夫立志，穷当益坚，老当益壮！"马援勤恳劳作，竟然也有了牛马羊几千头，谷物几万斛。他不禁感慨道："凡是经营获取财产的，贵在能施舍赈济别人，否则只是个守财奴罢了！"他把财产全部分给兄弟朋友，自己只是穿些朴素的衣服。因此当地人更加敬重马援，他的好名声一下子就传开了。

▶【择英君而事】

王莽衰败后，马援和哥哥马员一起避居凉州。不久，马援受到隗嚣的敬重，做了绥德将军。

当时，公孙述在蜀称皇帝，隗嚣派马援前去查探。马援和公孙述是同乡，两人情谊深厚。马援到后，公孙述却摆起皇帝排场，他大列警卫，命人领着马援进入。见面仪式结束后，公孙述见马援不修边幅，又让马援退回馆舍，命人送去白棉纱布单衣、交让冠(为古冠礼)，最后才让他出席宗庙里的百官聚会。

聚会时，公孙述依礼招待官员，并打算给马援封侯并授大将军之位。马援的宾客都乐意留下，马援却说："天下胜负未定，公孙述不能如周公吐哺(周公唯恐失去天下贤人，吃饭时数次吐出口中食物，迫不及待地去接待贤士)一般礼贤下士，与贤者谋划成败，反而只知修饰边幅，这样的人又怎么留得住天下贤士？"马援向公孙述辞行，归来后对隗嚣说："子阳(公孙述的字)不过是井底之蛙，却妄自尊大，你不如把心思放在东方，去寻找一个英主。"

建武四年(28)，隗嚣派马援到洛阳见光武帝。光武帝在宣德殿接见马援，并笑着对他说："你来往于二帝(指自己和公孙述)之间，我现在才见到你，真是惭愧啊。"马援说："当今之世，不仅是君选臣，也是臣选君。"光武帝听后哈哈大笑。马援看到光武帝身边没有侍卫，便说："臣与公孙述是同乡，少年时交好。之前臣前往蜀地时，公孙述让持戟侍卫列于殿阶两侧，然后才召见我。如今臣从远方而来，陛下如何知道臣不是刺客奸人，竟这样毫无戒备呢？"光武帝笑道："你不是刺客，你只是个说客。"马援听后恭敬地说："时处乱世，盗用皇帝称号的不可胜数。今天见到陛下恢弘大度，和高祖一样，才知道是见到了真正的帝王。"此番言谈，光武帝很认可马援，任他为待诏，派太中大夫蛮堕持符节送马援向西回陇右。马援回到陇右后，向隗嚣大力称赞光武帝。

后来，隗嚣背叛光武帝。马援多次劝说无效，便上书光武帝表示愿意献计帮助光武帝讨伐隗嚣。至此，马援正式易主。

【平定羌地】

建武九年(33)，光武帝任马援为太中大夫，协助来歙平定凉州。自王莽末年，西羌人屡次入侵汉朝边境，最后定居在塞内。金城属县也大多被羌人占据。

来歙上奏说陇西受到侵犯，没有马援不能安定。于是光武帝下诏拜马援为陇西太守，负责平定西羌。马援征发步兵骑兵三千人，在临洮打败先零羌，杀敌几百人，缴获马牛羊一万多头。不久，守着关塞的各部羌人八千多人到马援处投降。

初战告捷，马援又马不停蹄地和扬武将军马成一起攻打守关羌人。羌人迫于马援的声威，带着妻子儿女和兵器转移到允吾谷。马援暗中从小路奔袭羌人军营。羌人十分吃惊，又远远迁移到唐翼谷中，结果又遭到马援的追击。当羌人领精兵聚集在北山上时，马援就面向北山布下军阵，又分派几百名骑兵绕道袭击他们的后方，乘夜放火，击鼓叫喊。最终羌人大败，落荒而逃。马援因为兵少，不敢穷追，就收集羌人的粮食畜产后收兵返回。当时马援中箭，被射穿小腿。光武帝下诏书慰劳他，赐给他牛羊几千头，马援将赏赐全部分给了宾客。

建武十三年（37），武都的参狼羌（古羌人的一支）和塞外各部落入侵汉朝边境。马援率四千多士兵拒敌。当时羌人在山上，马援的军队占据有利地形，只是夺取他们的饮水草料，却不和他们交战。羌人受困几天后，其首领只好带几十万户羌人逃出塞外。之后，各部落中有一万多人投降马援。从此，陇右趋于安定。

马援善于相名马，在交阯得到骆越铜鼓，熔铸成马的式样献给光武帝。这匹铜马高三尺五寸，围四尺五寸，

后被光武帝下诏放置于宣德殿，作为名马的范式。

马援在陇西任上六年，平定不少西羌部落，郡中百姓得以安居乐业，羌人也因惧怕他的声威不敢再侵犯边境。

【老将身死】

建武二十四年（48），武陵郡（郡治在今湖南常德）五溪蛮起兵叛汉，武威将军刘尚率军征讨，结果全军覆没。马援请求出征，当时他已经六十二岁。光武帝体恤他年事已高，没有答应。马援于是说："臣尚能披甲上马。"之后翻身上马，据鞍挢须，威风凛凛。于是光武帝派马援率大军四万南征。

马援率大军到达武陵，大破叛军主力，叛军余众逃进深山。马援率军追击，选择了路近而险峻的进军路线，准备直插叛军身后。可汉军攻到了叛军的老巢，却遭到叛军居高临下的阻击，久攻不克。当时正值盛夏，天气酷热，瘟疫爆发，许多汉军将士包括马援在内都染上了疾病。马援病得不轻，部下在河谷的峭壁上挖好山洞，让他住进山洞躲避暑气。可叛军不时在山顶呐喊鼓噪，马援便顶着烈日出洞观察，坚持在第一线指挥。

光武帝派了年轻的中郎将马武、耿舒等人作为马援的副将从征。马援一直很担心权贵子弟不听调遣，果然在追击残敌的路线上，马援和这些少年将军产生了分歧。耿舒等人主张从道路平缓但补给线很长的大路出击，

而马援主张从路程短但水势湍急的壶口道出击，最终光武帝同意了马援的意见。进军途中大军受阻，于是耿舒给他的兄长好畤侯耿弇写信，说马援进军迟缓，坐失良机。耿弇接到信后，将信呈给光武帝。光武帝立刻遣虎贲中郎将梁松前往前线责问马援，而此时马援已经病死在了前线。梁松与马援素有积怨，此时借机构陷，光武帝因此收去了马援的新息侯印。

▶【薏米明珠不白之冤】

当初马援在交阯的时候，经常食用当地的特产薏仁米。交阯多瘴气，马援认为食用薏仁米能达到身体轻捷、减少欲望的功效，还能战胜瘴疟之气。南方的薏仁米果实大，马援就想引种到北方。后来，马援班师回朝，就带了一车薏仁米回京城。

当时的人们却把这车薏仁米看做是南方的奇珍异宝，权贵们都以为马援发了战争财。但是由于当时马援受宠，位高权重，所以没有人敢上报朝廷。等到马援去世后，曾与马援有过节的梁松就将此事上书光武帝，声称马援先前用车装回来的都是明珠和文犀（有纹理的犀牛角），珍贵得很。光武帝听后大怒。

马援的家人很害怕，不敢把棺木埋入祖坟。他们低调地在洛阳城西买了几亩地，草草埋葬了马援。曾经拜在马援门下的成百上千门客和朋友也没有人敢来吊唁。

事后，马援的侄儿马严和马援的妻儿用草绳将自己绑在一起，到朝廷请罪。这时，光武帝便拿出朝中大臣的奏疏给他们看。马援的家人这才知道事情的原委，便上书陈述冤情，前后六次，言辞哀切，才得到光武帝的谅解，准许将马援迁回家族坟地安葬。

汉明帝永平初年，马援的女儿被立为皇后。明帝令人在云台为光武朝功臣画像。马援功勋显著，本应在云台功臣之列，但是明帝因为马援是皇后的父亲，所以唯独没有给马援画像。

建初三年（78），章帝追谥马援为忠成侯。

论赞

论曰：马援扬名三辅，奔走周旋在二帝之间，等到订立计谋，来求见当时的明君，心怀伊尹求见的心愿，大概也算是千年一遇了。但他告诫别人远离灾祸，真是聪明啊！只可惜他自己却不能免受别人谗害。难道立功成名之时，就容易被人进谗言陷害吗？不关系自身利益时，谋划事情就很聪明；不考虑个人私利是对的，但用这种思维去判断道义则会招致灾难。真能用观察事物时的明智回头来观察自己，宽恕别人，那么自省也能很清楚了。

赞曰：马援为人喜欢建功立业，是从冀、陇这两个地方开始的。在南方平定骆越，在西方消灭敌人，战功非常显赫。到了老年，他仍一心报国，壮心不已。等到明德皇后受封，整个马氏家族就兴盛起来了。

卓茂 鲁恭列传

卓 茂和鲁恭是推行孔子仁爱思想的两位重要的灵魂人物。他们为官爱民如子，大行教化，以仁德推举人才。经过他们治理的州县夜不闭户，路不拾遗，无蝗虫灾害，百姓得以安居乐业。卓茂和鲁恭的例子恰好说明了仁义和教化的力量。

▶【卓茂借马】

卓茂，字子康，南阳宛县（今河南南阳）人，出身官宦人家，他的祖父和父亲都做过郡太守。卓茂受他们的影响，从小就是个修养很好的人。

汉元帝的时候，卓茂一心求学，曾经到京都长安拜博士江生为师，学习《诗》《礼》和历法算术。在江生的指导下，他一点一滴积累了丰厚的学识，成为长安城内著名的学识渊博之人。

卓茂生性仁爱，对人总是谦恭有礼，从来不妄自尊大，深得大家的喜爱。乡人故交中，即使行事风格和卓茂不一样的人，也都很喜欢他。

学成之后，卓茂起初被任命为丞相府史，跟随孔光。孔光和他相处之后，经常称赞卓茂是个有德之士，对他非常赞赏。

某次，卓茂出门遇到了一个人，那个人坚持说卓茂套车的马是他之前丢失的马。卓茂听后也不生气，只是缓缓问道："你的马不见了多久？"

那个人说不见了一个多月。卓茂心想，这匹马我都有了好几年了，那个人一定是弄错了。

但他却没有和那个人争辩，而是默默解开套马的缰绳，把马给了那个人，自己独自拉着车离开。离开之前，他回头对那个争马的人说："如果你发现马不是你的，劳驾你再把马牵到丞相府还给我。"

一段日子之后，争马人在别的地方找回了自己原来的马，他回想起那天的情景，觉得很惭愧，就拉着马跑到丞相府还给卓茂，并磕头道歉。卓茂生性就是这样一个不爱和别人争执的人。

▶【善行教化】

后来，卓茂因为在儒学上造诣很深，被推荐担任黄门侍郎，不久又升任为密县县令。

卓茂到任之后，兢兢业业治理县中的事务，对待百姓更是以礼相待，把他们当做是自己的孩子一样，从来不滥用职权。卓茂爱民如子的做法深得百姓的称赞。

不仅如此，卓茂还在县内实行教化，用道理教育百姓什么是礼义廉耻。他教化百姓从来都是有条不紊地把道理说出来，从来没有恶语相向。大家知道卓茂敦厚仁爱，所以经常是有什么说什么，不忍心欺骗他。

一次，有一个人来到卓茂面前告发卓茂属下的亭长收取他送去的食物。卓茂听后，就把身边的人遣退，问明情况。

原来这个告状的人是主动送给亭长食物，亭长收下了，而告状的人又觉得亭长不是什么好官。

卓茂问明了其中的原委，就语重心长地对他说："你真是不懂啊！为什么人比畜生可贵，就是因为人有一颗仁爱之心，知道相互尊重。对待比你年长的邻居，你尚且要送些东西表示尊重，况且是为百姓做事的官呢！做官的只要不胡乱强取百姓的东西就行了。你作为一个人，应该秉行礼仪纲常来和别人相处。亭长是一个好官，你有时候送给他东西，这是礼节。"

告状的人还是不明白，说："既然如此，为什么还要用律法来约束人？"

"律法是从大的范围来约束人，而礼仪是用来顺应人情的。如果我用道理来教化你，你自然不会有什么怨言。但是如果我用律法来制裁你，你不就会手足无措了吗？如果事事都要用律法解决，那么无论大事小事都要

判刑了。你回去好好想想吧。"

经过这件事，人人接纳卓茂的规训，官吏感怀他的恩德。

当初卓茂刚到密县时有所兴革，官吏都笑话他，邻县的人也嘲笑他没能力。河南郡给他派去监理县令，卓茂也不怀疑，仍旧像往常一样理事。几年后，密县教化大行，路不拾遗。汉平帝时，天下发生蝗灾，河南郡二十多个县都遭了蝗灾，唯独密县没有。督邮上报此事，太守不相信，亲自前往视察，果然如督邮所说，于是对卓茂佩服不已。

当时政局混乱，王莽当政，设置大司农六部丞，鼓励与督责农业生产。王莽要升卓茂为京部丞，密县老少都

东汉太傅宣德侯卓茂

含泪送行。到王莽摄政时，卓茂称病告老还乡，再不肯做官。更始帝时，朝廷任命卓茂为侍中祭酒，并召入长安。卓茂见更始政权混乱，于是以年老为由请求告老还乡。

光武帝即位后派人寻访卓茂，并封他的长子卓戎为太中大夫，次子卓崇为中郎，在黄门任职。建武四年（28），卓茂去世，光武帝赐给棺椁墓地，亲自穿着素服乘车送葬。

【鲁恭以德育人】

鲁恭，字仲康，扶风平陵（今陕西咸阳西北）人。他的家世渊源颇深，祖先出自周朝的鲁顷公，后来被楚国消灭，迁到下邑。父亲是武陵太守，死于任上，当时鲁恭才十二岁，弟弟鲁丕七岁。

兄弟二人少年丧父，整日整夜痛哭，郡中的人看这两兄弟可怜，好心送来钱物以作安葬之用，鲁恭推辞不受。父亲死后，鲁恭回家服丧，细节礼数样样俱到，乡邻们看了都很惊奇，觉得鲁恭不是寻常人。

鲁恭十五岁时和母亲、弟弟一起住进太学，刻苦钻研《鲁诗》，从此闭门学习，不理会世间的俗事。因此，他和弟弟都受到了儒士的称赞，大家都争着向他们学习。太尉赵憙很钦佩鲁恭的志气，每年都会派人送一些东西以示慰问，鲁恭都推辞掉了。

学成之后，鲁恭为了让弟弟鲁丕先出名，推辞不受官。郡中屡次请他出来做官，都被他回绝了。

建初元年（76），鲁丕因为品行端正受到推荐，开始担任郡吏。太傅赵憙一听说，马上向朝廷举荐鲁恭。汉章帝在白虎观（汉代宫观名，在未央宫中）集合儒生们讲五经的异同，鲁丕也因为通晓经书，受诏参加了议辩。

鲁恭因为赵憙的举荐做了中牟县令。在任上，他从来都是通过道理来教化他人和处理事务，而不只是依靠律法刑罚。有一件争夺土地的案件，经过了几任县令都无法判决。鲁恭一到，把其中的是非曲直都分析得很透彻。争夺土地的双方经鲁恭一判，都心服口服，不再争辩，相互让出了田地。

一次，一位亭长借了别人的牛不肯归还，牛的主人向鲁恭告发亭长。鲁恭知道后，叫来亭长，命令他把牛还给人家。谁知亭长几次三番不听命令，鲁恭叹着气说："这是道德教化还没有推行的缘故，是我的不是啊！"于是想要解官离任。

掾史们都哭着要留他，亭长也翻然悔悟，把牛还给了人家，还自觉到狱中接受处罚。鲁恭见亭长是真心改过，便将他释放回家，没有追究此事。鲁恭因此赢得了好名声，官吏百姓都很信服。

【做官为民】

建初七年（82），各郡庄稼遭到蝗虫祸害，唯独中牟县内不见蝗虫踪影。河南尹袁安不相信有这样的事，就派手下肥亲到中牟县察看。

鲁恭跟随肥亲巡视田野，肥亲见桑树下有野鸡飞过，而一旁的小孩却无动于衷，没有去抓野鸡，就去询问小孩为什么不抓那只野鸡。结果小孩说："那只野鸡正在抚养小野鸡呢！"

肥亲听后恍然大悟，毕恭毕敬地对鲁恭说："我今天不得不佩服您了！您完成了三件奇事：虫不入境，教化及于鸟兽，小儿仁爱！我如果再长时间留在这里，不过是骚扰贤人罢了。"

鲁恭担任县令的这三年，教化遍及县乡，州郡见他政绩突出，便向朝廷推举他。这时，鲁恭的母亲去世，他只好离任回乡办理丧事。走的时候，县中官吏百姓们都很舍不得他。

后来，鲁恭拜任侍御史。当时，汉和帝刚刚即位，要派遣车骑将军窦宪与征西将军耿秉攻打匈奴。鲁恭认为还不是时机，各方面准备不足，军队需要休养生息，于是上书劝谏和帝。洋洋洒洒一篇奏章，把事情分析得透彻明了，字字为百姓谋福祉，义正词严。不想汉和帝不听鲁恭劝谏，此事只能就此作罢。

鲁恭为官心系百姓，每每遇到对百姓有好处的事情，他都会据理力争，根本不会心存忌讳而隐瞒不说。

不久，鲁恭因为对《鲁诗》的造诣很高，被拜为《鲁诗》博士。每天都有很多人向他学习《鲁诗》，而且人数一天天增加。后来，鲁恭又升任侍中，得到和帝的赏识。和帝多次向他请教政策的得失，对他赏赐不断，宠爱有加，并升他为安乐国相。

鲁恭经常推举贤能之人为国家效力。受他推荐的人，光是做到列卿郡守的就有几十个人。鲁恭推举人才主要看其品德才能，因而遭到一些没有被他推举的豪门大户的怨言。鲁恭知道后说："我最担心的是你们不刻苦钻研学问。如果是真正贤能的人，我定然会举荐他。没有被我举荐的人，为什么不能让乡县举荐你们呢？"此话一出，那些抱怨的人自知理亏，都无话可说了。

生性谦让的鲁恭从来不过分炫耀自己，他常常是暗中帮人出主意，而不显露自己的才能。最后，鲁恭逝世于家中，享年八十一岁。

论赞

论曰：建武初年，群雄纷争，纷纷起兵，据城自守的人都是互相观望，这实在是一个混乱多事的时期。卓茂只是一个官职卑微的小县令，没有什么别的功绩才干，当时已经七十多岁，但东汉朝廷首先重用他，并加以褒美之辞，给予丰厚礼品，这与周武王旌表商容故居，燕昭王为郭隗建造宫室的行为有什么不同呢？从此，心怀愤懑欲归顺汉室的人不顾险阻、舍弃宗族前去投奔。生性仁厚宽容接近于仁，被人冒犯却不报复接近于恕，所有人都以这样的原则处世，哪里还会有人怨恨啊！

赞曰：卓茂和鲁恭都是忠诚德厚之辈，他们的仁爱之心连昆虫鸟兽都感受得到。

鲍永列传

王莽统治末期，汉朝爆发了一起大规模的农民起义，这就是著名的绿林军起义，鲍永就是绿林军中的一名重要将领。鲍永参加绿林军起义，志在建立一个新的国家和政权。他极具领导风范，作为早期农民起义军的将领，有如此鸿鹄之志的人实在是难能可贵。之后，光武帝建立东汉，鲍永一心辅佐光武帝，严明法纪，却不舍本忘义，这样的忠义之人也是举世无双。

【趋利避害】

鲍永，字君长，上党屯留（今山西屯留）人，出身仕宦之家。父亲鲍宣在西汉末年汉哀帝时期担任司隶校尉，为人正直，敢于直谏。后来王莽自立为王，鲍宣因不趋炎附势，被王莽逮捕，志高而自杀。

鲍永受到父亲的影响，从小就怀有鸿鹄之志，且举止操行秉直刚正。他学习认真，谙熟《尚书》之言。

鲍永的母亲早逝，他从小受后母教养，且侍亲至孝。一次，鲍永的妻子当着他母亲的面斥骂一只狗。鲍永知道后，认为妻子这样在长辈面前出言不逊，是对母亲的不尊重，当即休掉了妻子。

鲍永最初在郡县里做功曹，当时王莽得势，对于鲍宣不依附自己耿耿于怀，所以想要将鲍宣的子孙后代一并除去。都尉路平接到王莽的旨意，暗中谋划要杀害鲍永。鲍永本来难逃厄运，幸而太守苟谏挺身而出，召他

为官吏，并将他安置在府中，他才因此逃避了祸害。

鲍永虽然避祸于太守府中，但胸怀天下，有自己的政治远见。他多次向苟谏进言，详细阐述复兴汉室、驱除王莽等逆贼的想法和策略，希望有朝一日能施展自己的抱负。

苟谏知道鲍永有才干，怕他惹祸上身，就告诫他说："小不忍则乱大谋。如果只知逞一时之快，不仅成不了大事，还无法保全自己！"鲍永不是盲目之人，知道苟谏言之有理，于是铭记于心，对苟谏也更加敬重，更暗暗记住了他的恩惠。等到苟谏死后，鲍永长途跋涉，一步一行地护送苟谏的棺木回故乡，可见鲍永的至情至性。

之后，路平逮捕了鲍永的弟弟鲍升。适逢新太守赵兴上任，赵兴有感于鲍宣的气节，感叹道："鲍宣以死保全自己的名节，而我却贪生怕死接受王莽的封诰。我还有什么脸面去杀害鲍宣的儿子？"于是释放了鲍升，

并重新任命鲍永为功曹。

当时，有个人假冒侍中，骗赵兴前去见面。鲍永心思缜密，断定其中有诈，马上劝谏赵兴不要涉险。可是赵兴不听从他的劝谏，执意驱车前往。情急之下，鲍永拔出身上佩戴的腰刀，斩断套马的笼套，阻止了赵兴的行动。

🔴 **四神空心砖（朱雀纹）·东汉**

四神也作四象，即青龙、白虎、朱雀、玄武，是中国古代神话中的四方之神灵。朱雀的形象源于鹑鸟，是火烈鸟、琴鸟、野鸡等形象综合设计出来的火禽。这块空心砖上的朱雀造型美丽，柔媚秀雅，充满活力，仿佛在翩翩起舞。

果然，几天后，王莽颁发诏书捉拿假冒者，赵兴这才相信鲍永。鲍永也因为这件事声名远播，为人称道。

郡中人人知道鲍永有才，想推荐他为秀才。但是鲍永因为杀父之仇，不愿效劳于王莽，此事不了了之。

【忠义无双】

地皇四年（23），绿林军声势壮大，拥立汉朝宗室刘玄为帝，是为更始帝。鲍永见复仇的时机到来，便义无反顾地加入了起义行列。

第二年，鲍永被绿林军起用，又晋升为尚书仆射，代理大将军的职务。鲍永大展拳脚，充分利用自己的权力带兵打仗，调兵遣将，严明军纪，平定了河东、并州和朔部一带，还击退了自称为"青犊"的农民军，使这些敌人闻风丧胆，望而却步。更始帝为了嘉奖鲍永的军功，封他为中阳侯。

鲍永获得了至高无上的荣耀，风光无限。但是他没有被功名利禄冲昏头脑，依旧轻车简服，朴实如故，丝毫没有将军的架子。百姓因此更加爱戴他，"鲍尚书"的名字传扬开来。

更始三年（25），绿林军建立起来的更始政权被赤眉军和光武帝领导的军队两路夹攻。更始帝投降，余党被剿杀。光武帝即位，建立东汉王朝。

光武帝知道鲍永的才能，便派遣谏议大夫储大伯去征召

🔴 **墓门·东汉**

古人信奉鬼神之说，加之汉朝时人民生活富足，由此厚葬之风盛行，从这扇精美的墓门上，就可以想见当时王公贵族墓葬的奢华程度。

他来朝廷。鲍永远离长安，不清楚朝廷的政权更替，对使者产生怀疑，并将其扣押起来。他派遣到长安探听虚实的使者回来后，说明刘玄已死的情况，鲍永这才释放了储大伯。

鲍永为刘玄办了丧事，封存大将军的印绶，遣散军队，仅带亲信一百余人前去拜见光武帝。光武帝见他一身缟素，所带之人寥寥无几，便问道："你的军队呢？"

鲍永正了正衣襟，向光武帝叩首，没有一点隐瞒地说："我身为人臣，不能保全君命，无颜用君上的军队去谋求富贵，所以将他们遣散了。"鲍永感谢更始帝的知遇之恩，光武帝虽没说什么，心里却不是滋味。

由于鲍永曾是更始帝的属将，光武帝虽然征用他，却对他不信任，总是派他去前线完成任务。有一次，光武帝派兵进攻怀县（今河南沁阳），因为遇到绿林军旧部的阻击，久攻不下。

知人善用的光武帝知道鲍永在绿林军中威望很高，于是命令鲍永率军进攻怀县。果然，鲍永一到，不费一兵一卒便说服了河内太守开城投降。光武帝大悦，对鲍永大加封赏。鲍永认为因为劝降有功而接受封赏是一种令人不齿的行径，坚决不接受赏赐。

▶【智勇双全】

光武帝虽然称帝，但是江山未固。当时，董宪的裨将屯集在鲁地，侵害鲁地百姓，光武帝于是任命鲍永前往鲁郡担任太守。鲍永马不停蹄，一路攻打讨伐反军，使敌军节节败退。不久，敌军几千士兵弃械投降，归顺东汉，只剩下彭丰、虞休、皮常等各带领一千多残兵仍垂死挣扎。

一天，鲍永刚好停留在阙里（曲阜孔庙），清楚看见了阙里从讲堂到里门一带的荆棘转眼间便消失得无影无踪。他感到很惊讶，认为这是一种预示，于是对手下的人说："在这个时候荆棘自己消失，莫非是孔夫子要我这个太守在这里给他行礼，这样事情就会迎刃而解？"

鲍永谋事在胸，随即聚集郡里百姓，在阙里举行祭拜仪式，还邀请了彭丰等人来参加，想趁此机会缉拿他们。彭丰等人清楚鲍永一死，自己便能东山再起，也想借此时机谋害他，于是表面上携带酒肉来祭拜，实际上暗藏兵器，准备攻其不备。结果，鲍永先发制人，击杀彭丰等人，反军势力立即土崩瓦解。

建武十一年（35），鲍永升任司隶校尉。当时，光武帝的叔父赵王刘良仗势横行，肆无忌惮，其他大臣惧怕他的身份，都敢怒不敢言。唯独鲍永不忌惮刘良，上奏光武帝，弹劾刘良目中无人，逼压大臣，扰乱朝纲。从此之后，朝廷上的一些不良风气渐渐消减，人人谨慎从事，唯恐被鲍永弹劾。

鲍永见鲍恢刚正不阿，不畏强暴，于是委任他做都官从事。两人通力合作，打击贪官污吏，使得朝纲严明，奸臣小人无法为非作歹。就连光武帝也经常说："皇亲国戚应该好好收敛一下，才能避开二鲍的法眼。"可见当时"二鲍"的名声让朝廷的达官显贵闻之胆怯。

一次，鲍永去巡视州县，途经霸陵，更始帝便葬在此地。鲍永不忘更始帝对自己的恩德，驱车前往祭拜，不料被随从劝谏。鲍永不为所动，义正词严道："我曾经是他的臣下，一日为臣，终生为臣，岂有不祭拜的道理！如果因此而得罪了陛下，我也不会回避！"

这件事传到了光武帝那里，光武帝很不高兴，认为鲍永不忠于自己。太中大夫张湛是个明理之人，向光武帝解释道："鲍永仁义，不忘过去的恩情；忠义，不忘曾经的君主。鲍永才是真正的高尚之士啊！"光武帝这才释怀。

后来，鲍永因事得罪了光武帝，被贬出京城。鲍永担任兖州牧三年，病死在任上。

论赞

论曰：鲍永对旧主固守忠义，他把将军队带往新主处邀宠看成是耻辱，这样的人是受得住更大的宠幸的。这就像是说话的人尽管诚恳，但听的人并不接受，这难道不是说明了悦耳动听的话更容易让人在情感上接受，而正直的逆耳忠言却难以使人认同？能抛弃利益来遵循做人之道，为人正直，遵循道义，这是君子的风范气概！

赞曰：鲍永早年蹉跎，晚年才功成名就。志向达到了，也保全了名节，这就是先苦后甜。

樊宏列传

樊 姓源远流长，形成于西周，是周文王的后代，其始祖为樊仲山甫，史称姬姓樊氏。樊宏是光武帝的舅舅，素来以仁义厚道著称于世，光武帝对他更是敬重有加，东汉建立之后封他为寿张侯。

▶【晓通大义】

樊宏，字靡卿，南阳郡湖阳（今河南唐河）人，是光武帝刘秀的舅舅。

樊宏家族的先祖是西周宣王时的名臣仲山甫，因为被封于樊地，子孙从国姓樊。樊氏是当地的名门望族，世代贤良，有操持。樊宏的父亲樊重，字云君，性格温和敦厚，继承祖上的传统擅长农业，精于商道，且治家有法度，祖孙三代同堂共财，子孙每天早晚向长辈请安致礼。樊家家财千万，但不骄逸好奢，经常接济贫困的族人和乡里民众。樊家外孙何家兄弟为了钱财争得面红耳赤，樊重不齿于这种行为，拿出两顷田产解决了两兄弟的纠纷。樊重八十多岁去世，他生前借给别人的钱财达几百万，临终前嘱咐家人把借据全部销毁。欠债的人知道后很着愧，纷纷来还钱。樊宏等人遵从父亲的遗愿，终究没有收下。

樊宏在这样的环境中成长，继承了父亲宅心仁厚的品德，谦虚做人，轻钱财，重仁义，年纪轻轻便有远大的志向和高尚的品德。

王莽摄政末年，民不聊生，义士起兵造反。光武帝之兄刘縯和族兄刘赐起兵攻打湖阳。当时樊宏就在湖阳县内，湖阳县府无力抵抗，知道樊宏的妻子是刘赐的妹妹，便抓了樊宏的妻子儿女作为人质，逼迫樊宏出城规劝刘縯退兵。

刘縯带领的军队是仁义之师，樊宏早就做好为国舍义的打算，出城之后非但没有劝退刘军，反而留在刘縯军中助他成功。

湖阳的军帅知道后很是气愤，险些斩杀了樊宏的妻儿，幸亏刘縯军队日益壮大，樊宏的妻儿才逃过一劫。

▶【仁义厚道】

绿林军起义胜利，更始帝即位。当时，赤眉军是绿林军里的一支部队，知道樊家富贵一方，想要攻打樊家营垒。樊宏得知消息后，没有为家族的灭顶之灾而惊慌失措，而是派人为赤眉军送去食物，慰劳一干将士。

赤眉军中受了樊宏恩惠的人都称赞说："我们知道樊君素日行善积德，

他现在又这般厚待我们，我们怎么忍心去攻打他！"于是撤兵离去，樊家这才幸免于难。

光武帝称帝后，拜樊宏为光禄大夫，建武五年（29）又封为长罗侯。之后，樊宏的族兄也陆续得到封赏晋爵。

樊宏为人谦虚平和，从来都不费心为自己谋求利益。他常常告诫子孙说："水满则溢，富贵过甚不会有好结果。上天告诉我们，恶贯满盈总难逃法网，谦卑自重才能细水长流。前朝的皇亲国戚是我们的前车之鉴。能以谦卑从事来保全自己，难道这样不好么？"

每次朝会，樊宏总是提前到达，俯首伏地等待朝会开始，时间到了方才起身。光武帝知道后，每次都先嘱咐随从要等到朝会快开始时再去通知樊宏，以免他提前到达。

樊宏处理朝政总是严谨周到，他的族人受到了他的影响，都是兢兢业业，不敢怠慢。

樊宏病危的时候，光武亲自到他府上看望，询问他有什么未了的心愿。樊宏叩谢国恩，说："臣何德何能，能承受大封国的荣恩。臣死不足惜，只是担心臣的后代不能保全陛下的厚恩啊！臣恳请归还寿张侯的爵位，换成一个乡亭就足矣。"光武帝见樊

● 陶牛俑·汉

这是一件汉代墓葬中的模型明器，2002年山东省日照市海曲汉墓出土。在丧葬方面，汉代沿袭商周以来随葬礼器的制度，此外还在墓中大量陪葬俑，除人俑外，还有许多表现居家生活的动物俑和阁楼、粮仓等模型明器。

宏临死前还不忘保全别人，不禁感伤起来，最终还是没有应允樊宏的请求。

建武二十七年（51），樊宏与世长辞，子孙按照他的遗嘱将他薄葬，没有摆置殉葬品。光武帝亲自为樊宏送葬，对他的死黯然神伤。因为感念樊宏的仁义敦厚，光武帝给予樊家子孙无上的荣耀，樊氏一门自此更加兴盛。

论赞

论曰：当年楚顷襄王问阳陵君说："什么是君子之富？"阳陵君答："授予别人却不居功，供养别人却不役使对方。亲爱亲戚，善待众人。"像樊重那样毁去借据，这大概就是君子之富。分出土地来施行天道，充实粮仓来崇尚礼仪，取之于治理教化，也可以实施在政事上。这和那些使众人畏惧者相比，是大不同！

后汉书 ●列传●

卷三十四

梁统 梁冀列传

梁 统，晋大夫梁益耳的后代，为人刚强坚毅，偏爱法律，一生坚持以法治国，早年随光武帝四处征战，功成封侯，掀开了梁氏大家族崛起的崭新篇章。东汉建立后，他极力建议光武帝完善法律体制，后被贬出任九江太守。出任期间，他恪尽职守，以法治郡，在百姓间留下了好名声。梁冀，梁统的玄孙，非但没有继承祖业，反而跋扈专横，权倾朝野，最终招致了整个梁氏家族的灭亡。

▶【梁氏封侯】

梁统，字仲宁，安定乌氏人。他的祖先是晋大夫梁益耳，梁统的高祖梁子都从河东迁到北地居住，后迁居到茂陵，于汉哀帝、汉平帝末年回到安定定居。

梁统性格刚强、坚毅，且非常爱好律法。更始二年（24），梁统被召补为中郎将，派去安抚凉州军民，并拜为酒泉太守。

适时，更始政权败落，赤眉军攻入长安，梁统和窦融等人商议推举统率，共同保卫边境。当时，梁统的呼声最高，大家都推举他为统帅。梁统却坚决推辞，说："从前陈婴不接受王位，是因为家里有年迈的母亲。如今我内有双亲，且没有功德和才能，实在不配担此重任。"于是大家又共同推举窦融为河西大将军，重新推举梁统为武威太守。梁统不负众望，执政期间公正严明，他的威望甚至波及

邻近的郡。

建武五年（29），梁统等人各自派遣使者跟随窦融的长史到光武帝所在处进贡，希望能到光武帝的行宫。光武帝召见长史后，便下诏加封梁统为宣德将军。

建武八年(32)夏天，光武帝亲征讨伐隗嚣，梁统与窦融等率军与光武帝会合。隗嚣被打败后，光武帝封梁统为成义侯，他的胞兄梁巡、堂弟梁腾同封为关内侯，拜梁腾为酒泉典农都尉，并全都派回河西。

建武十二年（36），梁统和窦融等人来到京城，以列侯的资格上朝参见，被改封为高山侯，拜为太中大夫，梁统的四个儿子被授为郎。

▶【以法治国】

东汉初年，社会刚安定下来，法律体制还没完善，对部分违法乱纪者的惩罚也并不严厉，导致各地犯罪率

节节攀升。

梁统针对这个情况，提出加大处罚力度的建议。他上书给朝廷，结合历史事实，指出宽待罪犯就是纵容犯罪，并请求光武帝加强法制建设。但是，他的言论没有得到光武帝的重视。于是梁统又上书请求得到光武帝的召见，以当面陈述当中的利弊。光武帝这才派遣尚书接见梁统。

在与尚书的会面中，梁统慷慨陈词，议古论今，并提出论据加以说明。他认为三辅地区盗贼并起，这些人烧毁茂陵、火逼未央宫是因为恶行得不到及时的严惩。因为恶行被纵容，于是导致此后陇西、北地、西河的贼寇跨越州郡，远道结交，攻占武器库抢走兵器，抢劫官吏，到处作乱。虽然此时天下没有灾难，百姓安宁平静，但是叛乱者的气势到了这种程度，都是因为刑罚不适当，使愚蠢之人轻易犯法造成的。由此可见，减轻刑罚反而会产生大的祸患，对坏人施加恩惠反而会伤害善良的人。所以，他力主光武帝加大刑罚力度，完善法律体系。

此次会面后，梁统的主张始终没有被光武帝采纳。这时，朝廷中的部分大臣也开始排挤梁统。不久，梁统就被贬出都城，任九江太守，改封陵乡侯。

虽然梁统的政治主张没有受到光武帝的重视，但是这丝毫不能动摇他想以法治国的决心。在梁统出任九江太守期间，他从当地的恶行抓起，严明法纪，实施法制。几年后，九江郡便形成了良好的社会秩序，百姓安居乐业，经济也得到快速发展。当地百姓对梁统的政绩无不称赞。

【梁氏显贵】

梁冀，字伯卓，梁统的玄孙，顺帝梁皇后的兄长。他的

🔴 汉宪陵

宪陵是东汉顺帝刘保与皇后梁妠的合葬陵，位于河南洛阳邙山。"生居苏杭，死葬北邙"，这是一句在民间广为流传的话。邙山上有着中国乃至世界上最密集的古墓葬群，山上古冢累累，乃至后人道"北邙山上少闲土"。

外貌丑陋凶狠，有着像老鹰一样的肩膀和豺狼般狡猾的双眼，说话含糊不清，很少读书，没什么文化。年少时，梁冀的姐妹中一人被顺帝立为皇后，一人被立为贵人。凭借着显贵的外戚身份，梁冀终日游手好闲，恣意享乐。他生性好饮酒，能拉强弓，喜好玩弹棋、蹴鞠、赌博等游戏，又喜好驯鹰、斗狗、赛鸡等游乐的事情。

梁冀虽然不注重德行修养，但这丝毫不影响他在仕途上顺风顺水。他最初担任黄门侍郎，后转为侍中、虎贲中郎将，兼任越骑、步兵校尉以及执金吾。

永和元年（136），梁冀官拜河南尹。他为官残暴放纵，做了许多违法的事情，当地的百姓都叫苦不迭。洛阳令吕放是梁冀父亲梁商的好友，他不堪百姓受虐，便常常与梁商谈起梁冀的错误。梁商也以此责怪梁冀。梁冀很生气，就派人刺杀了吕放。随后，他害怕父亲知道是他刺杀吕放，便把事情推在吕放仇人身上，并假装诚恳地请求让吕放的弟弟吕禹当洛阳令。此外，他还派人捕捉吕放的仇人，杀死吕放仇人的宗亲、宾客一百多人。

后来，梁商去世，还没有下葬，顺帝就任梁冀为大将军，他的弟弟侍中梁不疑为河南尹。

到了顺帝去世时，冲帝还在襁褓之中，由太后掌权。太后将权力转让给娘家人，下诏让梁冀与太傅赵峻、太尉李固总领尚书事务。梁冀表面上假意推辞不干，实际上专权跋扈得更

厉害。

冲帝去世，梁冀又立质帝。质帝年仅八岁，但是天资聪颖，他对梁冀的跋扈蛮横深恶痛绝。在一次朝会中，质帝望着梁冀说："这真是一位跋扈将军！"梁冀听在耳里，记恨在心里，表面上又不好发作。梁冀担心质帝成人后对自己不利，便命人在质帝食用的饼中加入毒药，当天质帝就驾崩了。

之后，梁冀又立桓帝。建和元年（147），桓帝加封梁冀一万三千户，增大将军府，官属人数比三公府多一倍。此后，桓帝又封梁不疑为颍阳侯，梁不疑的弟弟梁蒙为西平侯，梁冀的儿子梁胤为襄邑侯，各赐万户。和平元年（150），桓帝又增封梁冀一万户食邑。至此，梁氏家族达到了空前显贵。

【家有恶妻】

梁冀野蛮专横的行迹遍布乡野，令人发指，但是这样的人却唯独惧怕他的妻子孙寿。

早期，梁丘曾将美女通期献给顺帝。后来，通期在宫中犯了错误，顺帝便把她归还给梁丘。梁丘不敢将通期留在府上，便将她嫁给城外的一户人家。等到梁丘死后，梁冀就借服丧之名在城西与通期同居。孙寿得知这个消息后，趁梁冀外出时，将通期劫持到家中，割断她的头发，刮破她的脸，并鞭打她。就算这样，孙寿还是咽不下这口恶气，扬言要上书告发梁冀。梁冀非常害怕，只得跑去向孙寿的母亲叩头谢罪，才平息了这场风波。

此后，梁冀继续偷偷与通期私会，还生了个儿子名唤伯玉。不久，孙寿得知此事，便派人杀死通期。梁冀担心伯玉也遭遇毒手，就常常将他藏在夹壁的墙内。

孙寿不仅为人心狠手辣，还经常教唆梁冀排斥梁氏其他子弟，扶植自己的势力。梁冀听从孙寿的计谋，假冒梁姓之名，扶植心腹在朝中当侍中、卿、校尉、郡守和长吏等职务。这些人又分别派遣门客记录自己属下县中有钱的人，安上罪名，把他们关在监狱中拷打，让他们的家人用钱来赎，借此聚敛财物，有不少百姓因为给的钱财少被打死或者被迫迁移到别处定居。

当时，扶风有个富豪名叫孙奋，家产高达一亿七千多万，但为人非常吝啬。梁冀送他几匹车马，便想从他那里强行借五千万，结果孙奋只给了他三千万。梁冀大怒，指使当地郡守诬陷孙奋的母亲是他家的奴婢，偷了不少珍宝潜逃出来。于是孙奋和他的兄弟被收捕入狱，遭到严刑拷打。后来，孙奋死在牢狱中，家产全部被梁冀没收。梁冀和孙寿就是这样用各种手段敛聚财物。

【铲除异己】

元嘉元年（151），桓帝认为梁冀有拥戴的功劳，想超出常制来尊崇他，便下诏让梁冀上朝时可以不快走，允许佩剑穿靴上殿，拜见也不用说出自己的名字，并增加他的封邑至四个县。他可以十日才上朝一次，任尚书的职务。

对此，梁冀觉得仍不满意。他独掌大权，越来越蛮横，朝中事务无论大小，都要通过他才能决定。

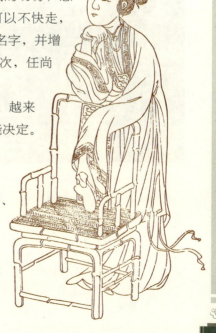

🌀 梁冀之妻孙寿

据《后汉书·梁冀传》载："寿，色美而为妖态，作愁眉、啼妆、堕马髻，以为媚惑。"说的是梁冀的这位夫人眉毛细长，时常蹙起，作愁眉不展状；美目莹莹，作拭泪状；爱梳懒髻，发髻半欹半偏，唤作"坠马髻"。这样一位看似柔弱的美人让梁冀甚是"宠惮"。太后梁妠死后，多行不义的梁冀失了靠山，最终与孙寿双双畏罪服毒自杀。

他还安排侍卫守卫在桓帝身边，皇宫内的事务和皇帝起居等事情，他都了如指掌。梁冀在朝中的权势如日中天，几乎没有人敢忤逆他。

后来，梁冀以私情嘱托吴树推举他的宾客。吴树回绝说："小人奸邪败坏，家家可杀。英明的将军应该推崇举荐贤官好人，用来补充朝廷的不足才是啊！"吴树的答复让梁冀很不

🔖 **张迁碑拓片**（局部）

明朝初年，山东东平农民在犁地时，意外发现一块巨大的石块，挖出来后发现竟然是一块碑石，它就是张迁碑。这块东汉灵帝中平三年（186）的石碑是谷城旧吏韦萌等人为追念县令张迁政绩而立的追思碑，并在碑文中记述了张迁的祖先张仲、张良、张释之和张骞等人的故事。

高兴。等到吴树任荆州刺史，临行前向梁冀告辞时，梁冀就趁机在酒中下毒。吴树离开后，就死在车上。

不久，又有辽东太守侯猛在最初拜官时没去拜见梁冀，梁冀便以别的事为借口，将侯猛处以腰斩。

汝南郎中袁著看到梁冀如此凶残，便上书朝廷要求削减梁冀的势力。梁冀得知后，派人四处搜捕袁著。袁著不得不更改姓名，又假装病死。他用香蒲做成人形，放置于棺木中，企图骗过梁冀的宾客。后来，梁冀的宾客还是发现了实情，并向梁冀报告。不久，梁冀就捕获了袁著，并将他活活鞭打至死。

不仅如此，梁冀还任用袁著的好友刘常为令史，借此来羞辱他。此外，郝絜、胡武等人也是袁著的好友，都看不惯梁冀的行径，他们曾联名给三府上奏章，推荐海内有高才之人，却偏偏不到梁冀那里去报备。梁冀对此怀恨在心，又怀疑他们是袁著的同党，便下令捕杀了他们，其中仅胡武家就被杀死了六十多人。

郝絜最初成功逃跑了，但他知道免不了一死，就用车载着棺材到梁冀府送书信。书信递进去之后，郝絜服毒自杀。这样，他的全家才得以幸免于难。

梁冀专权期间，像这样残暴的事还有很多，枉死的冤魂不计其数。

【东窗事发】

梁氏家族到达鼎盛时期，家中封侯的有七人，为皇后的有三人，为贵

人的有六人，任大将军的有两人，妇女称君者有七人，娶公主的有三人，拜为卿、将、校者有五十七人。

尽管如此，梁冀还是不满足，他想将妻子孙寿的舅舅梁纪之妻宣氏与前夫所生的女儿邓猛送入桓帝的后宫。桓帝见到邓猛后，果真对她非常宠爱。于是梁冀就想认邓猛为女儿，以巩固自己的地位，并改邓猛的姓氏为梁，从继父姓。梁冀怕邓猛的家人反对此事，就派人刺了邓猛的姐夫，又准备谋害舅母宣氏，并派出了刺客。

宣氏家和中常侍袁赦家相邻，刺客登上袁赦家的屋顶，想从此处进入宣氏家。袁赦发觉后，敲鼓会集众人，用此方法告知宣氏家。宣氏飞速进宫将此事告知桓帝。桓帝大怒，于是与中常侍单超、具瑗等五人商议要铲除梁冀和他的党羽。

这时，梁冀也已经开始怀疑单超等人，便派中黄门张恽进入省中宿卫，观察他们一干人等的动静，加以防范。此时，桓帝也察觉到梁冀有所行动，便来到前殿，召集各位尚书，开始实施剿灭梁冀势力的计划。他派尚书令尹勋持节指挥丞郎以下的人都操兵器守住省阁，并收集各种符节送到省中，谨防梁冀兵变。他还派黄门令具瑗率领左右厩骑兵、虎贲、羽林、都候剑戟士共一千多人包围梁冀家。此外，桓帝派光禄勋袁盱持节收回梁冀的大将军印绶降封梁冀为比景都乡侯。

当梁冀得知宅第内外已经被重重包围后，就和妻子孙寿当天在宅内自杀身亡。随后，桓帝派去的官吏全部收捕梁冀之子河南尹梁胤、叔父屯骑校尉梁让，以及亲从卫尉梁淑、越骑校尉梁墨、长水校尉梁戟等人。其他各梁姓及孙氏内外宗亲也都被送入牢狱，判处死刑。其他受牵连被处死的公卿、列校、刺史、太守有几十人，从前的官吏宾客被罢职免官的有三百多人。

不久，梁冀的家产全部被充公，合计三十多亿，全用于减免天下百姓的一半租税。桓帝还撤销梁冀的苑囿，让穷苦百姓在其中从事生产，维持生计。

剿灭梁氏集团几天后，长安才安定下来，天下百姓没有不称赞和庆贺的。

论赞

论曰：顺帝时，梁冀的父亲梁商被称为贤良辅臣，难道凭着极高的地位，就能质朴谨慎度过一生吗？宰相运转中枢权力，感应会通天人，就容易成就政事，违背事务的规律则很难驾驭万物。梁商拥有回天的权势，正值国家衰弱时期，匡正朝政，抚恤有难之人，但是没听说他有什么高明办法，受苦受难的呻吟之声仍然到处可以听到。即使装满粮食的车摆满城门，又怎能救得了遇难饥民的苦难？何况他宠幸传位给凶残的后继者，以至于家破国伤，这真的是徒劳无功啊！

赞曰：这么看来，也只有梁统在河西时辅佐汉室算得上是有功劳的。

郑玄列传

后汉书 ·列传·

郑玄，东汉末年经学大师，卓越的古籍整理专家。他毕生致力于注释儒家经典，使经学进入了一个"小统一的时代"。他所注释的儒家经典著作长期被封建统治者作为官方教材，收入九经、十三经注疏中，对于儒家文化乃至整个中国文化的流传做出了巨大贡献。

▶【年少好学】

郑玄，字康成，北海高密（今山东高密）人，其八世祖郑崇为汉哀帝时期的尚书仆射。

郑玄在年少时任乡啬夫，每次休息回家，都要到学官那里去听学，并乐此不疲。郑玄爱好读书，不喜欢当官吏，他的父亲为此非常生气，常常责备和劝诫他，却还是不能阻止他求学的心意。不久，郑玄就进入太学，拜京兆第五（第五为复姓）元先为师，学习《京氏易》《公羊春秋》《三统历》《九章算术》。学成归来后，他又改从东郡张恭祖学习《周官》《礼记》《左氏春秋》《韩诗》《古文尚书》。经过一段时间的学习，郑玄已经掌握了书本中的精髓。他认为山东没有值得再请教的人，便向西入关，通过涿郡卢植，做了扶风人马融的学生。

当时，马融的门徒多达四百余人，其中学问精深的有五十多人。马融平常很傲慢显贵，仅让门下的高材生传授学业，郑玄拜在他的门下三年，都没有见过马融一面。但这并不妨碍郑玄日夜苦读，他如饥似渴地吸收知识，从未感到疲倦。

有一次，马融听说郑玄善于计算，便召他到楼上相见。郑玄趁机请教一些问题，问完后便告辞离去。郑玄离开后，马融叹息着对门人说："郑生如今离去，我的学术也就东传了。"

经过十余年的游历求学，郑玄才返回故乡。由于生活贫困，他不得不在东莱租种

🔴 郑玄

两汉时期，经学繁盛。西汉时盛行今文经学（以汉朝隶书记录的儒家经典），东汉则盛行古文经学（秦统一中国前使用的古文字记录的儒家经典）。郑玄将古文经、今文经学融会一体，形成郑学，为经学的发展做出了重大贡献。

别人的田地以维持生计。当时已经有很多人景仰郑玄的名声，跟着他学习。没多久，郑玄的学生就有上百人。

后来，党争之祸发生后，郑玄与同郡的孙嵩等四十多人都被勒令禁止做官，并不再受起用。于是郑玄隐居在家，专心研究经书，闭门不出。

【辞官不受】

灵帝末年，朝廷解除了党人之禁。大将军何进听说郑玄很有才能，便想请他出来做官。州郡的官员因为何进是有权势的外戚，不敢违背他的心意，便逼迫威胁郑玄。郑玄不得不来到何进的府第。

何进对郑玄以礼相待，还为他设置矮桌拐杖，待遇很优厚。郑玄表示不接受朝廷的服饰，只穿普通文人的衣服接受引见，何进也都一一答应。然而，第二天，郑玄还是逃走了。当时郑玄六十岁，河内弟子赵商等几千人都从远方来拜入他的门下。

不久，将军袁隗上书请灵帝拜郑玄为侍中，郑玄借口父亲去世而没有接受官职。尽管如此，朝廷中还是有越来越多的人相中郑玄的学识。国相孔融也非常敬重郑玄，他常常急急忙忙拖着鞋就去郑玄家登门拜访。孔融还对高密县令说："从前，齐国设置'士乡'，越国有'君子军'，其用意都是为了推崇贤才。郑玄好学，确实怀有光明的德行。以前，有太史公、廷尉吴公、谒者仆射邓公，他们都是汉代名臣。南山四皓有园公、夏黄公，隐藏起光芒，世人都称赞他们的高义，也都称他们为公。如此一来，'公'就是仁义道德的尊号，不需要再三担任大夫之职。现在郑君的故乡应该叫做'郑公乡'。此外，从前东海于公仅有一种名节，还有人告诫他的同乡加大于公家的大门。现在像郑公这样的德望，却没有可以四马并行的路。所以应该扩大府门和道路，使之可以容纳高大的马车，称为'通德门'。"于是，高密县便为郑玄设立了"郑公乡"，号为"通德门"，以推崇他的威望。

建安五年（200）春天，七十四岁的郑玄梦见孔子对他说："起来，起来，今年太岁星在辰位，明年在巳位。"醒来以后，郑玄用谶纬进行核对，知道自己的生命就快终结了。不久，郑玄果真病重。当时正值袁绍、曹操官渡之争前夕，袁绍让他的儿子袁谭派人逼迫郑玄跟随军队。郑玄不得已，带病来到元城县。同年六月，郑玄病死途中，享年七十四岁。曾经做过他弟子的人都穿着丧服从四面八方赶来送葬，有一千多人。

论赞

论 曰：郑玄囊括大典，汇集众派学说，删除繁琐及错误的内容，改正校勘遗漏失误之处，从此学习者稍微知道该学什么。祖父豫章君每次研究先儒的经义训释，都认为郑玄的见解是比较好的，常常说即使是仲尼的门徒，也不能超过郑玄。

卷四十

班彪 班固列传

班彪和班固都是东汉时期重要的史学家。班彪出生官宦之家，聪明好学，少年才名渐显。他曾依附隗嚣，投奔窦融，支持光武帝复兴大业，后因病辞官，回乡专心创作。班固是班彪之子，九岁能诵读诗赋，十三岁能讲百家之言。他协助父亲班彪续补《史记》，并创作《汉书》，为后世留下了一笔宝贵的财富。

▶【班彪续写《史记》】

班彪，字叔皮，扶风安陵（今陕西咸阳）人，其祖父为西汉成帝时越骑校尉，父亲为哀帝时的广平太守。

更始政权败落后，京畿地区大乱，二十多岁的班彪投奔隗嚣避祸。隗嚣问班彪："当年周朝灭亡，天下分裂，数世后才获得安定。你认为现在的形势是分裂割据，还是统一呢？"隗嚣的言下之意是想问班彪自己是否能建功立业，独霸一方。班彪认为汉朝复兴是顺应天命。隗嚣哈哈大笑，用一番言论来论述班彪的观点是不正确的。班彪对隗嚣的这番言论非常厌恶，他感叹时世艰难，写下《王命论》，提出汉朝复兴是继承天命，王者立国，非奸诈和暴虐所能达到。班彪希望以此来感化隗嚣，但隗嚣始终没有听从班彪的建议。于是班彪逃往河西。河西大将军窦融任命他为从事，对他很敬重，私底下以师友之礼待他。

后来，窦融在班彪的策划下成功归顺光武帝。光武帝召窦融进京，问及他上交的奏章有谁参与起草。窦融说奏章全是从事班彪所作。光武帝早就听说班彪才华横溢，文辞出众，便召见他，并任为茂才。不久，班彪因病辞官。此后，他也陆续出任过其他职位，但都因身体的缘故不久便离任了。

在家休养期间，班彪专心致力于编撰史书。西汉武帝时，司马迁编撰的《史记》仅记录到太初（武帝的第七个年号，前104～前101）之前的史实。后人虽有收集太初之后的时事撰写成书，却都鄙陋庸俗，于是班彪便想续写《史记》。班彪写了几十篇后传，修改《史记》体例，删除世家一项，仅存纪、传两体。

建武三十年（54），班彪逝于任上，终年五十二岁。

▶【班固创作《汉书》】

班固，字孟坚，班彪的长子。他九岁时便能撰写文章，背诵辞赋。成

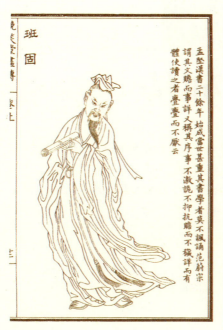

孟坚深书二十余年，始成当世甚重其书，学者莫不讽诵范蔚宗谓其文赡而事详，又稽其序事，不激诡，不抑抗，赡而有体，使读之者亹亹而不厌云

班固

🔴 班固

班固最大的功绩之一是在正史中首开先河专列"地理志"。汉朝版图辽阔，交通发达，《汉书·地理志》记载了当时大量实地地理资料，并得以流传至今。

年后更是博览群书，对于各派学术论说多作深入研究。他性格仁厚，不恃才傲物，儒者们都很敬重他。

班彪去世后，班固觉得父亲生前所续的前代史不够详细，便想加以完善。不久，有人上书汉明帝，说班固私自修改国史。明帝下诏将班固收捕到京兆狱中，并取走他家中的全部书籍。班固的弟弟班超立即上书向明帝说明班固著书的本意，并送来班固写的书。明帝审阅后，认为班固很有才华，便下召让他到校书部任兰台令史，与其他三人共同完成《世祖本纪》。班固出色完成编撰任务，被迁为郎官，任典校秘书。明帝也同意班固继续完成

之前创作的书，班固便汇集所见所闻，编为《汉书》。《汉书》的记录从汉高祖开始，到王莽被杀为止，共十二世，二百三十年。班固历经二十余年才完成此书，当时的学者都争相朗读背诵它。

到汉章帝时，章帝喜好文辞，班固因此更加受宠，多次被召入宫中伴天子读书。章帝每次外出巡猎，班固也都有赋呈献。朝廷有大事商议时，明帝也让班固在廷前论辩。

后来，班固因为母亲去世而离职。晚年，班固疏于管教子侄，班氏后人多不遵律法。当时，洛阳令曾被班固的家奴羞辱，但是迫于班固是窦宪的心腹，不敢发作。等到窦氏一门出了事，洛阳令便趁机将班固抓起来。不久，班固便死于狱中，终年六十一岁。

论赞

论 曰：班彪凭着通达儒学的高才，侧身在危险混乱之中，行为举止不违背道德，言论不失去公正，做官不求急速向上升，正直而不背叛他人，以文采来编制国家典籍，处在卑贱贫困的地位却没有烦闷的表情。他因世运而没有显贵，世人皆以卑贱为耻，但是为什么他能这么淡然地坚守其心呢？

赞曰：班氏父子文采确实超群，撰成汉朝史籍，他们既可与司马迁、董狐相提并论，又兼有司马相如、扬雄的文采。但是班彪明察皇天语命，班固却迷失在茫茫人世间。

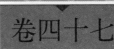

卷四十七

班超列传

班超，文学家班彪的次子，东汉时期著名军事家和外交家。班超为人不拘小节，孝敬恭谨，善于审察事理。他胸有大志，早年投笔从戎，主动要求出使西域，为平定西域，促进民族融合，加强东汉与西域的往来作出了巨大贡献。

▶【投笔从戎】

班超，字仲升，扶风平陵（今陕西咸阳西北）人，班彪的次子，班固的弟弟。

班超胸怀大志，不注重细节，内心孝顺恭谨，生活勤俭，不以辛劳为耻辱，能言善辩，且博览群书。

永平五年（62），班固被召任校书郎，班超与母亲跟随他来到洛阳。当时由于家中贫穷，班超常常为官府抄写书籍来供养母亲。

班超长期抄书，非常辛苦，他曾经扔掉笔叹息说："大丈夫没有什么别的志向谋略，也应该效仿傅介子、张骞在异域立功，以此得以封侯，怎能长久从事这种抄写工作呢？"身边的人都嘲笑他，班超却不以为然，说："你们这些小子怎知壮士的志向！"

不久，班超遇见一个懂相术的人，他对班超说："你虽是平民书生，但会在万里之外建功封侯。"班超向他仔细询问情况。看相的人指着他的面相说："你长着燕子般的下巴，老虎似的脖子，能飞又能吃肉，这是万里侯的面相。"

一次，明帝一时兴起，便问班固说："你的弟弟在哪儿？"班固回答说："为官府抄写，挣钱供养老母。"明帝便任命班超为兰台令史。不过，班超到任不久就因过失而被免官。

永平十六年（73），奉车都尉窦固出击匈奴，任班超为代司马，率兵攻击伊吾。班超在蒲类海与匈奴交战，斩敌凯旋。窦固器重他，便派遣他和从事郭恂一同出使西域。这是班超投笔从戎的转折点。

▶【出使西域】

班超首先到了鄯善（今新疆若羌），鄯善王最初对待班超非常恭敬，后来却变得生疏。班超察觉后，就对他的属官说："你们是否察觉鄯善王对我们的态度改变了？这一定是有匈奴使者来了，鄯善王因此犹豫不定，不知该归顺谁。"于是班超招来鄯善王的侍从，问道："匈奴使者来了好几天，现在在哪里呢？"侍从以为底细已经被他们知道，就很惶恐地招认了实情。

班超扣住了侍从，召来自己的三十六名部下，与他们畅饮。等到喝得差不多了，班超鼓动部下说："你们与我同在遥远的地域，想立大功，以求功名富贵。现在匈奴的使者才到数日，鄯善王就不热情了。如果鄯善王将我们送给匈奴人作礼物，那么我们肯定就要被喂狼了。大家看该怎么办呢？"部下纷纷表示愿意听从班超的调遣。班超说："不入虎穴，焉得虎子。为今之计，乘夜以火攻击匈奴使者，才能成功。"

班超带领着部下在夜里冲到匈奴使者的营帐里纵火，趁乱刺死了不少匈奴人。其中班超亲手杀死三人，吏兵斩杀匈奴使者及从士三十多人，其余一百多人都被烧死。

班超次日才将实情告诉郭恂。郭恂起初很惊慌，不久脸色就有所变化。班超知道他的心思，举起手说："您虽没去，但班超怎能独占功劳呢？"郭恂这才露出高兴的神色。

班超再次晋见鄯善王，把匈奴使者的首级给他看。这时，鄯善国上下都很惊恐，班超便加以安抚。鄯善王为了表明自己的归顺之心，派儿子作为人质跟随班超去了汉朝。

窦固得知后非常高兴，将班超的功劳上报给明帝。明帝认为班超非常有气节，便任命他为军司马，让他再次出使西域，以继续扩大汉朝在西域的影响。窦固要给他增加兵马，班超回复说："有属下三十余人足矣。"

【入驻西域】

班固将出使的第一站定在于阗国。当时于阗王广德攻破莎车，称霸于西域的南道。再加上匈奴使者也到了于阗，不断挑拨，于阗和汉朝的关系处在破裂边缘。

班超带着使团到达于阗后，于阗王对他的态度很轻慢。于阗国信巫术，巫师对于阗王说："天神发怒了！天神谴责你有倾向汉朝的心思，你必须用汉朝的马匹来祭祀天神。"于是于阗王便派人到班超处求取马。

白话精编二十四史

◉第二卷◉

● **班超**

在汉朝的版图扩大之后，中原地区与西域有了交往，而西域因为距中原较远，又有匈奴人的威胁，常常发生战乱。班超能率领少数士兵维持西域几十年的稳定，把汉朝的威名远播万里之外，可以说是一个奇迹。

班超得知其中的缘由后，同意了请求，但要求巫师亲自前来取马。巫师刚到，班超立刻把他的头砍了下来，送给于阗王。这时，于阗王已经听说班超在鄯善诛杀匈奴使者的事情，非常恐慌，被迫杀了匈奴使者，向班超投降。于是班超重赏了于阗王的下属，并安抚当地百姓，从此平定于阗王占据的地区。

第二年，班超抄偏道到达疏勒。他听说龟兹王是匈奴人所立，匈奴人仗势占据北道，攻破疏勒，杀死原疏勒王，另立龟兹人兜题为疏勒王。班超想派遣部下田虑先去劝降兜题，他告诫田虑说："兜题本不是疏勒人，国人肯定不服从他的命令。如果不投降，便可以抓住他。"

田虑依照班超的吩咐去见兜题。兜题见田虑力量轻弱，完全没把他放在眼里。没想到田虑乘其不备，上前劫持缚住兜题。兜题的左右侍从完全没想到，都惊恐地四处奔逃。田虑将情况飞马报知班超，班超立即前来，招来全部疏勒将吏，宣布疏勒王的罪状，并改立前疏勒王兄长的儿子为王。疏勒国人都十分高兴。

永平十八年（75），明帝病逝。焉耆趁汉朝大丧，杀死西域都护陈睦。班超孤立无援，而龟兹、姑墨多次发兵攻打疏勒。班超据守盘橐城，与新疏勒王首尾呼应，士兵官吏虽然人数不多，却坚持了一年多时间。

章帝即位后，因陈睦刚死，怕班超力单难支，就下诏召他回朝。班超准备回国，疏勒国人非常忧虑，都尉黎弇对班超说："假如汉使抛弃我们，我们必会再次被龟兹灭国。我实在不忍心见您离去。"说完竟拔刀自刎。班超走到于阗，于阗王侯以下的人都哭着说："我们依赖您就像依赖父母一样，您千万不能走啊！"他们抱住班超跨下之马的腿，不让他前行。班超实在没办法，就又回到了疏勒。

【休妻表忠】

建初三年（78），班超率疏勒、康居、于阗、拘弥兵马一万人攻打姑墨石城，成功攻破，斩首七百。班超想趁机平定其他诸国，于是向章帝请求增兵。平陵人徐干与班超志向相同，上书表示愿意辅助班超平定西域。章帝于是任命徐干为假司马，率领解除刑罚犯人及自愿跟从的上千人投奔班超。班超借助徐干的援兵，成功击破了反叛的疏勒都尉。

建初八年（83），章帝拜班超为将兵长史，并派卫侯李邑护送乌孙的使者回国，希望借此联合乌孙一起进攻龟兹。结果，李邑初到于阗，惧战不前，便上书章帝说西域难以平定，还毁谤班超整天搂着娇妻爱子，只知享乐，根本没有心思顾及战事。

班超听说此事后，便休了妻子，以表忠心。章帝知道后，严厉责备李邑，并对班超说："如果李邑能办事，就留在你那里。"班超随即遣李邑率领乌孙王子返还都城洛阳。

这时，徐干对班超说："李邑先前毁谤您，想败坏西域之事，现在为何不借诏命留住他，另派其他官吏送乌孙王子呢？"班超笑着说："这话说得太没气度了，正因为李邑毁谤我，所以我派他去。如果自我反省而不内疚，何必担忧别人的话呢？顺着自己的心意留下他，这不是忠臣应该做的。"

【魂归故里】

建初九年（84），班超发兵进攻莎车，结果乌城投降了班超。三年后，前疏勒王劝说康居王借兵给他，并秘密与龟兹商议，派使者向班超诈降。班超察觉了他们的奸计，但还是在表面上同意了他们的请求。疏勒王得知班超上当，欣喜异常，立刻率轻骑直奔班超处。班超早已设下伏兵，并为他们设宴奏乐。行酒之时，班超喝令从吏缚住疏勒王并杀了他，杀死其部众七百多人。西域的南道从此也通畅了。

第二年，班超再次调军进攻莎车。莎车战败，投降班超，龟兹等国的部队也因此各自散去，班超从此威震西域。

永元二年（90），月氏王因班超拒绝他要与汉和亲的请求，派遣副王谢率领七万人进攻班超。班超认为月氏军队人数虽多，但是长途作战，不利于粮草运输，于是下令与月氏军队相抗。相持数日，月氏军队讨不到什么便宜，反而粮草将尽。班超估计月氏会向龟兹求粮，便派

兵截杀了月氏派往龟兹的使者，并将使者的首级献给月氏副王谢。谢惊恐，派人向班超谢罪。此后，月氏臣服于汉朝，每年都进贡当地的珍宝。

永元三年（91），龟兹、姑墨、温宿相继投降，章帝任命班超为都护，徐干为长史。至此，西域只有焉耆、危须、尉犁因从前杀害汉朝派到西域的都护而怀有二心，其余均已被平定了。不久，这三个国家也被班超以武力收服了。西域五十余国再度臣属于中原王朝。班超被封为定远侯，食邑千户。

永元十二年（100），班超年老多病，思念故土，向和帝请求归乡。十四年八月，在西域度过了漫长三十年的班超回到洛阳。一个月后，班超胸疾复发，不治身亡，终年七十一岁。

白话精编二十四史

论赞

论曰：时世清平安定，文德之士就会得到重用，武略之士则没有用武之地，所以汉朝时，争先恐后要前往夷狄之地以求得功名的人实在太多了。班超等人以雄略平定西域，才能功成名就，得享爵位，其功勋为后人铭刻，也是当时的有志之士。

赞曰：这些人一定远慷慨，独在西域立功。跋涉于葱岭、雪山，似履平地，跨越龙堆（古西域沙丘名）、沙漠，如跨咫尺。

卷四十九

王充 王符 仲长统列传

公元 25 年至 220 年，历史上有名的东汉王朝是中国古代一个强大而统一的国家，而在这两百年间，真正能够称为思想家的却仅有三位，他们就是王充、王符和仲长统。在那个以儒学为文化主流的朝代，王充的《论衡》，王符的《潜夫论》，仲长统的《昌言》，共同影响了东汉的文学思潮，开一代风气之先，后世学者更是将他们三人誉为"汉世三杰"。

【王充辞官】

王充，字仲任，会稽上虞（今浙江上虞）人。他的祖籍在魏郡元城（今河北大名），是元城王氏的后裔。元城王氏是西汉时期赫赫有名的大族，自始祖王贺以来，王氏一门极尽风光。后来，王莽自立为王，元城王氏达到巅峰，号称"天下第一家族"。

王充幼年丧父，在乡里是出了名的孝子。之后，他来到京师，并且在国家最高学府太学求学，师从扶风人班彪。

王充少时好学，博览群书，却不拘泥于书本，不死记硬背，而是敢于提出疑问。

那时候王充家里很穷，没有多余的钱去购买书卷，于是每天一有空闲，他就到洛阳集市上的书肆看书。书屋中那些书籍，他往往看一遍就能背，也因此对百家之言了然于胸，为他日后才学的发展夯实了基础。

后来，王充回到了家乡，在家里开了一间私塾，教学生读书写字，并曾受聘为功曹。后来，王充和上级意见不合，引咎辞职。

【潜心治学】

王充不仅勤读好学，而且喜欢论说。其观点初看诡异，但结论却有理有据。

王充也是一个精于治学的人。他治学的时候会关起门来思考，谢绝一切俗世礼节，专心致志做学问。有人从他家门前经过，发现他家的窗户和墙壁都放满了刀和笔，于是惊叹不已。王充在这样的环境下完成了《论衡》八十五篇，洋洋洒洒二十余万字，详细解释了世间万物的异同，以此解开了当时人们的疑惑。

王充晚年曾入仕为官，但因为与官场格格不入，最后还是辞官回家。他也曾被好友推荐给章帝。章帝很赏识他，还特地下诏派遣公车征聘王充来朝，可是王充因病而未能接受。

永元年间，王充病死家中。

【不同流合污的王符】

王符，字节信，安定临泾（今甘肃镇原）人。

他年少的时候就是个好学之人，当时游学到东都洛阳，结识了声名远扬的四位大家——马融、窦章、张衡、崔瑗，他们常常一起探讨文章，交流彼此的想法。与这四位大师之间的学术交流开阔了王符的视野，对他日后写作《潜夫论》奠定了基础。

王符自小生活在安定一带，鄙视平民百姓是当时安定人的习俗。王符不是出生于显赫的家族，再加上他又是庶出之子，母系来路不明，处境更是艰难，常常要忍受同乡人鄙夷的目光。

自灵帝、献帝之后，朝廷形成了一股官宦之间相互勾结的风气，朝廷官员争先恐后引荐自己的亲信，以壮大自己的力量。当时王符也是朝廷的一名小官员，他为官向来清廉，对官场的风气很反感，看不惯那些官员的嘴脸。他坚守自己的原则，发誓不与世俗之人同流合污，坚决不去攀亲献媚，因此迟迟得不到晋升。

他每日看着朝廷官员结党营私，心中积怨难平，又苦于无法伸张正义。终于有一日，他愤然辞官归乡，隐居起来，专心著述，把自己的一腔愤慨化为文字，讽刺当时社会上、官场上的不良之事。这就像王符自己说的，"以讥当时失得，不欲彰显其名"。他的文章犀利，使阅读他作品的人有一种前所未有的酣畅淋漓之感。因为如此，他为自己的著述题曰《潜夫论》，意在扬其志，掩其名。

漢治中王公弌

【声名远播】

王符平生知遇之人是一代名

◎ **王充**

汉朝时鬼神之说泛滥，王充却在《论衡》中认为神灭无鬼，并风趣地说从古至今死者无数，如果人人死后为鬼，那道路上岂不是被鬼充塞吗？这位东汉古人身上闪耀的是朴素的唯物主义思想光辉。

将皇甫规，此人是当时赫赫有名的渡辽将军。

皇甫规解官回安定不久，一个刚刚离职回乡的同乡知道皇甫规德高望重，便持名刺想要拜见他。这个人曾任雁门太守，皇甫规问明情况后，得知他能出任雁门太守完全是靠钱财买来的，很不以为然，于是卧身在床，特意不起身迎接。

同乡人走了进来，看见皇甫规在床上假寐，似乎没有想要答理他。同乡人站在原地很尴尬，可又不好就这样离开，正踟蹰着，不料皇甫规从床上起身，开口就问："你之前任雁门太守时，感觉你们郡上的雁好不好吃，味道怎么样？"皇甫规用这句话来鄙夷同乡人目光短浅。

不久，王符求见。皇甫规素来听闻王符的大名，知道他为官耿直清廉，品性高洁，且才识高远，得知王符求见，他马上慌张起身，连衣服都来不及穿上，拖着鞋就跑出大门迎接。皇甫规一见到王符，赶忙拉着他的手迎进大厅，与王符坐在一起，高谈阔论，聊得十分欢快。

这件事传开后，有人评论说："徒见二千石，不如一缝掖。"说的是书生的贵贱应以道义而不是官位高下来衡量。

至此之后，王符一直未再涉足官场，死于家中。

▌【狂生仲长统】

仲长统，字公理，山阳高平（今山东邹城东南）人。他少年时敏而好学，博览群书，文辞丰富。

二十多岁的时候，仲长统到青州、徐州、并州和冀州游历，广交好友，认识他的人都认为他是一个非常奇特且富有才情的人。

🔴《潜夫论》书影

这是一部东汉时期社会生活的"百科全书"，全书以《赞学》始，以《五德志》叙帝王世系、《志氏姓》考谱牒源流而终，其余篇目多讨论治国安民之术，分题论述国家用人、行政、边防等内外统治策略和时政弊端，兼及批评当时迷信卜巫、交际势利等社会不良风气。

当时的并州刺史高幹是袁绍的外甥，他一向敬重名士，喜欢四处招揽游士，为己所用。当时各地确实有不少能人贤者过来投奔他，得到他的善待，仲长统就是其中之一。

自仲长统投奔高幹以来，高幹一直待他很友善，事无大小都喜欢向他请教。经过一段时间的接触，仲长统认为高幹没有雄才，于是当面跟高幹说："请恕我直言，你这个人胸有大志却没有雄才大略，喜好招揽名人雅士，却不会辨别哪些人可为己用。这是你应该注意的。"

高幹听后很不以为然，自我感觉良好，没有重视仲长统的意见。仲长统看到高幹不为所动，依旧我行我素，于是黯然离去，改投他处。

果然，不久之后，高幹以并州为自己的根据地起兵造反，最后被镇压了下去，招致身败名裂的下场。通过这件事，并冀两州的人都认为仲长统有远见卓识，不是一般之人。

仲长统敢于直言，性情不拘小节。他有时候寡言少语，有时候却高谈阔论，言行举止异于常人，当时的人送给他一个"狂生"的称号。

朝廷多次招贤，他都称病不去，逍遥于世外。在他看来，名不常存，人生容易消亡，所以不要过多地去追逐名利，反而是悠闲自乐来得更为洒脱。"逍遥一世之上，睥睨天地之间"正是他的志向。

尚书令荀彧仰慕仲长统的名声，认为他确实非同常人，就大力推荐他担任尚书郎的职位。建安年间，仲长统和丞相曹操议论军事，每每谈论到古代和现今一些世俗之事，仲长统都是激愤不已。于是他把心中所想撰写成《昌言》一书，抒发自己的主张。《昌言》共三十四篇，达十多万字。

延康元年（220），汉献帝逊位。同年，仲长统英年早逝，终年四十一岁。

杨震 杨修列传

弘农杨氏是汉朝名门，与东汉末年的袁氏家族并驾齐驱，名声赫达。到了东汉，杨震、杨秉、杨赐、杨彪均官至太尉，人称"四世三公"，可谓权极一时。作为中国一大传奇家族的弘农杨氏，历代子孙的才干享誉于世，不仅武将辈出，亦有不少文才大家，如杨修、杨炯等。

▶【杨震传道授业】

杨震，字伯起，弘农华阴（今陕西华阴东）人。他从小就聪明好学，曾拜担任太常之职的桓郁为师，刻苦钻研《欧阳尚书》。

杨震二十岁的时候由于不愿做官，于是自己出钱开私塾，一心为学生传道授业解惑。杨震教学三十余年，桃李满天下，他的弟子早已经超过了三千人，可以和孔圣人的三千弟子相媲美。所以，当时的人都称呼杨震为"关西孔子杨伯起"，后人也称他为"关西夫子"。

杨震经常居住在一个叫湖的地方，一直没有答应州郡任他做官的任命。众人都在议论，杨震虽然已经快到了知天命之年，但是他不愿出仕为官的意志却越加明显了。

有一天，杨震在讲堂授课，突然有一只鹳雀飞入堂中。众人仔细一看，发现那只鹳雀的嘴里衔着三条鳝鱼。不一会儿，大家纷纷议论起来，都认为那是上天的预示。众人随即把

鳝鱼拿上前对杨震说道："蛇鳝是卿大夫服上的纹饰，象征着卿大夫。这里有三条鳝鱼，三是三公的意思。现在鹳雀送鳝，看来先生离升迁之日不远了。"

果然，杨震在五十岁的时候到了州郡上任职。

不久，大将军邓骘听说了杨震的学识品行，于是派遣信得过的人去请杨震到自己的幕府任职。杨震到任后，邓骘就推荐杨震为茂才（东汉时为了避讳光武帝刘秀的名字，将"秀才"改为"茂才"）。随后，经过四次升迁，杨震已经官至荆州刺史、东莱太守，官运亨通。

▶【暮夜却金】

永初六年（112），杨震在赴任东莱太守的途中，经过一个叫昌邑的地方，遇到了昌邑令王密。

王密以前曾经受到过杨震的举荐，心中感恩。这天夜里，王密前来谒见，双手奉上十斤金子，说是要感

谢杨震以前对他的照顾。杨震退而不受，说："我了解你的为人，而你却不了解我，这是什么原因呢？"王密以为杨震是怕隔墙有耳，就说："现在夜深人静，是不会有人知道的。你就放心收下吧，聊表我的一片心。"

杨震听了这话，觉得旧日相识侮辱了自己，就扬声说道："天知，神知，我知，你知，怎么可以说没人知道！"此话一出，王密立即明白杨震是个清正廉明之人，愧怍难当，只好作罢。

杨震暮夜却金的故事流传开来，杨震也因此备受人们的尊敬，被称为"四知先生"。

杨震做官，从来没收取过一分一毫私利，也没有因为私事去请客送礼。他的子孙每天过着和普通百姓一样的生活，十分简朴，日常饮食都是素食蔬菜，出门也弃车步行。他时常告诫子孙要清白做人，以自己是"清白吏"为傲。亲友们一直劝他要多为子孙后代着想，建议他给后代置办一些田产，以防日后有变数。杨震听后很生气，说："我这样做是为了让后世的人能称颂他们是清白官吏的子孙！你们说，拥有这样的遗产，难道不比那些田产丰厚吗？"

【鸟悲杨震】

永宁元年（120），杨震担任司徒之职。

第二年，邓太后去世，安帝身边的宦官开始恃宠而骄，横行霸道。文帝乳母王圣自恃养帝有功，骄横放纵，目无法纪。杨震多次上书劝谏，却被安帝置之不理，他也因此招来樊丰、周广等小人的妒恨。

之后，杨震遭樊丰等人诬陷，被遣回故里。返乡途中，杨震悲愤慨然，对儿子和门生说："死有什么好怕的！奸臣当道，牝鸡乱朝，我却无力制止，叫我以何脸面存活于世？"说完饮鸩而死，时年七十余岁。

樊丰等人对杨震恨之入骨，

白话精编二十四史
◉第二卷◉

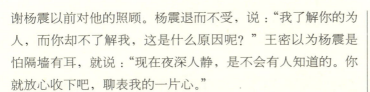

❂ 杨震

东汉弘农华阴的杨氏一门四世三公，是从杨震开始，其子、孙、曾孙四代，近八十年间相继有四人官至三公。三公是东汉朝廷中最尊显的三个官职的合称，即司徒、司空、太尉。

在杨震死后还派遣弘农太守截住杨震的灵车，并且将灵柩停在道旁，任凭日晒雨淋。如此泄恨还不够，樊丰等人还利用权力罚杨震的几个儿子做苦役，代邮差送信，让他们每天日晒雨淋来回奔走，过往的百姓们看到了无不感伤流泪。

在杨震改葬之日，方圆几百里的人都来为他送葬。途中，突然飞来了一只大鸟，有一丈多高，停落在杨震的丧位前面。大鸟看起来很悲伤，竟然悲怆地鸣叫了几声，不愿离开。它的眼泪落在地上，渗进了土里。一直到丧礼完毕，大鸟才飞走。之后，人们立了一尊石鸟像在杨震的墓旁，以此表示他们沉痛的哀思。

一年后，顺帝即位。杨震的冤案被平反，小人得到惩处，杨震的儿子也得到晋升。

【杨修"鸡肋"引妒】

杨修，字德祖，弘农华阴人。

杨修出身世代簪缨之家，先祖世代为官，他更是继承了先祖好学善思的品质，才思俊敏，有经世伟略之才。

建安年间，杨修初举为孝廉，后投于曹操门下，任主簿。

当时各方势力中，曹操一方的势力最强盛，他野心勃勃，欲灭孙权、刘备，定天下。建安十年（215），曹操挥军南下，想平定汉中，一举歼灭刘备势力。无奈诸葛亮用兵如神，曹操连吃败仗，陷入两难境地。

一日，曹操在营帐中宴饮，席间

🔴 杨修

在《三国演义》中，杨修因曹操在门上题"活"字而知道曹操嫌门过于宽敞，遂命人将门拆去。远方客人送给曹操一盒酥，曹操在装酥的盒子上写了"一合酥"三个字，杨修便将酥分给众人吃了，说曹丞相的意思是"一人一口酥"。这样几件事情之后，曹操对杨修日益嫌恶，最终下了杀手。

正思索着，不知该进该退。要进军刘备，奈何刘备营中的诸葛亮善用兵法，进无可进。假使退兵，他耗尽心机的宏图伟业就难以实现，错失此次时机，恐怕再难挫败刘备。

在此进退两难之际，曹操的教令中只写有"鸡肋"两个字。众人不解，只有杨修说："鸡肋这东西吃起来没有味道，丢了又很可惜。刚刚曹公一声感叹，说明曹公心里已经有所决定，曹公现在是想退兵了。"

果然，曹操下令退兵。

【杨修之死】

杨修英年早逝，与他的聪明才智有很大的关系。曹操有杀杨修之心，也是源于杨修每次总是对他的心事了然于胸。杨修跟随在曹操身边时发生的几件事情，为日后杨修身首异处理下了伏笔。

一次，杨修有事要外出。离开前他算准了曹操会在他外出的这段时间过来询问一些事务，所以就事先做好了应对曹操的准备。杨修还特意嘱咐守门的小僮："如果曹丞相有什么命令，你马上过来通报我。不得有误！"事情果真如杨修预料的一样，曹操每次过来，杨修都利用小僮的报信而没有贻误。

这样的事情接连发生了三次。曹操觉得事有蹊跷，于是派人前去调查清楚这件事，才知道其中的内情。曹操因此暗暗妒恨杨修，很看不惯杨修的投机取巧，自作聪明。

曹操想杀杨修，不仅因为妒忌他，而且还因为他是自己对手袁术的外甥。他怕杨修日后成为自己的心头大患，一直想找个借口除掉杨修，以绝后患。建安二十四年（219）秋天，曹操以惑乱军心的名义杀死了杨修。

杨修去世时年仅四十五岁。他一生著作不少，有赋、颂、碑、赞、诗、哀辞、表、记、书共十五部。

论赞

论曰：孔子称"危而不持，颠而不扶，则将焉用彼相矣"。意思是说危难的时候你不出手援助，还要你做什么？如果是真心托以重任，就不可以虚情假意对待它。地位越是崇高，就越是应该忧心责任的远大。延、光二帝时期，杨震为上相，以正直执掌政务，先公道而后身名，可以说得上怀王臣之节，识所任之大体。于是杨震不断积德，连任宰相，这的确可以说是"积善之家，必有余庆"。

赞曰：杨震为官时以"天知，神知，我知，子知"四知拒绝受贿，摒弃酒、色、财三惑，对君王直言进谏，确实没有邪恶之心啊！

虞诩列传

东汉时，北方的匈奴已经不是中央政权的心腹大患，而西北边境上的羌人不断骚扰西北凉州，并威胁到西京长安。朝中有一派人想放弃边患不断的凉州，虞诩却以过人的眼光指出了凉州对东汉政权的重要性，并领兵平定羌人叛乱，解决了东汉自立国以来就有的西北边患问题。

【升卿之愿】

虞诩，字升卿，陈国武平（今河南鹿邑西北）人。

关于"升卿"这个字的由来，还有一个故事。

虞诩的祖父虞经是郡县狱吏，任职多年，执法办案从来都是公正光明，心存宽恕之心。当时，狱吏每年都必须按时上报案卷。虞经每次上报案卷时，总不免要为犯人被判有罪而泪流满面。

虞经多年公正办案，有一次，他自己很骄傲地说道："东海的于公为官清廉，家教严明，后来他的儿子于定国因为父亲的庇荫做了丞相。我做狱吏判案已经六十年有余，我不敢说我的功劳比于公高，但是总该可以说跟他差不多吧！那么我的子孙应该能成为官至九卿的人才吧！"于是虞经将虞诩的字命为升卿。希望虞诩能有朝一日官至九卿，为家族争光。

虞诩果然没辜负祖父的期望，他读书万卷，十二岁便能背诵《尚书》。

他在年少时便立下志愿，希望日后成为国家的栋梁之才，为百姓效力。

虞诩不仅好学，还很孝顺。他侍奉祖母的孝行，乡县里的人都知道，当时县里还推荐他为顺孙，以此鼓励他。

虞诩成年后，得到了陈国国相的接见。国相见虞诩器宇不凡，认定他是个不可多得的人才，便要招他为官。虞诩考虑到家中有九十高龄的祖母无人奉养，便推辞说："家里的祖母九十岁了，一定要我来照顾。"国相知道他孝顺，只好作罢。

后来，祖母去世，虞诩为其守孝，等到服孝期满了，才投到太尉李修府中任郎中。

【据理力争】

永初四年（110），羌、胡等少数民族起兵造反，进攻并州和凉州。邓太后的弟弟大将军邓骘镇守凉州，眼看物资将要耗尽，他觉得应当放弃凉州，调兵全力保卫北方边疆才是上上之策，于是召集所有公卿开会商议退兵之事。

邓骘说："现在退兵才是上策。比如说我们的衣服破了，就必须要牺牲一件衣服来缝补其他的衣服，这样才能顾全大局。如果不这么做，我们的国家将没有一片是完整的。"将领中没有一个提出异议，都点头同意。

虞诩暗中打探，得知邓骘要退兵放弃凉州，于是去见李修，希望能说服他。虞诩说："光武皇帝开疆拓土，身经百战，才开创了今天的局面，而今却因一点点花费而轻言放弃。如若放弃凉州，迁出百姓，那么富饶的三辅就成了战火连绵的边塞，连长安都会成为羌人铁骑随意出入的地方。三辅成为边塞，皇家的陵园便处于境外之地，这极为不妥。此外，谚语说：'关西出将，关东出相。'凉州之兵作战勇猛，如果落入敌人手中，向东进攻，那么恐怕就是姜太公重生，也不能再收复失地了。"

李修听虞诩一说，恍然大悟，感慨道："我没想到这些啊！如果没有你的提醒，恐怕就要坏了国家大事。"之后，李修听从虞诩的建议，召集四府议事，所有部署皆依其议。安抚凉州民心，坚守凉州。

邓骘为人心胸狭隘，认为是虞诩从中作梗，使将领不遵照他的安排，因此耿耿于怀，想借机以吏法来打击虞诩。

正巧朝歌（今河南淇县）发生了数千人合力杀死官吏的事情。那些聚众之人连年不散，威胁着朝歌的安定，使得朝

邓太后戒饬宗族·清·焦秉贞

出自《历朝贤后故事图》，此套图册共 12 开，取材于古代贤后顺妃故事。这幅画表现的是东汉太后邓绥 (81～121) 掌权后重用外戚，但告诫他们守法安分，还下诏让皇室子弟与邓氏子弟一起学习经学，以防止他们生活过度骄逸。正因为如此，邓氏外戚多恭顺节俭，力谋为国，未成祸患。

廷苦恼不安。邓骘记恨虞诩，认为时机到了，于是向朝廷力荐虞诩去担任朝歌长。

虞诩离开之前，故朋亲友纷纷跑过来表示同情。他们都说："你这次去朝歌真是凶多吉少啊！"虞诩反驳说："做臣子的职责就是不只是挑选容易的事情去做，也要不规避那些困难的事情。如果不去处理盘根错节的事，怎么能分辨出谁是能臣，谁是庸臣？"

【巧治朝歌】

虞诩一到朝歌上任，就马不停蹄地去拜谒河内太守马棱。马棱知道他来朝歌上任，便摇着头说："你是儒士，本来应该居庙堂之高，如今处在这江湖之远的朝歌，真是可惜了啊！"

虞诩却说："刚被任命时，士大夫们都因为朝歌凶险而去安慰我。依我看来，朝歌叛党是不会有所作为的。朝歌这一带流民众多，那些贼兵愚昧无知，不知道开仓聚集流民，据守城壕，以此来壮大自己的实力，斩断朝廷的右臂。他们这些乱党鼠目寸光，不足为惧。现在他们士气高涨，我只要先宽松对待，等到时机成熟，就可以将他们一网打尽。"此时，虞诩已经有了平乱的计谋。

虞诩上任之后就着手招募壮士，并将招募到的人分成三个等级：一等征战劫夺，二等伤人行窃，三等游手好闲。果然，才几天时间，就招募到了百余人。虞诩为这些人设宴，并免了他们的罪。

让他们混进乱党的行列，吩咐他们诱使乱党去抢劫掠夺。虞诩与这些人里应外合，事先安排好埋伏，一举歼灭了几百名乱党。

不仅如此，虞诩还派遣会缝纫的百姓投入乱党中假装佣工，让他们趁机在乱党的衣襟上缝上彩线作为记号。乱党不明就里，走到集市上，就被差役暗中逮捕。

青釉楼阁·东汉

虞诩用这个办法抓住了很多乱党。乱党们是一群乌合之众，不明白其中的底细，都以为虞诩料事如神，断定他有神明相助，于是各自逃散。

【雄才武略】

元初二年（115），西羌出兵攻打武都（今甘肃成县西）。邓太后临朝，代安帝主持朝政。她得知虞诩有将帅之略，就任命虞诩为武都太守，让他带兵去平定羌人的叛乱。

羌军素闻虞诩之名，不敢松懈，便在陈仓、崤谷两处险要的关卡设防，想要围击虞诩。虞诩知道兵少，不能强攻，便到处散布消息，说将上书请求调兵，待援军到来再行动。羌人听到消息后，觉得虞诩对自己构不成威胁，就兵分几路到附近州县劫掠。

虞诩见羌人已经放松警惕，于是领军每天日夜兼程行军百余里。为了迷惑羌人，他命令士兵做饭时增加灶的数量，每人挖两个灶坑，并且以后每次倍增。羌人以为汉军数量日增，就不敢贸然逼近。

有人不明白虞诩的用意，问他说："孙膑用兵，每日减灶，为什么您却反其道而行？"虞诩解释说："羌军众多，我方兵少。如今我增灶坑，目的就是要迷惑羌军。兵贵神速，羌军就对我们有所顾忌，不敢侵犯。同样是用兵，孙膑以弱示敌，我是以强示敌，这是因为面临的情况不一样。"

等到了武都，虞诩的兵力不到三千，而羌军有一万多人，把虞诩包围在赤亭（今甘肃成县西南）。虞诩没有乱了阵脚，而是稳定士气，巧施计谋，坚守在赤亭十天，多次击退了羌军的进攻，大大挫败其士气。

第十天，羌军又一次发兵进攻。虞诩观察好形势，命令弓箭手改用小弩射击。羌军以为汉军的箭力射不到自己，各个冲锋陷阵，冲到了城门下。虞诩见机，马上命令弓箭手改用强弩射击敌人，结果箭无虚发，羌人死伤无数。

经过多次交战，羌军知道虞诩的兵力不多，想再次对赤亭发动进攻。虞诩总结了作战经验，想出了迷惑羌军的办法。

虞诩命令士兵排好队列，让他们肆无忌惮地在城外转了一圈。进城之后，士兵又全部换上了别的服饰，往城外再走一圈。士兵如此在北门和东门反复转了好几次，使羌军猜不透汉军的兵力有多少。

羌军恐惧，军心开始动摇。虞诩趁机设下埋伏，将敌人击溃，使武都安定下来。

虞诩为官时，见不明之事从来是力谏不怠。他一生曾经多次遭贬谪拷问，再三入狱遭刑，却一直秉持刚烈正义，至死不休，后死于永和年间。临终前，他对儿子虞恭说："我侍奉陛下竭尽心力，行事无愧，但心中悔恨的是当年做朝歌长时杀死数百贼人，其中哪能没有冤死者呢？此后的二十余年，家中没有增加一口人，这是老天在怪罪我啊！"

张衡列传

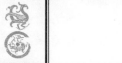

郭沫若曾经这样评价一个人："如此全面发展之人物，在世界史中亦所罕见，万祀千龄，令人景仰。"这个人就是东汉时期集百"家"于一身的张衡。他不仅是"汉赋四大家"之一，同时也是杰出的天文学家、地震学家、地理学家、发明家、制图学家等。

▶【文学翘楚】

张衡，字平子，南阳西鄂（今河南南阳石桥镇）人。他出身名门望族，祖父张堪曾经担任蜀郡太守，到了张衡这一代，家道开始中落。

张衡年幼时勤学刻苦，擅长写文章。之后，他离开家乡四处游学。当时的三辅（今陕西西安一带）是学术文化中心，张衡慕名而去。后来，张衡又辗转到了都城洛阳，在太学学习。张衡精"五经"，贯"六艺"，在太学里是出类拔萃的人才。

张衡从小清苦，看透世俗，向往安闲清净的生活，不愿结交太多朋友，怀着自然静处的待世之道。永元年间，张衡被推举为孝廉，但他不愿去。张衡名声在外，公府曾经多次征召他做官，他也几番推辞。

当时的东汉王朝长期处于太平之世，上至天子王侯，下至地方百姓，生活都过度奢华。张衡虽然处于江湖之远，平民之间，但他忧国忧民，看不惯这种骄奢淫逸的社会风气。他想

起班固的《两都赋》是描写都城的骄奢安逸，于是就想模仿创作《二京赋》，以此来讽刺当时的不良社会现象。此后，他用了整整十年的时间完成这篇惊世之文。《二京赋》在当时得到了很高的评价。大将军邓骘也对《二京赋》赞不绝口，认为张衡才华纵横，是当世之才，并三番两次征召他做官，但都被他回绝了。

▶【发明能手】

张衡善于制作精巧的东西，在天文、阴阳、历法方面颇有研究。他痴迷于《玄经》，越深入了解，越觉得《玄经》深奥博远。

一次，张衡跟崔瑗探讨《玄经》。张衡说："我读了《太玄》，才知道扬雄深究道数。《太玄》丝毫不逊色于'五经'，并非只是记传一类的东西，它使人很难再论阴阳之事，是汉家得天下两百年来最好的书了。经中的道数显示了汉朝的运数，是不是再过两百年汉朝就气数全尽了？如果是，那

么汉朝四百年后,《玄经》恐怕会兴盛起来。"事情正如张衡所料,统治了四百余年的汉王朝倾覆后,在魏晋时期,玄学作为一时主流,取代了儒学的正统地位。

汉安帝听说张衡擅长术学,于是召用他,授予郎中之职,两次晋升后成为太史令。

张衡专心研讨阴阳学说,穷通天体运行的规律,从中领悟出道理,制作了浑天仪。他还写下《灵宪》《算罔论》,其中《灵宪》是他在天文学方面的代表作,对月食的成因、宇宙起源等问题进行了比较科学的解释。

阳嘉元年(132),张衡又制作了候风地动仪。刚开始时没有地震来测验地动仪是否有用,人们都将信将疑。一次,有人发现地动仪突然有反应,一头龙关中的铜丸掉了下来,可是人们并没有感觉到地震,以为地动仪不准确。没想到才过了几天,

论赞

论曰:崔瑗称赞张衡"数术穷天地,制作侔造化",其精密程度又如何能用语言说清?张衡的思考深远精微,实属人中的上等智慧。《礼记》说:"论成就以道德为上,技艺为下。"张衡有的难道仅是技艺而已吗?哪里有损道德呢?

赞曰:天才、地才、人才,谓之"三才"。三才相互贯通,相辅相成。可是,人类的性灵常常会因为视野的局限而受到蒙蔽。因为这样,导致人们错误地解释自然。如果没有深入探究和对有形之物进行推算,我们就很难去理解自然的规律。

就有驿使来京禀报说陇西发生地震,而地点正好是震动的龙关所指的方向,大家这才被地动仪的神妙折服,无不夸赞张衡高才。

张衡还是木器制作高手,人称"木圣"。此外,他在机械制造、史学、文字训诂学等方面也有很高的造诣。

永和初年,张衡也曾经担任过河间相,并且把河间郡治理得井然有序。

永和四年(139),六十二岁的张衡与世长辞。

🔹 张衡
张衡制作的浑天仪是世界上第一个较为准确的天体模型,制作的地动仪更是在世界科技史上独领风骚。为了纪念他,1977年,紫金山天文台国际小行星中心批准,将该台1964年10月9日发现的国际永久编号为1802号的小行星命名为"张衡星"。

蔡邕列传

蔡邕，东汉著名的文学家、书法家，他博学多才，上通天文，下知地理，通晓经史音律。汉献帝时，董卓当权，强迫他出仕为官，拜左中郎将，故后人也称他为"蔡中郎"。蔡邕还制作了古代四大名琴之一的焦尾琴，他救琴的故事被传为千古佳话。后来董卓死于吕布之手，蔡邕被王允所擒，死于狱中。

【高风亮节】

蔡邕，字伯喈，陈留圉县（今河南杞县）人。蔡邕出身官宦世家，世代为官正直，其六世祖蔡勋喜好黄老学说，曾担任郡县令。那时，王莽占地为王，蔡勋不甘为贼所用，于是仰天长叹："我宁做汉家鬼，不做贼子孙！"之后，他带领全家逃入深山，终于保住了性命。

蔡邕继承了先祖的高风亮节，为官敢于直谏，也因此招人妒恨。

灵帝在位的时候，蔡邕在朝为官。有一年，各地灾祸连连，百姓生活在水深火热之中，纷纷议论说上天发怒，才会灾祸连连。民间人心惶惶，灵帝更是焦虑不安，想找出发生灾祸的原因。

灵帝专门下诏书询问蔡邕："最近灾祸连连，我真不知道犯了什么过错惹恼了上天，让上天连连示警。近日，我心中总是惶惶不安啊！可是不管我怎样询问大臣，他们都支支吾吾的，不尽心回答我的问题。

我知道你对经学很有研究，请你对国家大事提出见解，不要有所避讳，然后把意见放在黑绸口袋里呈上。"

听了灵帝的话，蔡邕连夜写了一篇奏章，回答说："最近发生的这些灾异现象，就是上苍用来告诫陛下的，希望陛下有所觉悟。其实问题就出在朝廷，据我所知，姓璋贪赃枉法，赵玹和盖升受尽宠信，家财万贯，陛下绝对不能姑息养奸。郭禧、桥玄、刘宠都是善于谋划之人，皇上可以多多询问他们的意见。最近有一些小人因巴结朝廷重臣被升官提职，这对陛下是有百害而无一利的。为了汉朝的将来，我恳切希望陛下能下定决心杜绝这些现象！"

灵帝看了蔡邕的奏章，很有感触，马上起身穿衣服，详细批阅奏章。

蔡邕的劝谏起到了很好的效果，可是他进谏的奏章却被宦官曹节看见了，告诉了身边的人。那些被蔡邕罢黜的官员知道后都怀恨在心，暗中等待报复的机会。

【孝字为先】

蔡邕还是一位孝子。一次，蔡邕的母亲疾病缠身，一病就是三年。三年来，他在病床边无微不至地照顾母亲，生怕有什么闪失，不眠不休，照顾得无微不至，曾经连续七十天没有上床休息，也没有换洗自己身上的衣物，可以说得上是孝感动天。

母亲去世，蔡邕就在坟旁守孝。即使没有旁人，蔡邕的一举一动也都是按照当时的礼法去做的，没有丝毫怠慢，就像是母亲还在世时一样侍奉着。其间，还发生了一个有趣的故事。

蔡邕母亲过世不久，蔡邕日复一日地坐在母亲墓前守坟，不免会想到母亲生前的一些事情，于是触景生情，痛哭流涕。一只野兔路过，看到了墓旁站着的蔡邕，竟然很驯服地蹲在墓旁的小屋边，一直不肯走开。蔡邕内心正伤痛，并不去理会野兔。就这样，一人一兔待在屋子旁边，正好被路过的行人看到了，此事便被传颂开来。

更奇怪的是，小屋旁边居然长出了连理树。有人议论，两棵树居然会长在一起，就像蔡邕和他母亲一样，每天每时都在一起。连理树枝繁叶茂，不断向四周延伸，就像一个盖子，把蔡邕母亲的坟和小屋都罩在了一起，为他们遮风挡雨。

这奇怪的现象引得住在附近的人争相观看，一传十，十传百，传到了其他地方，大家有所耳闻，还有人专门远道而来一探究竟。

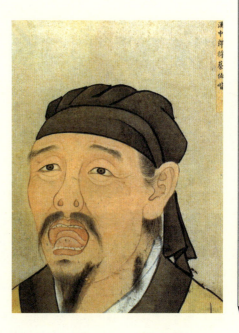

汉中郎将蔡仙晖

蔡邕

除焦尾琴外，相传蔡邕曾折柯亭的第十六根竹子制成一支笛，其音色优美，名为"柯亭笛"。

【巧制焦尾】

蔡邕是出了名的直言进谏之臣，灵帝起初还能听取他的建议，后来蔡邕经常当面顶撞他，久而久之，灵帝对他开始心生厌烦，有时索性不理睬他。这时，朝廷中怨恨蔡邕的宦官也经常在灵帝面前打小报告，使得灵帝更加厌倦他。

不久，蔡邕察觉到了自己在朝中的处境日益危险。他生怕有一天会成为别人的阶下囚，便收拾行囊，逃亡到别

白话精编二十四史

第二卷

的地方去了。

他逃亡到吴地（今江苏浙江一带）会稽，投靠了太山人羊氏，并在吴地居住了十二年。

中国古代有四大名琴之说，齐桓公的"号钟"，楚庄公的"绕梁"，司马相如的"绿绮"和蔡邕的"焦尾"。这张焦尾琴正是蔡邕在吴地期间制作的。

某日，蔡邕经过一处农舍，看到一阵袅袅炊烟，原来是有人在烧木做饭。突然，一阵巨大的声响吸引了蔡邕，他马上循声走了过去，发现那声音是从主人家烧饭的炉灶里发出的。蔡邕一看，赶快上前把那根木头抽了出来。

原来，蔡邕远远听到这么响亮的声响，惊觉它的音质非常奇特，知道这一定是块好木，制作出来的琴一定非比寻常。

之后，蔡邕倾注心血制作了一张七弦琴，果然，弹奏出来的声音非常好听，音色美妙绝伦。因为琴的尾部保留了被烧焦的部分，人们就把这张琴叫做"焦尾琴"，而蔡邕救琴的故事一时被传为佳话。

【迫于董卓】

中平六年（189），灵帝驾崩，董卓担任司空，位高权重。董卓得知蔡邕的声望很高，就想招用他，却被蔡邕借故推辞。董卓勃然大怒，威逼利诱蔡邕。蔡邕无奈，只好答应。初平元年（190），蔡邕被任命为左中郎将，

🔹**文姬归汉图·南宋·陈居中**
此图描绘东汉末年蔡邕之女蔡文姬被匈奴掳去，后来曹操遣使者将其赎回的故事。画中，蔡文姬与匈奴左贤王坐着对饮，两人在旁侍候，族侍从七人与汉使二十人持节侍候。

后跟随献帝迁都长安。

董卓很敬重蔡邕，也很重视蔡邕的意见。有一次，董卓的宾客商量着将他比作姜太公，尊称他为尚父。董卓知道后就向蔡邕询问，蔡邕说："明公的威望诚然很高，但还是比不上尚父，我认为明公还是等到平定关东后再作打算。"董卓听后点头称是。

初平二年（191）六月，有地方发生地震。董卓就此事询问蔡邕，蔡邕回答说："如今地震，表明阴盛阳衰，是臣下逾越了礼制的缘故。上次祭天，您乘坐的车驾金碧辉煌，车厢两侧绘有爪形彩画，这是很不适合的。"董

卓于是改乘黑色篷伞的车子。

董卓很器重蔡邕，每次宴会都让他在场协助处理公事。但是董卓为人刚愎自用，很少能采纳蔡邕的意见。蔡邕看准了董卓难成大事，曾经和堂弟蔡谷商议着要伺机离开。可是蔡谷却说："你的相貌异于常人，恐怕不管你到了哪里，看你的人一定是踏破门槛。这样要逃走实在是太困难了！"蔡邕认为蔡谷说的不无道理，只好就此作罢。

董卓被诛杀之后的一日，蔡邕在司徒王允家做客。其间，蔡邕在聊到董卓时不自觉叹了一口气，露出不忍之色，被眼尖的王允看到了。王允勃然大怒，指责蔡邕为虎作伥，念小恩而失大义。蔡邕为此作出辩解，但王允还是命令下属将他逮捕并治罪。

蔡邕在狱中自知百口莫辩，便请求在额上刺字，砍去双脚，以示谢罪，只希望可以保全自己的性命，将汉史继续写下去。士大夫们很同情他，纷纷为他求情，但都无济于事。

太尉马日磾不忍看到蔡邕有这样的下场，专程骑马赶来求见王允，希望他能网开一面。马日磾对王允说："伯喈是旷世奇才，历经灵、献两帝，对汉朝的历史了如指掌，如果能完成汉史，不失为一代盛事。而且伯喈素以忠孝名闻于世，而今又没有他犯罪的证据，杀了他难道就不怕失人心吗？"但王允怒气未消，有感于董卓之祸，声称绝不会姑息养奸。

蔡邕最后死于狱中，终年六十一岁。王允后悔，但为时已晚。士大夫和儒者没有不流泪的，北海人郑玄叹息道："汉朝的事，再有谁能说清楚啊！"

论赞

论曰：意志气概的感发，是士人所不能忘的。流放的命运，是活着的人以之为悲的。当蔡邕戴着刑具被流放到偏远之地时，仰望日月却不见照耀，面对大风尘土也不能避过，那时的他在心里怎么会想到肢体齐全时受到恩宠的人！到了后来他脱下罪犯的衣服，逃到瓯越（今浙江永嘉一带）之地，在江河山谷悄然行舟，不知道路途有多远，在深山快步行路，还担心林木不够深密。只愿死后头朝着故乡，骸骨与先人葬在一处，但又怎么能如愿呢？董卓一天之内入主朝政，先下达任用蔡邕的文书，分明是屈尊想结交蔡邕。董卓又在两三天之内将蔡邕三次升迁。蔡邕多次匡正了董卓狂妄僭越的行为，如同塞翁失马，而后得福，心中怎么能不感激呢？有才德的人判决罪犯，尚且不举行丰盛的饮宴，何况国家秩序正遭非常之变，不预先设谋应付，而是翻脸变化，将蔡邕视同奸邪之人一同论罪。把持朝政的人追究埋怨司马迁写了诽谤的书留传后世，于是将其杀害，这在刑罚中是从来没听说过的。

赞曰：蔡邕原本仰慕清静，心神专一，辞采华美，只是没想到因为早年在金商门对董卓的一番谏言，导致了身败名裂的下场。

皇甫规 段颎列传

列传

后汉书

东汉羌乱时出现了三个平乱英雄，史称"凉州三明"。皇甫规、段颎就是"三明"中的两员大将。东汉桓帝前后，羌人侵扰，皇甫规和段颎作为两股讨羌力量，使羌人闻风丧胆。他们战功卓著，稳定了汉王朝的统治，其名彪炳史册。

【一代将才皇甫规】

皇甫规，字威明，安定朝那（今甘肃灵台）人。他出身名门，祖父皇甫棱是渡辽将军，父亲皇甫旗是扶风都尉。

永和六年（141），西羌大举进犯三辅，包围安定。朝廷派征西大将军马贤率诸郡兵围剿乱贼，但没有成功。

当时的皇甫规虽然只是平民，但是他慧眼如炬，认为马贤既不懂得用兵，也不懂得体察民情，一定会失败。皇甫规忧于国患，果断上书一封，指出马贤无才，并说明当时的情况，希望朝廷能重新委派能人。

果然，马贤所率大军全军覆没。值此危难关头，郡守知皇甫规熟读兵法，便举荐他为功曹，率领八百名士兵上阵迎敌。皇甫规勇猛难挡，深入敌军，斩下几个敌军的首级。羌军纷纷退却，不敢轻易来犯。皇甫规因为退羌有功，被晋升为上计掾。

【制于梁冀】

之后，羌军集结大量军力逼攻陇西。朝廷上下震惊，深感忧虑。

皇甫规向朝廷上疏请求为国效力，他说："羌军进犯，完全是迫于官府压榨。现在战火连年，却无法击退敌军，症结就在官员那里。我恳求陛下给我五千士兵，定然能平定叛乱！"他的意见未被朝廷采纳。冲帝和质帝年间，皇甫规受荐举为贤良方正，他在对策中冒死揭发梁冀的恶行，为梁冀痛恨，梁冀于是将他判为下等，只给了个郎中的职位。皇甫规托病不去上任，宁愿归乡，也不在朝廷委曲求全。

州郡官员秉承梁冀的意旨，三番两次想置皇甫规于死地。皇甫规于是在家乡开了一间私塾，教授学生《诗经》《易经》。他用了十四年的时间传道授业，学生多达三百余人。

【请缨报国】

延熹二年（159），梁冀伏法。一个月之间，朝廷召皇甫规任职的公文下达了五次之多，皇甫规都没有回应。

当时，太山（今称泰山）一带有一个名叫叔孙无忌的人揭竿而起，侵扰郡县。朝廷出兵讨伐未果，决定派公车征召皇甫规为太山太守。皇甫规一就任，就布置谋划，没多久便平定了叔孙无忌带头的农民起义。

延熹四年（161），羌人袭扰关中。皇甫规素来熟悉羌人事务，于是义无反顾上疏请缨。同年冬天，羌人合兵造反，朝廷甚感忧虑，于是任命皇甫规为中郎将，讨伐羌人。

皇甫规巧用计谋，攻破羌人大营，斩杀八百羌人首级，使羌军节节败退。羌人与皇甫规几次交战，对皇甫规的为人很是佩服，于是就相互规劝投降皇甫规，投降的兵众多达十多万人。

第二年，皇甫规调动已降的羌人部队一起讨伐据守在陇西的羌人。不料道路不通，又赶上军中疫病流行，因为疫病死去的士兵不计其数。皇甫规不惧惮病疫，亲自探视染病的士兵，还送去药物，士兵们无不感动。东羌于是派使者请求投降，凉州恢复秩序。

皇甫规知道安定太守收受贿赂，强取钱财，蜀国都尉、督军御史大肆杀戮归降的羌人，凉州刺史、汉阳太守年老昏庸目无法纪，于是他到了州界之后，就向朝廷上奏这些官员的罪状。羌人得知贪官污吏伏法，纷纷拍手称快，归降朝廷。

皇甫规对不法官员多所举奏，又不讨厌与宦官交往，因此朝廷内外的官员都对他心怀怨恨，并合伙诬告他收买羌人，让羌人伪装投降。朝廷不明事理，发玺书责备。皇甫规虽上疏说明，却仍被召回为议郎，本该封侯，也在宦官阻挠下不能得封，后来又被宦官诬陷下狱。当时，国家多事，皇甫规多次被征调担任高官。皇甫规做官多年，一身清廉，为人刚正不阿，威信极高。

熹平三年（174），皇甫规病死于回京路上，终年七十一岁。

【段颎小试牛刀】
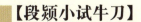

段颎，字纪明，武威姑臧（今甘肃武威）人。他从小就

🐾**皇甫规**

观皇甫规一生，最大功绩是安定羌变。他反对一味杀戮镇压，采用招抚的策略，使羌人先后归降，羌地得以安宁。

学习骑马射箭，崇尚游侠，视钱财如粪土，年纪稍大后才收敛心思，认真读书。

到了壮年，段颎刚开始被举为孝廉，担任宪陵园丞。虽然官职不大，但段颎在任职期间小有政绩，后来被晋升为辽东属国都尉。

当时，北方的鲜卑人进犯边塞。段颎职责所在，立即率领部下飞奔前往。他谋事在先，唯恐贼寇惊恐离去，于是想出计谋迷惑敌人。段颎派出驿站车马，谎称是送皇上玺书诏令给他。之后，又命令军队假装在途中撤退，其实是偷偷地在返回的路上设下埋伏。鲜卑人误以为真，于是大举进军追赶段颎。段颎趁机反扑，斩杀俘获敌军无数。

虽说段颎一心除贼，但假传圣旨是杀头之罪。幸好他平乱有功，这才功过相抵，坐牢除罪，刑满后拜为议郎。

此时，太山、琅邪山的民众纠集三万兵力起兵造反，毁坏郡县。朝廷派兵征讨，始终没有平定。永寿二年（156），司徒尹讼向桓帝举荐段颎。桓帝对段颎的勇猛有所耳闻，于是任命他为中郎将，带兵平乱。

段颎果然不辱使命，一举大败贼人，斩获一万余首级。朝廷大喜，封段颎为列侯，大加赏赐，还任命他的一个儿子为郎中。

【平羌有功】

延熹二年（159），段颎调任护羌校尉，正好遇上羌祸。当时，八个羌人部族聚集成一股不小的势力，分别进攻陇西、金城边塞。段颎马上率领部队从湟谷出击，溃败敌人。

紧接着，段颎南渡黄河，派军吏募集勇士先行照应，在罗亭又打了一次胜仗，俘虏了一万多人。羌军闻风丧胆，各自逃跑。

第二年，残余的羌人再次来犯，召集兵力连夜偷袭段颎军营。段颎军队在没有准备的情况下与敌军作战，锐气不减，段颎更是亲自下马迎战。这场战役从半夜打到第二天中午，敌军的武器装备都消散殆尽，却还无法挫败段颎大军。敌军士气低迷，自知无力击垮汉军，领兵撤退。

段颎趁机追了上去，不给敌人喘息的机会。段颎军队边打边进，全军在极其艰苦的条件下昼夜交替着进攻敌人。段颎一心杀敌，不歼灭敌人誓不罢休，带领军队追赶了羌军四十余日，一直追赶到黄河源头的积石山，取得了著名的积石山大捷。

之后，段颎又分兵攻击石城、白石山的羌人，经过一系列激烈的战斗，终于平定了这一带的羌乱。

【战功赫赫】

自征西将军马贤失败后，羌族部落屡屡进犯三辅。虽然后来受皇甫规招降而归顺，但总是再次起兵造反。桓帝对此很头疼，于是询问段颎："羌人屡次造反，我想要派你东征讨伐他们，你意下如何？"

段颎答："我认为羌人狼子野心，

很难用恩德去感化。羌人部落现在盘踞在一些重要的关卡，就像是隐藏在我们身上的毒疮一样。不把毒疮除掉，它们很快就会发展壮大，到时候定将一发不可收拾。臣时刻待命，不除胡羌誓不回京。"桓帝很信任段颎，一切都听从他的主张。

建宁元年（168），段颎率领一万多士兵从彭阳直奔高平，与羌人交战。段颎见羌人兵力强盛，己方士气消减，于是振臂一呼："战士出战，不成功便成仁。现在我们退无可退，只有冲锋陷阵才有可能建功立业。"士兵们听段颎一说，各个变得勇猛难挡，拼命与敌人厮杀。段颎一马当先，率领士兵冲入敌营，打得敌军大败。

在这次平定羌人之乱中，段颎屡建战功。他前后经历了一百八十余次战役，斩杀了三万八千余人，虏获家畜四十二万七千五百多头，而战士阵亡的只有四百余人。段颎被改封为新丰县侯，食邑一万户。

段颎带兵非常体恤士兵，士兵生病受伤，他前往慰问，还亲手为他们包扎伤口。征战十几年，他没有贪图个人的享乐安逸，而是和士兵们同甘共苦。所以将士们都誓死效忠他，在战场上冲锋陷阵，作战勇猛。

建宁三年（170）春天，灵帝召段颎回朝，拜为侍中，后来又调任执金吾河南尹。后来，有盗贼挖掘冯贵人墓，段颎获罪，被降职为谏议大夫，后又调任司隶校尉。此后，段颎曲意奉承宦官王甫，冤杀中常侍郑飒董腾等人，被增封邑四千户，使封邑达到一万四千户。

光和二年（179），司隶校尉阳球奏请诛杀王甫，段颎由此受到牵连下狱。段颎在狱中受到诘责，于是喝下毒酒身亡，他的家人被流放边疆。后来，中常侍吕强上书陈述段颎的功劳，灵帝这才诏令段颎的妻儿回归故里。

论赞

论曰：孔子说："一个人说话不惭愧，那么做起来就不容易。"观察皇甫规所说的话，他心中不惭愧啊！他自省后觉得有能力，于是去追求官职，看到贤能的人，就把职位让给他。所以他求得官职不是因为贪心，让出官职也不是为了谋得一个好名声；他称赞自己不会被人认为是自夸，他让位给别人也不会被看做是在送人情。正因为这样，他才能在征讨戎狄时建立功业，报效了国家，也保全了自身。

赞曰：山西多猛将，有"三明"（段颎字纪明，皇甫规字威明，张奂字然明，三人同为凉州人，当时人称"凉州三明"）齐名。他们戎马征战，足迹遍布河、潼。皇甫规出奇策，一举制伏硕敌。段颎追赶两狄，束马悬锋。

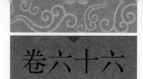

陈蕃列传

东汉桓、灵二帝时期，宦官猖獗。贵族和士大夫等不满宦官乱朝，奋起反抗，不料被宦官以党人之罪禁锢起来。这一历史事件被后人称为"党锢之祸"。在党锢之祸中，著名的"三君"之一的陈蕃便是个响当当的人物。他一生清廉，敢于直谏，坚决与阉党抗衡，是东汉王朝走向衰落的重要见证人，他最终事败身死，令人叹惋。

【少年大志】

陈蕃，字仲举，汝南平舆（今河南平舆北）人。他的祖父是河东太守，有一定的家业。

陈蕃十五岁的时候曾独自居住。一日，他父亲的友人薛勤到家里做客。薛勤见一处庭院内杂草丛生，没人打理，问明缘由后，才知道那处庭院是陈蕃的住处。

薛勤便问陈蕃："你难道不知道要洒扫庭院才能迎接宾客吗？这是做人的礼数。"

陈蕃听后不以为然，说："大丈夫在世，应该有清扫天下的志向。这清扫一间屋子的事，岂是男子汉应该做的！"

薛勤听罢，暗自惊叹陈蕃人小志大，心里很是佩服。

陈蕃成年之后，开始在郡上担任职务，被推举为孝廉，拜职郎中。不料母亲去世，于是他回家守丧。三年之后，刺史周景召他为别驾从事。后来，陈蕃因为性格耿直，与周景观点不同，产生争执，于是弃官而去。之后又有公府征召他为方正，他都没有前往。

太尉李固欣赏陈蕃的为人，上表举荐他。陈蕃这才离家任官，为议郎，又升迁为乐安太守。

不久，李膺被任命为青州刺史。那时候，天下人都知道李膺执政威严。青州各地平日里贪赃枉法的大小官员一听说李膺要来青州上任，纷纷离职而去。

陈蕃一向为政清廉，不惧怕李膺。当时官场黑暗，官官相连，几乎没有不贪赃枉法的，只有陈蕃是例外。陈蕃的名声一时间流传开来，大家都称赞他清正。

陈蕃有一个同乡名叫周璆，也是个清廉高洁的人。周璆名声在外，很多人请他去做官，他都不肯去，一直闲居在家。陈蕃也听闻他的美名，亲自去请他为政，周璆听后竟欣然而出。

后来人人都议论说这世上唯独陈蕃请得动周璆。

【除假孝子】

当时，民间有个很有名的孝子名叫赵宣。双亲去世，赵宣安葬父母之后，没有把墓道塞住，而是自己住在墓道之中侍奉双亲，服丧二十年。赵宣的名声传扬开来，州郡官府对他都很客气，很敬重他。大家知道陈蕃欣赏贤人，于是把赵宣举荐给陈蕃。

陈蕃却对这个赵宣很不以为意。一见面，陈蕃便问起赵宣的妻儿。得知赵宣的五个儿子都是服丧期间所生，陈蕃很生气，斥责道："你这个假孝子！古人制定服丧的礼仪，真正孝顺的人只会认真遵守它，不孝之人

🔖 **君车出行图·东汉**

这是河北安平逯家庄东汉墓墓室北壁上的壁画，表现了墓主人出行的宏大场面。侍卫列队而行，马儿昂首，队列整齐，洋溢着激荡、轻快、热烈的气息，表现了这个时代的精神和人们现实生活的图景。

才会像你这样极力去改变它。况且，你每日住在墓道里，是对先人的不尊重，还在墓道里行夫妻之礼，这有违孝子之道。你这种假仁假义之徒，只会欺骗民众，玷污了神明！"

陈蕃说罢，就将赵宣定罪，以儆效尤，百姓才知道赵宣的真面目。

当时，大将军梁冀是汉顺帝之妻梁皇后的哥哥，位高权重，大小官吏都对他唯命是从，没有人敢得罪他。一次，梁冀写了封信给陈蕃，要陈蕃帮他办事。作为地方官员，如果攀上梁冀这样的高官，就意味着官运亨通，他日一定能青云直上。因此帮梁冀办事是不少官员梦寐以求的事情，唯独陈蕃对此事不以为然。

梁冀派的信使来找陈蕃，被他拒之门外。信使十分傲慢，知道陈蕃不接见他，就假传是将军求见。陈蕃知道后，一怒之下用皮鞭把信使打死。陈蕃也因此被贬到修武县做县令，但很快又得到提升，拜为尚书。

【犯颜直谏】

陈蕃一生为官敢于直谏，几经沉浮。

当时零陵、桂阳一带有出贼作乱，天子下诏书鼓励全国各地推举贤才。陈蕃认为这种做法不妥单，于是上书说明自己的主张。

陈蕃也因此得罪了天子身边的人，被贬出京城担任豫章太守，后又召为尚书令。陈蕃素来刚正严厉，平时不接待宾客，百姓下属对他是又敬又怕。陈蕃离开那天，为他送行的人

甚至未出城门。

之后，陈蕃又升任大鸿胪。适逢白马县令李云上书进谏惹怒了桓帝。陈蕃知道李云为官耿直，于是也上奏希望桓帝免李云一死。由此，陈蕃获罪，被罢免回乡。

过了不久，陈蕃再次被征召为议郎，几天后又升任光禄勋。当时，朝廷封赏不按制度，宫内宠臣一手遮天。陈蕃义愤填膺，又上疏进谏。他针砭时弊，希望桓帝重振朝纲，摒除奸臣。

桓帝觉得陈蕃言之有理，就采纳了他的一些建议，还从宫中清退了五百多名宫女。

🎧滑石面具·东汉

这张面具由滑石制成，高24.3厘米，1977年湖南省常德市南坪乡出土，应该是墓中的辟邪之物，现藏于湖南省常德市博物馆。

延熹八年（165），陈蕃官至太尉。此时，宦官苏康、管霸重新被起用。他们利用桓帝近侍的身份，诬蔑朝廷中的正义之臣。朝中大臣无不惧怕宦官淫威，敢怒而不敢言。唯独陈蕃一人上疏死谏，力保被诬陷的大臣。

此时，桓帝只听信宦官之言，对陈蕃的上疏十分反感，无视陈蕃的建议。最后，许多忠臣惨死于狱中，朝廷祸患日益深重。

本来宦官就视陈蕃为眼中钉，欲除之而后快，经过此次的死谏之事，愈加痛恨陈蕃。无奈陈蕃名望过大，不敢妄动，陈蕃这才逃过了一劫。

一年后，李膺等人遭人诬蔑被关进牢狱，遭到拷问，这是历史上第一次党锢之祸。陈蕃因为党锢事件上疏进言，桓帝一气之下，将陈蕃罢免。

【杀身成仁】

永康元年（167），桓帝驾崩。次年，汉灵帝即位。陈蕃为灵帝登基立下了功劳。于是窦太后下诏表彰陈蕃"忠清直亮"，晋升他为太傅，赏赐丰厚。

陈蕃无意于声名赏赐，上疏婉言回绝了朝廷的恩泽。窦太后起初不允，前后下了十次诏书，陈蕃都没有接受。最后，窦太后只好作罢。

当初，桓帝想要立田贵人为皇后。陈蕃以田氏卑微，窦氏家族显贵为由，力主立窦氏为后。桓帝不得已，立窦氏为后。现在，窦太后临朝执政，陈蕃于是得到重用。陈蕃得以大展拳脚，信心百倍，要重振大汉王朝的雄风。

陈蕃每日勤于政事，与窦太后的父亲窦武同心齐力，一心要重振朝纲。陈蕃还招用了一批名人贤士，让他们一起参与国家大事的商议。当时，天下人无不翘首以待陈蕃把国家治理得繁荣昌盛。

可是好景不长，灵帝的乳母赵娆勾结宦官，谄媚巴结窦太后。窦太后渐渐地信任他们，给他们加官晋爵。朝廷变得乌烟瘴气，宦官党羽鸡犬升天，更加肆无忌惮，目无王法。

陈蕃一向痛恨宦官，视他们为毒瘤，不除不快，于是和窦武暗中商议，诛杀宦官狗党。

陈蕃想到自己对窦太后有恩，诛杀宦官的举措也是顺应人心，认定此次行动一定成功，于是上疏直谏，慷慨凛然："太后明鉴！宦官之祸已久，天下人都欲除之而后快。权衡利弊，请太后清除危害国家的祸害！臣恳请您把臣的奏章向您的侍从公布，并且让天下所有的奸臣都知道臣子痛恨他们！"

陈蕃此举非但没有使窦太后清除祸患，反而引起宦官的警惕。不久，宦官一手遮天，假传圣旨，诛杀了窦武等大臣。

陈蕃时年七十有余，听到窦武遇害的噩耗，痛苦难当，率领学生八十余人拔刀冲进承明门。陈蕃视死如归，振臂一呼："阉党叛逆，孰谓窦氏无道义矣！吾言窦氏顶天立地！"陈蕃当天被宦官杀害。

论赞

论曰：桓帝、灵帝时，像陈蕃这样的人，全都能树立良好风气名声，率直评论昏庸的风俗。在艰难险阻中奔波，跟宦官争斗高低，最终招来灭亡的灾祸。他们并不是不能洁身清高，躲避尘俗，而是担忧世人把远离尘俗看做清高，从而没有人再来关注人伦道德。他们把逃离尘世看做不义，所以多次被贬还是不肯离去；把发扬仁义视为自己的责任，尽管道路遥远但意志更坚。汉朝动乱但没有灭亡，一百多年之中，依靠的就是这几位大臣的力量啊！

赞曰：陈蕃少时有大志，欲扫天下之污浊，澄清天纲，匡复正气。所谓谋事在人，成事在天。陈蕃一心重振朝纲，却不知道厄运将至。汉王朝气数将尽，如何能不消亡！所以说，时运有高有低，办事有巧有拙。

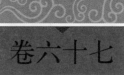

卷六十七

李膺 范滂列传

东汉桓帝、灵帝时期的党锢之祸使士大夫一党几乎消散殆尽，被称为党锢之祸时期"八俊"之一的李膺，"八顾"之一的范滂均是猛烈抨击宦官集团的重要人物。李膺和范滂大义凛然，最后被迫害致死，却永载史册。

▶【名声赫达的李膺】

李膺，字元礼，颍川襄城（今河南襄城）人，出身于官宦世家。他生性孤傲清高，不随便结交朋友，很少和人往来。除了和同郡人荀淑、陈寔亦师亦友之外，就没有其余的朋友。

李膺起初被举荐为孝廉，得到了司徒胡广的招用。胡广很欣赏李膺，上书朝廷请求重用他。之后，李膺升任青州刺史。李膺威名在外，青州的官员听说他要上任，都闻风而逃。

李膺不仅是文臣，还是一个将才。在护乌桓校尉任上，鲜卑人屡次侵犯边塞，李膺常常亲自率军上阵，将敌军打得节节败退，使敌军对他十分畏惧。

不久，李膺因事被免官，回到家乡。他闲居在家，教授学生。学生都很喜欢他，听他讲课的达到上千人。

当时有个叫樊陵的南阳人慕名而来，希望李膺收他做学生。李膺看樊陵不是什么品行端正的人，就拒绝了他。果然如李膺所料，后来樊陵攀附上了宦官一党，官运亨通。有志气的人看到樊陵的所作所为，都把他当做读书人的奇耻大辱。

李膺受人敬慕，当时颇有才名的荀爽就是其中之一。有一次，荀爽前去拜谒李膺，有机会为李膺赶车。荀爽因此很高兴，认为能为这样一位名人赶车是一种荣耀，回去后就对人说："今天终于能为李君赶车了！"

永寿二年（156），鲜卑人进犯云中。桓帝听说李膺曾经平定过鲜卑之乱，知道他是个能人，就征召他为渡辽将军。之前，鲜卑人在云中一带奸淫掳掠，使得百姓人心惶惶。李膺到达边境后，鲜卑人一听说将军是李膺，就畏怕起来，纷纷归顺李膺。经过这件事，李膺的名声传得更广。

延熹二年（159），李膺调任河南尹。羊元群正好被罢官回乡，并带回来他多年贪赃枉法得来的财物。李膺得知后，上表揭发羊元群的罪行。不料羊元群贿赂宦官，反咬李膺一口。李膺因判定犯诬告罪，被发配左校（官署名）做苦役。幸而司隶校尉应奉了解其中的实情，上疏替李膺等人说情，李膺才得以免刑。

【正义凛然】

李膺之后又升迁司隶校尉。当时担任野王县令的张朔是宦官张让的弟弟。张朔为官横行霸道，乃至杀害孕妇取乐。他知道李膺为人刚正威严，怕李膺将他定罪，于是逃回京城，躲在张让家的空心柱里面。李膺率官吏闯进张让家中，破开空心柱捉拿张朔，经过审讯后将他处死。

张让不肯罢休，向桓帝诉说冤情。桓帝以为张让所言属实，就质问李膺为什么要先斩后奏。李膺大义凛然，不卑不亢地说："就算是天子犯法也与庶民同罪。臣刚上任不久，唯恐事情处置得缓慢而遭人谴责，却不曾想过会因为办案迅速而获罪。臣自知离死期不远，只是恳请陛下再给臣五日时间，让臣彻底铲除罪恶的元凶。之后如果陛下要把臣煮了吃，臣也无怨无悔！"

李膺这样一说，桓帝自知理亏，于是对张让说："是你弟弟犯的过错，司隶哪里有错。"张让无法，只有罢休。

从这件事以后，大小宦官大气都不敢出，假日也不敢出宫游玩。桓帝觉得很奇怪，问了一句，宦官马上磕头哭诉："是怕李校尉啊！"

李膺在官场上一直是高风亮节，文人学士都以能被他接见而感到光荣。在当时，与李膺有交往的文人学士都被称做是"登龙门"。

宦官日益取得桓帝的信任，独断霸道，目无法纪。李膺等人被宦官监禁起来拷问，案子到了太尉陈蕃的手上。陈蕃知道是宦官诬蔑，拒绝审理，气愤地说："这些要被拷问的人都是受到天下人民赞誉、为国分忧的忠臣。这样的人，就算他们的十代子孙犯了过错都应该宽恕，如今难道就能以这样的欲加之罪逮捕他们！"

李膺最后为保节操被拷打致死，死时正义凛然。

🔴 **李膺**

自汉和帝起，外戚宦官把持朝政。李膺出任司隶校尉时，执法不避权贵，那些平时行不法之事的宦官都害怕他。

【耿直清傲的范滂】

范滂，字孟博，汝南征羌（今河南漯河召陵区）人。他少年时正直清高，心怀澄清天下的大志，受到了乡亲们的钦佩。

起初，范滂被推举为孝廉。当时冀州闹饥荒，强盗肆虐。范滂在混乱的关头被任命为清诏使，他登上车驾，挽起缰绳，慷慨激昂的样子像是要告诉天下人，他要扫除天下污秽。他刚入州境，郡守县令自知平日贪赃枉法，竟抛下官印逃走了。

范滂调任光禄勋主事的时候，陈蕃为光禄勋。范滂听说陈蕃的名声，心生敬意，于是带上入朝面圣时才用到的笏板前去拜见陈蕃。陈蕃认为他这是对皇上不敬，不予理睬。范滂没有想到陈蕃会这样对待自己，一时气急，扔下笏板，弃官而去。朝廷官员郭泰知道这件事后，对陈蕃说："范孟博执笏板来见是为了表示对你的尊重，这能用世俗礼数去衡量吗？现在造成一个清廉的好官辞官不做，你这样不仅是在破坏他的名声，也是在破坏你自己的名声啊！"陈蕃知道郭泰的话在情在理，赶忙道歉认错，范滂这才回朝。

后来，范滂又被太尉黄琼征召任职。一次，朝廷下诏令，要三府官员举报民间为非作歹的污吏。范滂一下子检举了二十多个权贵，指责他们贪赃枉法。尚书知道后责骂范滂弹劾的人太多，怀疑他有私心，想伺机报复得罪他的人。

范滂无所畏惧地说："如果这些人没有做什么污秽奸邪的事情，我就一定不会把他们的名字写到简札上。我现在只是举报一些急需惩办的人，那些还没审查清楚的，我还要进一步核查。假如我检举的这些事情有什么不符合事实的，我甘愿受死！"

范滂多年为官，知道世道艰险，自己澄清天下的志向是没有办法实现的，于是辞官归田。

● 范滂

范滂死后，葬在故土征羌古国。为纪念这位直臣，后人在他的墓旁建起羌城寺，每年祭祀不断。

【党锢之祸】

太守宗资听说过范滂的名声，就聘请范滂为功曹，把大小事务都交给他处理。范滂在任期间警恶惩奸，把州郡治理得很好。

一次，宦官唐衡把亲信李颂推荐给宗资，要宗资任命李颂为官。而范滂认为李颂不是做官的材料，于是不征召他。宗资气愤范滂不顺从自己的意思，又不好发作，于是就把气发到朱零身上。

朱零也是个正义之人，遭受毒打仍旧不卑不亢，说："范滂清明决断，我相信他的决定是有根据的。我宁愿被鞭打死去，也不会违背范滂的决定！"

后来，范滂遭到诬陷，被关进黄门北寺狱。刚进监狱，狱卒就告诉范滂，每个被关押的犯人都要祭拜皋陶。

范滂反驳说："皋陶是圣贤之人，他知道我没有罪就一定会向天帝诉说。如果自己真的有罪，祭拜他也没用！"狱中其他犯人因为范滂的一席话，之后都没有再祭拜皋陶。

范滂跟其他囚犯关在一起。一天，狱吏准备拷打查问。范滂是个仁义之人，他看很多犯人都因为条件艰苦而生病了，于是请求狱吏先拷问他，还跟同郡的袁忠一起争着挨毒打。

一次，宦官王甫审问范滂等人，把他们的手脚都用枷锁锁住，用布袋把他们的脑袋套住。审问期间，范滂一时感慨，仰天长叹道："古人与人为善，能为自己谋求更多的福分；现在我们做事但凭良心，却受到牢狱之灾。我不求能活着出去，只希望在我死后，能把我埋在首阳山边。这样，我既不辜负皇天，又不辜负伯夷等圣贤了！"王甫竟然被范滂的悲伤感染，面有愁容，于是下令解开范滂等人身上的枷锁。

建宁二年（169），阉党又大肆诛杀士大夫，还颁布诏令缉拿范滂等人。督邮吴导同情范滂，手里抱着诏书，迟迟未逮捕范滂，只是趴在床上痛哭。

有人见到了，就去告诉范滂。范滂知道吴导是因为他才这样左右为难的，于是立即前往监狱投案。

县令郭揖大吃一惊，宁愿不要官位，也要保住范滂的性命。范滂不愿就此逃跑，说："大丈夫有所为，有所不为。如果我死了，就能使灾祸停止，我会义无反顾。我怎么能去连累你，还要害得我的老母亲过着颠沛流离的生活？"

范滂叩别母亲，被送往京城。一路上，遇到范滂的人无不为他流泪惋惜。范滂死时正当壮年，仅三十三岁。

论赞

论曰：李膺从污秽险恶的境地中振奋而起，以正义对抗当时的不良之风，以正义的行为震动权贵，使天下人振奋感慨，并形成潮流追随他，即使因此受牢狱之灾、家族受牵连获罪也不顾，因此出现了这种情况——儿子服罪被处死而母亲还为他的忠义感到欣慰。悲壮啊！孔子说："道义将要被废弃了？这是命啊！"

赞曰：渭水因为有了泾水才显得浑浊，玉在石头中才能显现它的品质，事物的品性本来就有区别，表现出好恶。香臭不能并存，善恶此消彼长。只是遗憾那芳草油膏，为了光明而燃烧自我。

卷六十八

郭太列传

太学是古代培养国家人才的重要基地，东汉党锢之祸时，洛阳太学成为反对宦官集团的重要阵地，在当时造成了强大的舆论声势，郭太就是这块阵地上的领袖人物之一。郭太一生博学多才，淡于仕途，乐于引荐才德之士，被称为"东汉第一名士"。

▶【淡泊名利】

郭太，字林宗，太原界休（今山西介休）人。他出身贫贱，幼年丧父，与母亲相依为命。成年后，母亲想让郭太到县衙做事，但是郭太说："堂堂七尺男儿，怎么可以做这样低贱的工作！"郭太于是辞别母亲，长途跋涉到河南，拜成皋的屈伯彦为师。经过三年的刻苦学习，郭太终于博通《三坟》《五典》等古书。当时他身高八尺，相貌魁伟，并且善于议论，声音洪亮。

郭太学成后到都城洛阳游历。他前去拜见河南尹李膺，李膺看他仪表堂堂，才识出众，非常欣赏，两人很快成了挚友。郭太因为与李膺交好而名噪京城。李膺要征召他做官，郭太无意仕途，于是告辞回乡。很多人都赶来送别，沿路的车辆多达几千辆，一直送到黄河边。

郭太名声在外，司徒黄琼想征召他，太常赵典也要推举他。有人劝说郭太做官，郭太却说："我夜观星象，昼察人事，明白了一件事，就是上天要废弃的东西，是不可以去支持的！"郭太看清了官场百态，觉得贪官太多，清官太少，长远下去，汉朝只会断绝自己的后路。于是面对士大夫的征召，他一概不回复，一心逍遥于世外。

郭太身长八尺，身材魁梧，穿着宽大的儒生服周游郡国。一次，他途经陈梁一带时突然下起大雨，头上戴的头巾因为淋湿，一个角垂了下来。之后不久，士人之间就兴起一股热潮，人们争相效仿郭太，故意把头巾的一角折下来，还

🔴 **郭太**

这位东汉第一名士不慕高爵，淡于仕途，视名利如浮云，乐于与平常人为伍，受到天下士人仰慕。

给它取了一个名字，叫做"林宗巾"。郭太就是这样受世人仰慕。

人们知道范滂和郭太相熟，就问范滂郭太是一个什么样的人。范滂笑着说："我只知道他隐居却不放弃侍奉父母，保持操守却不断绝与世俗人来往，天子无法让他成为臣子，诸侯无法将他拉拢成为同党，其余的我就不知道了。"

【引荐人才】

郭太一生淡泊名利，不求仕进，却有明确的政治主见。汉桓帝时，宦官把持朝政，社会动荡。郭太清楚认识到这一时局，于是在太学时通过交游、会友等方式组织官僚名士、太学生等同宦官集团做斗争。当时洛阳的太学生多达三万人，他们在郭太等人的组织下针砭朝政，形成了强大的舆论声势，致使宦官不敢太过肆无忌惮。

宦官乱权，被宦官迫害致死的士大夫不计其数。但郭太没有发表什么过激的言论，于是逃过了阉党的迫害。那时能在党锢之祸中幸免于难的只有他和汝南郡人袁闳。

延熹九年（166），李膺等人受宦官诬蔑下狱。郭太深感世事艰难，于是闭门教书，淡出世外。

郭太喜欢与各种人结交，只要是德才兼备的人，他都极力引导其成名。

宋果孔武有力，喜欢替别人寻恨报仇，郡县官员因此很头疼。郭太知道后，用导人向善的言语教导他，提醒他将来会自食恶果。宋果觉得郭太

的话很有道理，于是洗心革面，自我约束。后来，宋果因为性情刚直而受到人们的景仰，朝廷也因此征召他为官。宋果业政清明，把地方治理得很好。

四十多岁的茅容是位农民。一天，突然下起大雨，茅容和其他农夫跑到树下避雨。郭太路过田间，看到所有人中只有茅容坐姿端正有礼，感到很惊讶，于是和他攀谈起来，并到茅容家里住了一晚。第二天，茅容杀鸡做饭，郭太以为是款待他的。不料，茅容把鸡端给了母亲，而自己却只是和客人吃粗茶淡饭。郭太感动于茅容的孝心，起身对他行礼道："你真是一个孝顺有礼的人！"之后，郭太劝茅容读书，希望他能成为圣贤之人。果然，茅容经过读书学习，成了一个品德高尚的人才。

郭太一生诲人不倦，识人不厌，像宋果和茅容这样的例子还有很多。不幸仁人早逝，建宁二年（169），郭太在家中去世，享年四十二岁。

论赞

论曰：人心是很难去预测的。人的行为可以用眼睛去了解，可是深藏的内心却很难一窥究竟。郭太却可以明白了解各种人的内心，并导人向善。

赞曰：郭太慧眼识人，无论俗雅，他都从没看错过，这不也是一种能力吗？能淡泊名利，退居政外，并且为国家发掘人才，这也是做人的一种志趣。

窦武列传

东汉末年，作为士大夫一党的领袖人物，窦武曾定计歼灭阉党，后兵败自杀。东汉窦太后执政时期，窦氏一族曾荣耀一时。窦武作为窦太后的父亲，更是权倾一时，最后还是衔恨身死。东汉的气数已尽，窦武要复兴东汉，就只能成为它衰败的垫脚石。

【清正为朝】

窦武，字游平，扶风平陵（今陕西咸阳西北）人，出身官宦世家，是汉初大臣窦融的玄孙。

窦武年轻的时候，以精通儒学和品行端正而闻名。他曾经专心教书，不过问政事，在关西一代名声很好。

延熹八年（165），窦武的长女被召选入宫，立为贵人，窦武因此官拜郎中。同年，窦氏晋为皇后。窦武又再次升迁，任越骑校尉，官途亨通。

窦武喜欢招揽名人贤士，没有因为女儿是皇后就作威作福。他清廉自律，处事公正，惩恶扬善，从不收受贿赂，他的妻子儿女只是能三顿温饱，没有过多的钱财享乐。

那时候，西北边境的羌人作乱，致使百姓生活困难，受冻挨饿。窦武不忍百姓三餐不继，就把皇上、皇后赏赐给他的东西赠给百姓。他还令家丁每日用车拉着饭食，施舍给沿路百姓。百姓都知道他仁义，对他感恩戴德。

窦绍是窦武的侄子，任虎贲中郎将，天性懒散，奢侈成性。窦武多次训斥他要改过自新，兢兢业业为官。可是窦绍没有理睬，依旧我行我素。窦武知道侄子这样非但不能造福百姓，反而会陷百姓于水火，于是上书请求桓帝罢免窦绍的职位。窦武说："臣子无能，无力管教侄儿，致使他安乐骄逸。臣恳请陛下降罪，惩罚臣的过失。"自从这件事以后，窦绍有所收敛，也不敢再犯错。

当时国家政治昏暗，桓帝宠信宦官一党，听信宦官之言，将李膺等清正廉洁的官员逮捕下狱。窦武因为是国丈，才幸免于难。

窦武得知李膺等人遭祸，不顾个人安危，立即上书请求桓帝释放李膺等人。窦武递上奏章，并以有病为由，辞去城门校尉的职务，交还槐里侯的印绶，想借此换得李膺等人的安全。

桓帝看窦武如此决绝，只得下诏赦免犯人，不但把李膺等人释放，还赦免了各个监狱中罪行较轻的犯人。大家都赞扬窦武为李膺等人甘愿辞官的举动。

永康元年（167），桓帝驾崩。由于桓帝没有子嗣，即位人选一时无法确定。窦武没有私心，立即招来可以信任的刘儵，询问他哪个皇子比较圣明。刘儵推荐刘宏，说他有圣君之德。于是窦武便禀报太后，以刘宏为帝。刘宏顺利即位，是为汉灵帝。

灵帝年少，执政能力较弱。于是，窦武被封为大将军，执掌要务。窦武还被封为闻喜侯，其子侄三人也封为侯爵，窦氏一家荣耀一时。

【志扶朝纲】

当时宦官横行，窦武权力虽大，对阉宦一党也无可奈何。窦武辅佐朝政以来，知道阉党一日不除，朝廷就一日不得安宁，便时时有诛杀宦官的念头。

一次，窦武和陈蕃在朝堂上会面。陈蕃私底下对窦武说："宦官曹节、王甫这些奸党，从先帝的时候就一直为非作歹，操纵国家大权，使得社会动荡，民生凋敝。如果现在不先诛杀了这群祸害，恐怕他日更加难以对付啊！"

窦武认为陈蕃说出了自己想说的话，两人的想法不谋而合。陈蕃见窦武也有此心，一时喜上眉梢，一把推开坐席站了起来，很激动地要和窦武共谋大计。

窦武知道要成大事必定需要一批有志之士，于是任命了一批志同道合的能人到朝中任职，其中包括尹勋、刘瑜、冯述等人，还有在当时享有盛名的李膺、杜密等人。这些人聚集起来，都和窦武一样迫切想要剪除阉党，还社稷一片清朗。大家无不翘首听取窦武的计谋，希望自己有所贡献。

陈蕃见窦武找不到机会行动，心中暗自着急。日食之日，

🔥 汉灵帝西邸鬻爵

灵帝即位后，汉朝政治已经十分腐败，再加上灵帝昏庸荒淫，宠信宦官，公开卖官鬻爵，使得社会千疮百孔。此画出自明朝名臣张居正的《帝鉴图说》，这是一本给当时年仅十岁的小皇帝明神宗读的书，张居正以图配文字的形式，向神宗分析了历代帝王的倒行逆施。

陈蕃鼓动窦武说："以前大臣萧望之被一个阉邪石显所苦，现在的石显又何止一个？近来李膺、杜密遭遇的灾祸已经说明了我们的行动刻不容缓啊！今日正好是日食，将军大可以此为借口，上书歼灭阉党。"

窦武认为陈蕃所说之话不无道理，于是就去禀告窦太后，说："自古阉党祸患国家，导致国家消亡。现在朝中阉党横行，阉党一类遍布各地，为非作歹，致使国家动荡。这阉党就像是天上的阴影遮蔽了太阳，如果不马上清除，天下怎么清朗得了！"

窦太后素来宠幸宦官，心有不忍，又无从反驳，问道："宦官历朝都有，难道要把他们全部消除吗？"窦武清楚中常侍管霸精明有谋略，留下他只会让阉党更加肆虐，于是主张先诛杀管霸、苏康等人。窦太后听后，迟迟没有作出决定。

窦武除贼心切，又接连上奏了几次，希望能处置曹节等人，以正朝纲。窦太后依旧犹豫不决，此事就此耽搁下来，迟迟没有解决，为日后留下了祸患。

这一年的八月，太白星出现在西方。士大夫刘瑜精通天象，觉得这是凶兆，于是前去禀告太后，说："此象对将相不利，如今奸党在侧，应该多加警备，以防奸人篡朝。"又写信给窦武和陈蕃，暗示他们星辰错乱，应把握天时，速定大计，锄奸一事刻不容缓。

【兵败身死】

窦武等人知道这样拖下去不是长久之计，于是行动起来。窦武设下计谋，逮捕了狡猾多端的长乐尚书郑台，押送到北寺狱。陈蕃建议窦武立刻杀掉郑台，以免夜长梦多。窦武认为不妥，对郑台进行审问。郑台供认了一批同党，其中牵连到大奸臣曹节和王甫。

窦武认为捉到了阉党的把柄，要向太后禀报，于是拟好奏章交由宫中上奏。窦武以为大事已备，于是回府过夜，等待次日消息。不料掌管中书

🌣 何国舅谋诛宦竖

昏庸的灵帝一味宠信宦官，使得张让、赵忠等十二名宦官操纵政权，他们都任职中常侍，所以人称"十常侍"，灵帝甚至称"张常侍是我父，赵常侍是我母"。"十常侍"专权，祸害天下，不仅是外戚窦武想除掉他们，国舅何进也想用计将这些人诛杀。

的官员把奏章先拿给长乐五官史朱瑀。

朱瑀打开窦武的奏章，看到自己的名字也在奏章上，气愤地骂道："诛杀宦官也就罢了，为何连我们这些人也要赶尽杀绝！"朱瑀为了保全自身，对窦武痛下杀手。他声称窦武要造反，连夜召集亲信要诛杀窦武等人，并报告了曹节。

曹节听后，知道时机来临，于是向灵帝说窦武要造反。灵帝信以为真，便将这件事交给曹节处理。

曹节先下手为强，立即委派王甫为黄门令，假传圣旨诛杀士大夫一党。山冰、尹勋等人被围困在宫门内，英勇就义。宫中事定，曹节又假传诏书，前去逮捕窦武等人。

窦武觉得诏书有诈，知道事情不妙，于是冲破士兵的包围逃走。随后，窦武召集人马要去讨伐曹节一党。

灵帝当真以为窦武要造反，就委派大将张奂率领五营连兵去讨伐窦武。凌晨时分，王甫带领一千多人和张奂会合，共同诛杀窦武。

窦武与王甫对阵时，王甫伺机扰乱窦武一方的军心。士兵们素来畏怕宦官，纷纷投降王甫。窦武孤军奋战，与侄子窦绍骑马逃跑，还没逃出多远，就被士兵包围。窦武知道大势已去，饮恨自尽。

窦武兵败自杀，宦官一党更加猖獗，士大夫一方颓丧不已。窦武死后，没有人敢为他办理丧事，除了胡腾。胡腾感念师恩，冒死为窦武收尸，之后还救走窦武的孙子，并将他抚养成人。从此之后，窦家衰败下来。

相传当初窦武的母亲生窦武时，还生下了一条蟒蛇。窦母怕引人非议，便把蛇放到林中。后来窦母去世，下葬那天，人们看到一条大蟒蛇从草丛中爬到了停丧的地方。开始人们都很惧怕，以为蟒蛇嗜血，不料蟒蛇只是用头使劲地撞击窦母的棺木，一时血泪横流。蟒蛇还盘曲在棺木旁边，看起来像是在哀伤地哭泣。过了一会儿，蟒蛇才缓缓离开。当时就有人认为这是窦家悲惨结局的先兆。

论赞

论曰：窦武凭借国丈的身份手握辅政大权，在内倚仗女儿窦太后临朝听政的威势，在外借群英的势头，可谓风光一时，最后却不敌阉党小人，身死事败，引得世人悲叹。是窦武的智力谋划不如别人，还是权力过大造成的？《左传》说："上天早就将商朝抛弃了，而你却要复兴它。"这也就是宋襄公败于泓水的原因。

董卓列传

东 汉末年，朝廷外戚执政，宦官专权，混乱一片。朝廷上下意欲诛杀宦官一党，就在这种背景下，董卓领兵进京，开始了他长达三年的专权统治。董卓生性残暴，倒行逆施，使得全国上下怨声载道。据说当时有一首歌谣唱道："千里草，何青青；十日卜，不得生。"说的就是汉末枭雄董卓的结局。

▶【勇健谋略】

董卓，字仲颖，陇西临洮（今甘肃岷县）人。

董卓生性粗猛，是个有谋略的人。年轻时，他曾在羌中游历，极力结交各方首领，建立下深厚情谊。后来，董卓回乡种田，刚好有首领过来投奔他。董卓豪义当前，宰杀耕牛款待，与他们饮酒作乐。首领们感念董卓的情意，回去后收罗了各类牲畜回赠他。不久，这件事情被传扬开来，董卓的侠义也为世人熟知。

董卓身强力健，有一夫当关，万夫莫开之勇。之后，他被任用为兵马掾，在塞下巡逻守卫。董卓一向体力过人，武艺超群，可在骑马奔驰的同时左右开弓，百发百中。羌人和胡人见他勇猛如此，都害怕不敢进犯。

汉桓帝末年，董卓以六郡良家子弟的身份被起用为羽林郎，跟从大将张奂出征打仗。他们攻打汉阳，大败羌人。董卓破敌有功，朝廷晋升他为郎中（官职），并赏赐了绢丝九千匹。

董卓却说："被朝廷记功的只是我，而立功的是全体将士。"于是把朝廷赏赐的绢丝分给了将士们，自己却没有留下一点财物。

中平元年（184），北方羌人叛变。第二年，数万羌人骑兵直逼皇家陵园。董卓受命为破虏将军，辅助主将征讨叛军。战争持续了几个月之久，董卓一方与叛军交战每每失利。

就在这时，一天夜里，有流星滑落，光芒万丈，惊扰到了敌军阵营。营中驴马叫声一片，贼寇以为有不吉之事发生，立马想要率兵返回。董卓知道后大喜，认为时机到来，马上联合众将士，一鼓作气，进攻敌营，结果大获全胜，斩下数千敌人首级。

贼寇落荒而逃，车骑将军张温派遣荡寇将军周慎追赶敌军。参军事孙坚建议周慎截断敌军军粮，使敌军困乏，丧失士气。周慎不听，领兵包围中城，最后被敌军抓住了可乘之机。周慎胆怯退兵，使得驻扎在望垣北的董卓被敌寇围困。军中粮食断绝，董卓陷入进退维谷的境地。然而没过多久，他就想出了一个退兵的计谋。

董卓命人在河上筑起一道堤堰，佯装是用来捕鱼，然后命令三万大军悄悄撤退。等到敌军追赶过来时，河道的水位已经很深，敌军渡不了河，只能作罢。董卓军队因此顺利退回，毫发无伤。

当时朝廷派去的各路军队都兵败退回，损兵折将，只有董卓的军队完整无损地退回。之后，董卓驻扎在扶风，朝廷封他为鳌乡侯。

【挟天子以令诸侯】

董卓屯兵在河东之后，整个陇西成为他的势力范围。凭借着强大的军事力量，董卓的野心昭然若揭。朝廷无法管辖董卓，惧怕他起兵造反。

中平六年（189），灵帝病重，下诏书任命董卓为并州牧，让他把兵权交割给皇甫嵩。董卓不肯，上书说："臣无深谋，亦无远虑，更没有什么壮举，承蒙陛下错爱，让我掌管兵马十年之久，臣不胜感激。现在臣与军中大小士卒的关系日益密切，他们留恋我的恩德，都表示愿意为我效劳。臣恳请陛下让他们跟随我共同镇守边疆。"

这一年的四月，灵帝驾崩，大将军何进与司隶校尉袁绍共同谋划诛杀宦官一党，遭到太后的反对。于是何进等人秘密召董卓带兵进京，以此来胁迫太后。

董卓大喜，立即率兵回京，并上书说："中常侍张让等人窃据恩宠，扰乱朝纲，罪大恶极。臣现在起兵回洛阳，势必要驱除张让一干人等，重振朝纲。"结果，还没等到董卓回朝，何进便兵败身死。时为虎贲中郎将的袁术放火烧南宫，誓要讨伐宦官一党。中常侍段珪等人挟持少帝和陈留王连夜出逃。董卓远远看见洛阳城内火势凶猛，立即领兵全速前进。赶到城西后得知少帝在北芒，于是马上率军前去迎接。

少帝年幼，见董卓带领的军队浩浩荡荡，吓得啼哭不止。董卓见少帝无能，而陈留王对自己

🔸 **董卓**
董卓原本屯兵西凉，乘十常侍之乱时领兵来到都城洛阳，之后大权在握。他性情残暴，嗜杀成性，倒行逆施，误国误民，招天下人痛恨，最后被杀身亡。

的发问作答从容，暗暗有了改立陈留王为帝的想法。

进京的时候，董卓嫌自己兵少，怕天下人不服，于是每天夜里都将军队偷偷驻扎在城外。等到天亮，再命令士兵大张旗鼓回城，让众人以为他兵力丰厚。如此往复五六天，洛阳城中只道是董卓军多，不知道里面的实情。

董卓不断兼并各路军队，随着兵力日益强盛，他的野心也极度膨胀。首先，他示意朝廷罢免原来的司空，让自己取而代之，接着又召集满朝文武商议皇帝废立之事。

大殿之上，董卓昂首大声说道：

❀ 废汉帝陈留践位

初平元年（190）九月，董卓废杀少帝，立当时九岁的陈留王刘协为皇帝，他则挟天子以令诸侯。

"现在少帝懦弱无能，无法侍奉宗庙，这不是明君应有的举动。现在依照旧例，改立陈留王为帝，大家以为如何？"满朝文武都惧怕董卓，除了尚书卢植，没有一个敢开口说话的。

卢植出言反驳董卓，董卓一气之下，离席而去。第二天，董卓在崇德殿前当着百官威逼太后下诏废除少帝，改立陈留王为帝，是为汉献帝。

废立之事完毕，董卓又以太后违背婆媳之礼为借口，强迫太后移居到永安宫，随后将其谋害。

董卓挟天子以令诸侯，至此权极一时，天下无一人能与之抗衡。

【身首异处】

董卓大权在握，放纵士兵闯进洛阳城中帝王亲族的宅第中奸淫掳掠，并管这叫做"搜牢"。洛阳城中人心惶惶，人人自感朝不保夕。等到何太后下葬，董卓又命人挖开陵墓，将陪葬品抢劫一空。以前跟董卓有仇怨的人都被他处死，宫廷内外任其宰割，无一例外。

虽然董卓不行正道，但是他清楚天下人都痛恨宦官乱朝诛杀忠良，于是提拔任用了很多士人，将他们安置在重要的职位上。

董卓倒行逆施，人人得而诛之。这天，他听说东方有人起兵来讨伐他，很是恐惧，想要迁都长安。伍琼和周珌等人极力阻止。董卓大怒，说："以前你们叫我用贤能之士，现在他们却用我给的权力起兵造反，你们出卖我还想阻止我！"于是下令杀了伍琼和周珌。

初平元年（190），董卓胁迫献帝迁都长安，把洛阳数百万人口一并迁走。一路上，董卓的士兵来回驱赶，致使百姓相互践踏，死伤无数。加上百姓又遭逢抢掠，饿死的人堆满一路。

到达长安后，董卓居住在毕圭苑中，把周围的民宅全数烧毁，致使方圆两百里渺无人烟。他还派遣吕布挖开历代皇帝的陵墓以及百官的坟茔，将其中的珠宝尽数搜出，占为己有。

长沙太守孙坚率军讨伐董卓。董卓派遣大将与孙坚交战，生擒了太守李旻。董卓残暴不仁，将李旻煮杀，并且把擒获的士兵用布裹住倒立在地上，用热油将他们一个个灌死。

朝廷上下对董卓恨之入骨，欲除之而后快。一次，越骑校尉伍孚在朝服里裹藏佩刀想伺机刺杀董卓，但没有刺中。伍孚大喊一句："不能将奸贼碎尸万段，以告慰天下！"话还没说完，就被士兵杀死。

王允与董卓的亲信吕布暗地里谋划诛杀董卓。初平三年（192），献帝大病初愈，在未央殿举行盛大集会。董卓身穿朝服，乘马车前往。忽然，马一声啼叫，董卓受惊掉了下来，弄脏了衣服。董卓回去更换衣服的时候，侍妾劝他不要前往，董卓不听，登车出发。王允等人在宫中已经布置好一切，等待董卓落网。董卓在半路见马受惊不肯前进，觉得很奇怪，越想越害怕，就想回去。吕布在一旁劝说他进宫，他才放松警惕。进了宫，董卓才知道事情不妙，可惜为时已晚。最后，董卓死于吕布之手。

长安城中百姓知道董卓已死，全部欢呼雀跃。据说董卓死后，被暴尸东市。守尸的官吏见尸体的油脂流到地上，于是在董卓的肚脐里点上灯芯，一直烧到了天亮。

论赞

论曰：董卓生性凶残，因为赶上天下动荡，所以才能践踏常理，把持朝政。以他挖人心肝、断人脚筋的性情，就算杀尽天下人也不足以满足他的快感。国家失度，所以小人得志。董卓罪恶滔天，使得天怒人怨，最后暴尸街头，也是咎由自取。虽然董卓能任用一些贤人，但还是无法抵消他对天下苍生犯下的罪孽。然而他能稍稍收敛性情对待士大夫，也并没有决心要对皇室欺凌篡夺，还算是有道的盗贼。后来，残寇乘机作乱，其势倒山倾海，烈火毒焰，由此点燃，天下动荡达到了极致。呜呼！人活着真是难啊，天地不仁达到如此地步。

赞曰：逢百六阴极有厄运，国家失度小人得志成灾祸。董卓罪恶滔天，天怒人怨。天下分崩离析，沸腾不已，京城也燃起烽烟。多行不义虽殃及自身，遗下的祸患则会随之蔓延，箭矢射到天子车驾旁，兵刃环绕皇城。天下动荡，人神不宁。

董宣 阳球列传

历史上的酷吏一向以凶狠残暴著称，在汉武帝时期，就有十大酷吏，其手段之残忍达到令人发指的地步。酷吏作为统治者惩恶扬善的一种手段，对保持社会安定起到一定的作用。董宣和阳球二人是东汉时期的酷吏，办案手法虽然残忍，但奉公守法，刚烈正直，是为民请命的正直人士。

【顶天立地的董宣】

董宣，字少平，陈留圉县（今河南杞县南）人。

起初，董宣被司徒侯霸招用，因为能力突出，多次得到晋升，后又担任北海相。在任时，五官掾公孙丹作恶，被董宣处死。

当初，公孙丹新建了一座宅邸，不想算命先生掐指一算，说这座宅邸将有血光之灾。公孙丹为了逢凶化吉，就想了一个办法。他派儿子斩杀沿路的行人，将尸体搁在宅内挡煞。董宣知道这件事后，马上逮捕并处决了公孙丹父子。

公孙丹死后，他的族人纠集了三十来人，手持武器，跑到相府鸣冤哭喊，声称要为公孙丹讨回公道。董宣以公孙丹从前依附过王莽，恐怕董家勾结海贼，命人把鸣冤者全数捉拿，吩咐佐吏水丘岑把他们全部杀掉。

青州府得知这件事后，上书告发董宣滥杀无辜。董宣因此被关押在监狱接受审讯，水丘岑也遭受拷问。

董宣获罪，行刑之前的一段日子里，他在狱中每天认真读书，就像是在家里一样。上刑场当天，官吏为他送来饭菜。董宣斥责官吏说："我董宣顶天立地，生不受人饭食，何况死乎！"说完就登上囚车，慷慨赴死。

受刑的有九人，到董宣受刑时，他毫无惧色，平静地等待处决。正在此时，光武帝派出的使者赶到，宣布免去董宣的死刑。

董宣被押解回监狱接受审问。光武帝派来的使者审问董宣为何滥杀无辜，董宣事无巨细，一一如实回答，并说："水丘岑杀人是我交代的，此事与他无关，要处死就处死我吧！"董宣因此事被降为怀县县令，后又迁升为司隶校尉。此后，他又因为得罪了外戚阴氏，获罪免官。

后来，江夏一带有夏喜等人祸害郡县，朝廷任命董宣为江夏太守。董宣赶到江夏后，发布公告警告。夏喜等人知道后都颤颤发抖，不久便投降解散。

【千古强项令】

董宣在任洛阳令的时候，湖阳公主的一个家奴仗势行凶杀死了人。凶手想躲避刑罚，于是躲入公主府里不出来。董宣彻查此事，知道凶手躲在公主府邸，又无法搜查。

一日，公主乘车出府，杀人的家奴以为风头已经过去了，就混在与公主一同出府的仆人中。董宣等候在夏门亭旁，见到公主车驾后，便将刀往地上一拄，把马车拦了下来，大声数落公主包庇犯人的不是，并将凶手从车上拖下来就地正法。

公主气愤不已，向光武帝哭诉。光武帝大怒，马上召来董宣，准备将他乱棍打死。董宣见了光武帝，面色威严，义正词严地说："请陛下准许臣说一句话，再处死不晚。"光武帝怒气不消，说："你还想说什么？"董宣答："陛下圣明，才得以复兴我大汉朝。臣却要斗胆问一句，如今您放纵奴仆杀害无辜百姓，您还准备用什么治理天下？臣不需要被杖死，臣自我了断便是。"说完就撞向柱子，头破血流。

董宣如此刚烈，光武帝也知道不该处死他，为了湖阳公主的脸面，于是命令董宣向公主叩头谢罪。董宣执意不肯，光武帝于是命令两个小太监强行按下他的头。董宣双手撑地，执意不低头，小太监再使劲也没用。

湖阳公主见状，讥讽道："文叔（光武帝的字）是平民布衣时，私藏死刑犯，官吏尚且畏惧，不敢上门搜捕。如今贵为天子，您的威严还不能使一个小小的官吏低下头，岂不可笑？"

光武帝听后不怒反笑，说："天子与百姓不同！"言下之意是说天子应该以德服人，而不能以威服人。随后又吩咐侍从说："算了，算了，把这个硬脖子的洛阳令撵出去吧！"

为了嘉奖董宣，光武帝赏赐给他三十万钱。董宣把这些

汉光武赏强项令

钱都分给了手下，自己一文不留，而"强项令"的称呼由此得来，传遍全国。这件事以后，京师的人都叫他"卧虎"，还有歌唱道："鼓不鸣，董少平。"意思是董宣做洛阳令，没人敢违法，也就没人去官府门前击鼓鸣冤了。

董宣做了五年洛阳令，七十四岁的时候死于任上。

【为官严酷的阳球】

阳球，字方正，渔阳泉州（今天津武清西南）人，家中世代为望族。

阳球擅长剑术，骑马射箭的本领很高。他天性严厉，喜欢研读申子和韩非子的学术，崇尚以法治人。

一次，郡中有一位官员侮辱阳球的母亲。阳球愤怒难平，纠集了几十名同伙，杀了官员全家，他也因此出了名。

起初，阳球被举孝廉，补尚书侍郎。阳球精通典章制度，由他起草的奏章和提供判决的意见，常常受到尚书省的夸赞。

后来，他晋升为高唐令，以严苛的手法治理高唐。太守认为他处置犯人太过残忍，已经超出了法理的范围，于是向朝廷弹劾阳球。阳球遭到监禁，幸亏遇上了皇帝大赦天下，才被释放。

那时候，九江山中贼寇作乱，几个月了，朝廷还是无法平息贼乱。三府上书推举阳球，说他有治理奸恶的能力。朝廷于是委派他为九江太守。

阳球到了九江，经过一系列精密的谋划之后，将凶恶的贼寇全部歼灭。不仅如此，阳球还审查郡里的贪官污吏，把他们一同定罪处死。阳球办案之迅速、除贼之残忍，令人哗然。

有一次，全国各地都出现了旱情，致使民生凋敝，百姓叫苦连天。司徒张颢把天灾归咎于酷吏贪官，上书列举了各地一些苛刻残酷和贪污受贿的官吏，奏请灵帝将所列之人全部罢免。阳球也在名单之内，因犯严酷罪而被征召受审，要被免去职务。但他平息九江之祸有功，灵帝才免去对他的处分，降为议郎。

当时，宦官曹节、王甫等人奸恶肆虐，欺上瞒下，玩弄权术，还煽动朝廷内外势力，使得社会动荡。阳球疾恶如仇，曾经奋而起身，说："要是让我做司隶校尉，我一定铲除这群奸凶！"阳球一直在忍辱负重，等待时机。

🐎 马踏飞燕·东汉

1969 年，甘肃省武威市意外发现一处东汉晚期墓葬，墓中出土大量文物，其中最著名的是这匹被称为"马踏飞燕"的铜奔马。它高34.5 厘米，长 45 厘米，宽 13厘米，很可能模仿的是汉军中的健硕军马的形象。

【诛杀宦官】

光和二年（179），阳球调任司隶校尉，刚上任就马不停蹄计划着铲除曹节一党。

这天，王甫休假在家，阳球借机进宫向灵帝进言。阳球义正词严，细数宦官罪行，其中包括淳于登、袁赫、封晷等人，还有依附宦官的段颎等人，声称他们恣意妄为，罪行滔天，死不足惜。结果，阳球将王甫、段颎等人全数逮捕，送往洛阳监狱。阳球还亲自对他们进行拷问，施以酷刑。

王甫的儿子王萌请求阳球说："我们父子落在你手上注定逃脱不了，我们都是将死之人了，你能不能减少对我父亲的刑罚。"阳球呵斥道："你们丧尽天良，所犯的罪恶就算是死十次都无法弥补，还敢请求我宽容你们！"

王萌怒骂说："你从前像条狗一样侍奉我们父子，如今却要反叛你的主人，你是会有报应的！"

阳球下令用土塞住王萌的嘴，将这父子二人乱棍打死。段颎见阳球手段极其残忍，自知难逃刑罚，自杀身亡。

次日，阳球将王甫的尸体放在夏城门示众，并贴出告示，上书"贼臣王甫"。

阳球处置了王甫，继而想擒拿曹节，于是告诉手下人说："我们要先处置巨奸大猾之人，再处理世家大户。"权贵们得知后无不小心翼翼，但凡奢侈的物品都不敢摆放出来。

曹节回来后，得知王甫已死，立即面见灵帝，说阳球胡作非为，不能让他再担任司隶校尉。灵帝于是下旨改任阳球为卫尉。

诏书下达后，为免夜长梦多，曹节命人立即传召阳球进宫。阳球入宫，知道灵帝改任他为卫尉，声泪俱下，请求说："臣自知没有清正高尚的行为，但愿意为朝廷效力。臣虽然处死了王甫、段颎，但知道除奸大任还未完成。恳请陛下给臣一个月的时间，臣一定使豺狼伏法！"说完叩头不止。宦官见状，大声呵斥。如此几次，阳球才无奈接旨。

这年冬天，阳球参与逮捕阉党的计划，不料反遭宦官诬蔑，最后被处死，他的妻子儿女被流放边疆。

论赞

论曰：古时候的人敦厚，善恶容易区分。后代的人不够敦厚，上下互相欺骗，道德仁义不足以相互协调，教化训导又不能惩戒犯罪，于是就需要严酷的官吏用残暴的方法来对付奸恶。汉代有人认为残酷是一种能力，于是官吏们都以果敢凶悍的作风，巧妙附会法律条文来严酷执法，从而获得显赫的权力。他们与那些专诚一心遵守道德的官吏相比，其优劣怎么会如此悬殊！

赞曰：大道的时代已经成为过去，刑法礼义随着风气变得衰微。人心离散了，奸诈就会萌生。作为消除杀戮的律法应该遵循仁德。虽然有时候次要的暴力会获胜，但应当崇尚的根本却被忽略了。

白话精编二十四史

第二卷

235

蔡伦 吕强列传

中国自古以来，宦官乱朝的例子比比皆是。东汉末年，宦官集团更是猖獗，灵帝时期就出现了有名的十常侍扰乱朝纲。固然，宦官中不乏奸邪分子，但也有耿直为主的忠臣，中国四大发明之一造纸术的发明者蔡伦以及深明大义的吕强就是其中的代表。

【蔡伦造纸】

蔡伦，字敬仲，桂阳（今湖南郴州）人，出身于普通农民家庭，从小就随父亲到田间耕作。他聪明伶俐，生性好学，很讨人喜爱。

永平末年，蔡伦进入宫中，在掖庭供职，做了一名宦官。建初年间，他升任小黄门（汉代低于黄门侍郎一级的宦官，官位较低）。汉和帝即位后，他又晋升为中常侍，随侍在幼帝左右。

当时中常侍地位与九卿等同，蔡伦这时已经掌握了相当大的权力，参与国家机密大事的决策。

蔡伦颇有才学，尽忠职守，兢兢业业，生怕有什么差错。他深知皇帝作为国家的决策者，如果稍有差错，就会影响到整个国家，于是利用侍奉和帝的机会，时常督促引导和帝。他甚至不顾个人安危，多次当面冒犯和帝。

每逢休假，蔡伦不似别人一样享

乐休养，而是紧闭府门，谢绝宾客，然后到田间劳作，风雨无阻，十年如一日。

皇后邓绥喜欢舞文弄墨，蔡伦为了投其所好，就兼任尚方令，主管宫内御用器物和宫廷御用手工作坊。永元九年（97），蔡伦呈上去的宝剑和各种器械件件精美绝伦，巧夺天工，所见之人无不惊叹称美。蔡伦所造的兵器，后来被世人争相效仿。

作为尚方令，蔡伦可以自由出入宫门，他经常到民间作坊察看。一天，他经过一间作坊时，发现缫丝后剩下的短丝可以用来书写，从中受到启发。

东汉之前，人们都是将字写在竹简上，汇编成策。竹简厚重，携带起来十分不方便。蔡伦从缫丝得到启发，用树皮、麻头、破布和渔网等为原材料，希望能制造出一种便捷的材料来代替竹简。经过反复试验后，蔡伦终于造出了植物纤维纸。

元兴元年（105），蔡伦把造好的纸呈给和帝看，和帝大加赞赏。自此，蔡伦造的纸被越来越多的人使用，人们争相学习造纸术。为了纪念蔡伦的功劳，这种纸就被称为"蔡侯纸"。

【正衣赴死】

元兴元年，和帝驾崩，时年二十七岁。邓皇后没有儿子，便立皇子刘隆为帝，即汉殇帝。邓皇后被尊为皇太后，临朝听政。延平元年（106），殇帝夭折，邓太后又立十三岁的清河王刘祜为帝，是为汉安帝。

蔡侯依附于邓太后，并且得到了邓太后的信任，地位不断提升。元初元年（114），邓太后以蔡伦长期在宫中值宿为由，封他为龙亭侯，食邑三百户，蔡伦从此跻身贵族之列。后来，他又受封为长乐太仆。长乐宫是太后寝宫，长乐太仆与长乐卫尉、长乐少府被称为太后三卿。至此，蔡伦

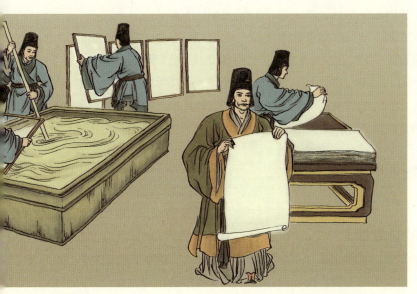

🔴 **蔡伦造纸**

蔡伦在东汉京师洛阳总结前人经验，扩大了造纸原料的来源，以树皮、麻头、破布、旧渔网等为原料，不但降低了纸的成本，还大大提高了纸张质量和生产效率，使得纸张逐渐取代竹简和帛。

成为邓太后的首席近侍官。元初四年，安帝任命蔡伦管理刘珍等一批名声赫赫的文人对经传的校对工作。

蔡伦荣宠极盛，满朝文武无不奉承左右。正当此时，邓太后突然去世，蔡伦的靠山崩塌了。随即，安帝临朝亲政，主持大局。

当初，蔡伦侍奉窦太后的时候，曾经受到窦太后的指使，迫害过安帝的祖母宋贵人。宋贵人被迫害致死，安帝的父亲刘庆的皇位继承权也被剥夺。安帝虽然年幼，却一直记恨这件事，等待时机打击蔡伦。现在邓太后已经不在了，安帝下令让蔡伦自己去廷尉府接受审查。蔡伦自知大祸临头，想到自己少时清贫，后来荣耀半生，最终还是难逃一死，但他不愿到廷尉府接受审讯，受尽屈辱而死，宁愿自己选择死法。

这天，他失魂落魄地回到自己的府邸，心里已经有了打算，决定要有尊严地死去。他淋浴完毕后，穿上朝服，并整理好衣冠，随后拿起事先准备好的毒酒一头饮尽，不久毒发身亡，时年五十八岁。

蔡伦一生在内廷为官，历经四朝，侍奉过四位幼帝，投靠过两个皇后。他官运亨通，节节晋升，乃至身居列侯，位尊九卿，权极一时，但最后也不得善终。

▶【吕强忠心进谏】

吕强，字汉盛，河南成皋（今河南荥阳）人。他自小就入宫，任小黄门，后晋升为中常侍。

吕强为人清廉忠诚，一心为公。灵帝的时候，依照惯例要对一些表现良好的宦官加官晋爵。吕强一向尽忠，于是被封为都乡侯。本来这时他应该感谢皇恩浩荡，不料却上前推辞。他认为自己无德无能不该封侯，执意要灵帝收回成命。灵帝见吕强言辞恳切，只好随他的意。

当时，宦官和朝廷大臣一样，可以参与政事的商议。吕强关心国事，一心为灵帝排忧解难。他看不惯一些宦官的所作所为，向灵帝上书说："听说陛下要把曹节等人封为列侯，臣认为万万不可。曹节等人身为宦官，奸邪谄媚，妒恨忠良之士，实是国之大祸。臣冒死进谏，只希望陛下能减少错误的发生。"之后，吕强不仅谈及宫中用度的不合理，还分析灵帝在河间建造解渎馆的害处，把事情分析得在情在理。灵帝知道他的忠诚，但是没有采纳他的意见。

灵帝好乐享逸，喜欢收集天下的奇珍异宝供自己把玩，多年来积蓄了不少收藏。各郡国为了敬献的宝贝能使龙颜大悦，进入国库，于是在每次进贡的时候事先买通内署，美其名曰"导行费"。

吕强认为这种风气应该及时制止，不然会祸害百姓，使社会动荡，于是上书劝谏灵帝："天下间的财物没有不是属于陛下的。如今各郡每年都要敬献宝物，而且一些贪赃枉法的官员还要收取导路费。这些贡品和导路费都是搜刮民脂民膏得来的，让各郡向宫中献宝只会让百姓怨声载道，没有其他的好处。请陛下停止这样的事情吧！"

奏章呈上去之后，灵帝认为吕强又要数落他的不是，或者说一些规劝他的话，于是将奏章搁置一旁，不去理会。

【黄巾祸身】

中平元年（184），黄巾起义爆发。黄巾军是由张角兄弟以施法、喝符水救济疗病为名聚集起来的一群农民，他们的兴起动摇了东汉王朝的根基，加快了东汉的灭亡。

灵帝见黄巾军的声势日益浩大，便有了恐惧之心，知道吕强素来有主见，于是询问他说："你认为要采取什么措施镇压这群乱民才好？"

吕强此前多次进言，但一直未能使灵帝下定决心诛杀曹节一党。这次听灵帝一问，吕强知道时机来了，马上向灵帝进言："臣认为，要除外祸，应该先平内奸，整治朝纲。只有把陛下身边的奸邪贪婪之徒先铲除，然后挑选能干的士大夫一起谋划平定黄巾军，这才是上策。恳请陛下听臣之言！"

灵帝没有其他办法，就采纳了吕强的意见，接着便赦免了士大夫一党。不料此时的士大夫们已经对朝事失去了信心，得到赦免后，纷纷要求辞官回乡，并且各自召回了在各州郡为官的宗族弟兄。这样对朝廷来说无疑是雪上加霜。

中常侍赵忠、夏恽等人伺机在灵帝面前诬蔑吕强，说他与党人狼狈为奸，一起数落朝廷的不是，并勾结好了一起辞官。灵帝听后大怒，马上宣召吕强，要将他治罪。

吕强知道后，义愤填膺地说："我死了，祸患就会接踵而来。我虽为阉人，也知道大丈夫要谋划为国家尽忠的事，怎么能因为欲加之罪去和官吏对质！"说完就自尽而亡。

赵忠等人见吕强已死，趁机向灵帝诬蔑吕强是畏罪自杀。灵帝于是下旨逮捕吕强的族人，并没收了他的家产。

论 赞

论曰：东汉因为宦官而使国家灭亡，这是如何造成的呢？受过阉刑的人身体不完整，不能传宗接代，不论如何荣宠，也不能给家族增辉，由此看不出他们的祸害之处。他们办事容易得到信任，再加上对政事耳濡目染，很清楚典章制度，所以年少的帝王根据他们的谨慎和与他们的旧交给予功名，女主通过他们向外廷传达命令，向他们询问政事，心中也不会有猜忌。宦官中也有忠厚端正之人，他们身怀正道，纠正邪恶。有的则是才智机敏，还有的借助推举贤臣博取好名声。

赞曰：用人方面的过失，无论怎么说都不会是小问题，过度重用就会出现问题，何况内廷中的宦官，这些人竟然越权参与国家大事。宦官玩弄法律条文，作威作福，危害家国，结局又怎么能不同呢？

赵壹 祢衡列传

赵壹和祢衡都是才华出众的人，他们恃才傲物，不把权贵放在眼里。这两位才子之间不同的是，赵壹选择了一种淡泊明志、隐居山林的生活，祢衡却因为自身的傲慢无理招来了杀身之祸。

【赵壹脱颖而出】

赵壹，字元叔，汉阳西县（今甘肃天水西）人。

赵壹身材魁梧，有着漂亮的胡须和浓眉。他自恃才学很高，傲慢不恭，被同乡的小人和豪吏排斥。于是他写了《解摈》，申述正邪不相容之理，表明自己不愿同流合污的心志。他也因此多次被判罪，几乎死掉，后经朋友相救才得以免死。

光和元年（178），赵壹被举荐为计吏（州郡里掌管簿籍并负责上计的官员），到京师洛阳任职。当时，司徒袁逢接见郡国以上的计吏，有几百人。他们全都趴在堂下拜见，没有人敢抬头向上看，唯独赵壹只是拱拱手而已。

袁逢看这个情形觉得很奇怪，就派身边的人去责备他说："作为下级郡中负责上计的佐吏，你对三公仅仅作了个揖，这是为什么？"没想到赵壹坦然回答说："从前郦食其对汉王作揖，如今我对三公作揖，这又有什么奇怪的呢？"

袁逢听后，认为赵壹不是个普通人，便整理了衣襟，拉着赵壹的手，迎请他在上位坐下，并向他询问西部的事情。一番详谈后，袁逢非常高兴，掉过头对在座的人说："这是汉阳的赵元叔，朝廷中的大臣没有超过他的，请允许我当着大家另外给他设座。"在座的人哗然，纷纷对赵壹投去钦佩的目光。

【名震京师】

后来，赵壹去拜访河南尹羊陟，但是见不到他。赵壹认为公卿大臣中称得上重视名声的只有羊陟，所以白天时特地到羊陟府门外请求会面。羊陟不得已，勉强答应见他。当时羊陟还在床上休息，赵壹径直走进羊陟的卧室，站在他的面前悲怆地说："我在西州，敬奉您高尚的名声很久了，直到现在才遇上，没想到您突然死去，命运为什么这样啊！"接着，赵壹高声大哭起来。羊陟手下的人十分惊慌，全部都冲了进来，把房间都给站满了。羊陟知道赵壹不是一般人，就起床迎请他，与他交谈。交谈后，羊陟更加肯定赵壹的才华。

　　第二天，羊陟带了大队车骑前来拜见赵壹。当时的计吏们大都将车马和帷幕装饰得十分华丽，唯独赵壹车子简陋，用草遮蔽，晚上干脆就在车旁露天而眠。他邀请羊陟上前坐在车旁。羊陟身边的人看到这个情形，无不称奇。羊陟和赵壹交谈，一直到黄昏才尽兴地离开。临行前，羊陟拉着赵壹的手说："未经剖取的美玉，一定会有人泣血相明的！"

　　不久，羊陟和袁逢就一起称赞推荐赵壹。一时间，赵壹名动京师，士大夫们争着想要目睹他的风采。

【恃才傲物】

　　赵壹为人性格刚毅，有傲气，并不是什么士大夫想见他就能见到。

　　某日，赵壹途中经过弘农，想顺道拜访太守皇甫规，结果守门人没有立即通报，赵壹于是就走了。看门人感到害怕，就将这件事禀告给皇甫规。皇甫规听说赵壹的名字后大惊，急忙派人追送书信道歉，言辞恳切。但赵壹还是拒绝了皇甫规要再次见面的请求，径直离去，没有回头。

　　此后，州和郡的官吏们都争着给赵壹送礼，并委以重任。公府十次召用他，他都没有去就任。后来，赵壹在家中去世。

　　起初，袁逢曾经请擅长相面的人给赵壹看相。看相的人说赵壹做不到郡佐吏以上的官职。结果，赵壹由于自身性格的原因，阻断了他的仕途之路，他果真没做到佐吏以上的官职。

　　赵壹一生才华横溢，可惜恃才傲物，在仕途上没有过大的成就。他所著的赋、颂、箴、诔、书、论和杂文有十六篇，部分作品流传于后世。

【祢衡骂曹】

　　祢衡，字正平，平原般县（今山东临邑）人。

　　祢衡能言善辩，文辞出众，自

🌀 **祢衡**

名士祢衡性情狂傲，好辱慢权贵，一生不得重用，最终也因此被杀。《颜氏家训》中说他"诞傲致殒"，他的死虽让世人感到可惜，但也不足为怪。

小就表现出惊人的才华。但是他为人意气用事，刚强傲慢，常常喜欢做一些违背世俗的事情。

建安初年，献帝将都城迁到许。祢衡从荆州来到许，想拜访当地名人。来之前，他将人名写在帖子上，想按照帖子来拜访。抵达许后，祢衡认为当地没有值得他毛遂自荐的人，帖子上的人一个也没去拜访。最后，帖子装在口袋里，上面的字迹都被磨损掉了。

许昌新建，贤士和士大夫从四方云集到这里。祢衡认为只有鲁国的孔融和弘农的杨修有才德，其他人不过是碌碌之辈，根本不足道。孔融也非常欣赏祢衡的才华。当时，祢衡年方弱冠，而孔融年有四十，两人结为忘年之交。

孔融爱祢衡的才华，多次在曹操面前举荐他。曹操想见祢衡。祢衡对曹操一向轻视痛恨，就自称患有疯癫症，不肯前来相见，还私下说了很多放纵无忌的话。

曹操非常愤怒，但由于祢衡的才华和名气，又不想杀掉他。后来，曹操听说祢衡善于击鼓，就召他做掌鼓的官吏。宴席上，曹操下令鼓吏们脱掉原先身上穿的衣服，换上鼓吏的帽子和暗黄色的衣服。轮到祢衡，他开始演奏《渔阳曲》，并迈着小步行走，其鼓声悲壮，听者心中无不充满正气，情绪激昂。祢衡走到曹操跟前就停住了。这时，有官吏呵斥祢衡说："掌鼓小吏为什么不换装束，竟敢轻率上前？"祢衡答应道："是。"他先脱掉近身内衣，然后脱掉其他衣服，裸着身体站立着，从容拿过鼓吏戴的帽子和暗黄色的衣服穿在身上。穿戴完毕之后，他才又接着演奏。演奏完毕，他就欣然离去，脸上也没有半点羞惭之色。曹操笑着对身边的人说："我原本打算羞辱祢衡，

❀ 祢衡击鼓骂曹

这幅清末年画描绘了祢衡击鼓骂曹的故事。名士祢衡被孔融推荐给曹操，曹操却对他极其轻慢，为了羞辱他，任命他做了一名鼓吏。祢衡于是在一次宴会中借击鼓来发泄愤闷。

没想到反被他羞辱了。"

后来，孔融就宴会敲鼓的事情狠狠责备祢衡说："正平是有大才的人，应该这么做吗？"接着，孔融向祢衡说明曹操爱才的真实心意，祢衡这才答应再次去见曹操。

孔融对曹操说祢衡患有疯癫症，希望能亲自跟他道歉。曹操听完非常高兴，吩咐看门的人只要有客人就通报，结果曹操等了很久也不见祢衡到来。到了天黑的时候，祢衡竟然穿着单层的粗布衣服，头戴粗布头巾，手中拿着三尺长的木杖，坐在军营大门前，拿木杖敲击地面大骂曹操。

官吏向曹操报告说："府门外坐着一个狂生，言语忤逆，请您将他收押治罪。"曹操大怒，对孔融说："祢衡这小子，我杀他就像杀一只麻雀或老鼠一样。但这个人素来有虚名，如果杀了他，天下人就会说我不能容他。如今我将他送到刘表那里，看看会如何。"

▶【祢衡之死】

起初，祢衡和刘表相处得很好。后来，祢衡的态度越来越傲慢，刘表也渐渐不能容忍他。刘表听说江夏太守黄祖性情急躁，于是将祢衡送到黄祖那里。

当时，黄祖的长子黄射担任章陵太守，跟祢衡也处得很好。某日，黄射和祢衡出外游玩。途中，黄射读到蔡邕写的碑文，非常喜欢，回来的时候懊悔没有抄写下来。祢衡就对他说："我虽然只浏览了一遍，还能记得住，

但中间那块碑缺了两个字看不清楚。"接着，祢衡就将碑文写了出来。后来，黄射派人骑马去将碑文抄下来，回来和祢衡所写的核对，竟然与祢衡所写相同。大家无不佩服他。

还有一次，黄射举行大规模的宾客聚会。有人献上鹦鹉，黄射举起杯子对祢衡说："请先生写首赋，让宾客们高兴高兴。"祢衡拿起笔一挥而就，文章未作任何增删修改，文采华丽，在座的人无不叹服。

后来，黄祖在战船上举行大规模的宾客宴会。祢衡在场，出言不逊。黄祖对宾客们感到惭愧，就呵斥祢衡的不是。没想到祢衡用眼睛紧盯着黄祖，大声呵斥道："死老头子，你说什么呢？"黄祖大怒，下令要对祢衡处以杖刑，结果祢衡骂得更凶了。黄祖又怒又恨，就下令杀了他。

当时，黄祖的主簿一向痛恨祢衡，听到黄祖下令斩杀祢衡，当时就毫不迟疑地杀死了他。黄射赤着双脚赶来相救，都没来得及。事后，黄祖也很后悔，下令厚葬祢衡。祢衡死时年仅二十六岁，他的文章大都失散了。

论赞

赞曰：感情和心志一旦启动，所写的辞章才可贵。情发于内而流于外，不用雕琢，无须华美。不同的情状具有相同的事体，相同的声音又表现不同的特质。读来华丽而有法度，可以长期为人所学习，浮华而又累赘的文章是多余的。

严光 梁鸿列传

隐士严光为人高洁，不好阿谀奉承之术，性格狂放，不愿入朝为官。他拒绝光武帝提供的优厚生活，隐居避世，为当地人寻医问诊，以名节流传于后世。梁鸿则是东汉初期的经学家、文学家，一生不入仕途，与妻子孟光逍遥于世外，过着举案齐眉的生活。他安于贫穷、不慕名利的高尚情操为后人仰慕。

▶【高风亮节的严光】

严光，字子陵，又名严遵，会稽余姚（今浙江余姚）人，是东汉著名隐士。

严光年轻时就有很高的名声，曾经与光武帝一起游学，增长阅历。等到光武帝即位时，他就改换姓名，躲避他乡，不见光武帝。光武帝怀念他的才德，就请人将严光的容貌入画，让全国各地的官吏来搜寻他。

不久，有个齐国人上书说："有一位男子貌似画像中的人，披着羊皮做的衣服，在沼泽中垂钓。"光武帝知道后非常高兴，认为这个人就是严光，就备了可乘坐的小车，带着玄纁（古代延聘贤士的装饰），派使者礼聘严光。使者往返三次，才得以把严光请来。光武帝让严光住在北军，命人铺下床褥，并由太官朝夕伺候他进餐。

司徒侯霸和严光素来有交情，他得知严光被光武帝请来，便派人送去书信，并让送信的人对严光说："侯

公听说先生到来，一心想立刻就来拜访，但迫于职责，所以没有如愿。希望利用天黑的时候，请您委屈一下前去说话。"严光没有回答，随即丢过去一片竹简给来人，并请来人转达说："你的职位做到宰相，很好。身怀仁爱，辅佐正义，天下人都会喜悦；阿谀奉承，顺随旨意，脑袋就要搬家。"

侯霸得到回信，就封好呈给光武帝。光武帝看后，哈哈大笑着说："狂奴还是从前的样子。"当天，光武帝就到严光寄身的馆舍。严光得知光武帝到来，仍旧躺着不起来。光武帝来到他的卧室，摸着他的肚子说："咄咄子陵，难道不能帮助我治理国家吗？"严光还是假装睡觉，不理睬光武帝。

过了很久，严光才慢慢睁开眼睛，端详着光武帝说："从前唐尧道德高尚，巢父却在水边洗耳。人各有志，你为什么要苦苦相逼呢？"光武帝叹了一口气，说："子陵，我难道不能使你顺从吗？"说完，光武帝黯然登车离开。

【严光避世】

不久，光武帝又见了严光，和他谈论过去的事情，又一起用餐，一起就寝。一连谈了许多天，光武帝认为两人的情谊已经逐渐恢复了，便从容地问严光："朕比起过去怎么样？"严光回答说："陛下比过去略强。"接着一同睡觉，严光还把脚放在光武帝的肚子上。

第二天，太史上奏说有客星冒犯帝星。光武帝却不以为然，笑着说："朕只是同老朋友严子陵在一起睡觉罢了。"

不久，光武帝授予严光谏议大夫一职。严光拒不接受，后来到富春山(在今浙江桐庐县西)种田。严光心存仁义，在隐居期间常常为当地人治病，以致于当地流传了不少和严光有关的动人传说。人们为了尊敬他，还称他为"严子爷"，将他在富春山中垂钓的地方取名为严陵濑。

建武十七年(41)，光武帝特别想念严光，便又想召见他，但是遭到严光的拒绝。严光八十岁的时候在家中去世，光武帝伤心惋惜，下诏书要郡县赐给

❀ 严光

严光以高风亮节名闻后世，北宋范仲淹曾赞他是"云山苍苍，江水泱泱，先生之风，山高水长"。

严光家一百万钱，一千斛粮食。

【举案齐眉】

梁鸿，字伯鸾，扶风平陵（今陕西咸阳西北）人，生于官宦之家，父亲梁让在王莽时是城门校尉，被封为修远侯。后来王莽倒台，梁让在逃亡途中得病去世。当时梁鸿年纪尚小，遭逢乱世，只好用席子把父亲埋葬了。

梁鸿生性好学，之后离开家乡，到全国最高学府太学求学。虽然家中清贫，但梁鸿却崇尚士节，不追慕名利。他博览群书，无书不通，不屑于当时儒学中皓首穷经的做法，不愿钻研章句之学，这无异于断绝了自己做官的机会。

学成归来以后，梁鸿没有入仕，而是在上林苑放猪。有一次，放猪的地方不小心失火了，殃及别人的房屋。梁鸿去寻访被烧屋的人家，仔细询问他们的损失情况，并且把自己养的猪全数赔偿给人家。那家主人觉得这样的赔偿还不够，梁鸿说："我的家产已经全数给你了，如果还不够，我愿意在你家做工以代替赔偿。"主人这才答应。

在做工期间，梁鸿从来都是勤勤恳恳，早起晚歇，没有怠慢过。邻居中一个年老而有地位的士绅

见梁鸿言谈举止非一般人，就责备这家主人，并且称赞梁鸿忠厚老实。主人听老人一说，这才敬重起梁鸿，并且要把猪还给他。梁鸿没有接受，离开上林苑，回到家乡。

有财势的人家都仰慕梁鸿的人品，争着要把女儿嫁给他，可是都被他回绝了。那时，同县的孟家有个女儿身材肥胖，又丑又黑，并且力气很大，能举起舂米用的石臼。孟家女儿已经三十岁了，以前曾经多次拒绝求亲的人。父母询问她缘由，孟家女儿只是说："我平生只愿意嫁给像梁鸿那样的贤能之人。"梁鸿听说孟家女儿刚烈如此，就礼聘为妻。

出嫁前，孟家女儿裁制布衣，编草鞋。等到出嫁时，她却特意打扮了一番才进梁家门。入门七日，梁鸿都没有答理她。第七日，孟家女儿跪在梁鸿面前请罪，梁鸿说："我要娶的是穿着粗布衣服，能陪我隐居山林的妻子，而不是像你这样涂脂抹粉，穿着绫罗绸缎的女子。"

孟家女儿莞尔一笑，说："我这是在试探你，看看你的志向。"说罢便更换衣服，梳了椎髻，拿着事先准备好的东西，做着女人的活计，走到梁鸿面前。梁鸿这才明白自己没有娶错人，于是给妻子取名叫孟光，两人过着举案齐眉的生活。

【不求闻达】

一段时日之后，孟光问梁鸿："曾听夫君说想要隐居避祸，如今为何还

高士图·五代·卫贤

绢本，设色，纵135厘米，横52.5厘米，北京故宫博物院藏。这幅画描绘了东汉隐士梁鸿与妻子孟光相敬如宾、举案齐眉的故事。画的上半部为巨峰壁立，远山空茫，下半部为竹树蓊郁，溪水潺潺，中部的房屋内，梁鸿端坐在榻上，竹案上书卷横展，孟光双膝跪地，将饮食盘盏高举齐眉。

没动静。难道是要低头屈就吗？"梁鸿于是偕妻子进入霸陵山中，以耕织为生，闲时弹琴自娱自乐。他仰慕以前的高士，并为商山四皓以来的二十四人作颂。

后来，梁鸿出关游历，向东走去，正好经过京师洛阳。他沿途看到洛阳城中的宫殿富丽堂皇，而宫外百姓生活穷苦，三餐难继，不禁有些怅惘和不满，于是创作《五噫歌》，以讽刺当时的统治者。

这首诗传到章帝的耳朵里，章帝大怒，派遣官吏去寻找梁鸿的踪迹。梁鸿为避祸，于是改姓运期，名耀，字侯光，与妻子孟光长途跋涉到齐鲁一带生活。

在齐鲁生活了没有几年，梁鸿夫妇的行踪就被人发现，并且传到了章帝那里。虽然章帝要梁鸿去朝廷做官，但是梁鸿志不在此，又与孟光迁徙到吴地。

来到吴地之后，梁鸿投奔当地的大族皋伯通，住在皋伯通家的小屋里，依靠帮人舂米维持生计。

皋伯通起初并没有注意到这个帮人舂米的人。一次偶然的机会，他看到梁鸿的妻子为梁鸿送饭的时候，把托盘举得和自己的眉毛一样高，低着头恭恭敬敬地把饭菜端到梁鸿面前。皋伯通大吃一惊，就对别人说："能让自己的妻子如此恭敬服侍的人，一定不是凡夫俗子！"

皋伯通立刻把梁鸿请到家中，奉为上宾。有了皋伯通的帮助，梁鸿终于能够专心闭门著书十余篇。两人建立起深厚的情谊，后来梁鸿一直住在皋伯通家，直到去世。

梁鸿病危的时候，特意告诉皋伯通："古代的贤士延陵季子（即季札，春秋时吴王寿梦第四子）把儿子葬在嬴博一带，而不回家埋葬。请你千万要嘱咐我儿子，不要把我的灵柩带回故乡。"

梁鸿死后，皋伯通等人要为他在要离（吴地的勇士）的墓旁寻找一块墓地安葬。大家都同意，说："要离是刚烈之士，梁鸿是清高之人，让他们挨在一起是再好不过了。"

安葬梁鸿后，孟光回到家乡扶风，后来不知所终。

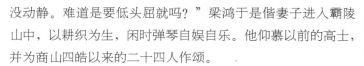

论赞

赞曰：隐居者在江海山林，远离尘世，一去不返。他们避世的本性像风吹过，他们闲逸的性情直上云宵。道接近虚无才能完整，事情违离人世就会失真。

列传

后汉书

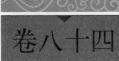

卷八十四

曹世叔妻 乐羊子妻列传

曹世叔妻和乐羊子妻都是守礼节、重节操的人。曹世叔的妻子是班昭，东汉时第一个女史学家，她帮哥哥班固补写《汉书》，创作《女诫》，深远地影响了封建时代女性的思想。乐羊子妻为人重大义，崇尚节操，并以此教育自己的丈夫，后为守贞自杀身亡。

▶【曹世叔妻著《女诫》】

　　扶风人曹世叔的妻子是同郡人班彪的女儿，名昭，字惠班。

　　班昭学识渊博，文采很高，十四岁的时候嫁给曹世叔为妻。曹世叔性格活泼外向，班昭温柔细腻，夫妻两人相敬如宾。但世事无常，曹世叔早逝，班昭为其守节，凡事讲究礼节法度。

　　班昭的哥哥班固写《汉书》，其中有八卷表记和《天文志》没有写完就去世了。和帝下诏让班昭在东观藏书阁继续完成《汉书》。班昭多次进宫，和帝命令皇后和贵人们以老师之礼对待她。邓太后临朝时，想到班昭的功劳，就封她的儿子曹成做了关内侯，官至齐国相。

　　当时《汉书》刚写成不久，很多人都读不通，同郡的马融就在藏书阁跟随班昭习读。后来，朝廷又下诏让马融的哥哥马续在班昭之后继续完成《汉书》。

　　班昭在文学上的成就，除了续写《汉书》，还创作了《女诫》，以教育妇女为主题，共七篇。马融对《女诫》很欣赏，于是让妻子和女儿习诵。《女诫》中的思想也深远影响了整个封建社会的女性。

　　《女诫》主要有卑弱、夫妇、敬慎、妇行、专心、曲从和叔妹七章，主体思想是教育女子要谦卑，坚持做自己分内的事情，亲手料理以侍奉丈夫；在处理夫妻之间的事情时，要以才德为准则；侍奉公婆，要学会委曲求全，并和叔父、子侄、邻里等处好关系。

　　班昭的妹妹曹丰生也有文才，当下就写文章反驳班昭，其观点清晰，文采出众。

　　班昭七十多岁的时候去世，皇太后身穿白色丧服以示哀悼，还专门派使者负责治丧的事情。

　　班昭一生写下不少诗词歌赋，其中赋、颂、铭、诔、问、注等共十六篇，最大的成就是补充班固的《汉书》和写作《女诫》。后来，她的儿媳丁氏将其合为一集，又写了《大家赞》。

248

【劝夫有术的乐羊子妻】

河南郡（治所在今河南省西北部）人乐羊子妻子的生父不详。某日，乐羊子在路上捡到别人遗失的一块金饼，回家后交给了妻子。妻子对乐羊子说："我听说有志向的人不喝盗泉之水，廉洁的人不接受带有侮辱性的施舍，何况是捡别人遗失的东西，这是让自己的名声受损！"乐羊子感到非常惭愧，就将金饼扔到野外，并且到远方寻师求学。

一年后，乐羊子返乡。他的妻子跪着问他为什么回来，乐羊子说："长期在外，我很想家，没有别的原因。"妻子转身拿刀快步走到织布机前，说："这些丝出自蚕茧，通过织布机织成布。一根丝一根丝地累积，才能达到一寸，一寸一寸累积不止，最后才能织成布匹。现在要是割断这正在织的布，就会前功尽弃。您积累学问，应当每天知道自己所欠缺的东西，从而朝美德靠近。如果中途跑回来，与割断这正在织的布有什么分别呢？"乐羊子被妻子的话感动了，又回去完成学业，七年内没有回来。

在这七年里，乐羊子的妻子辛勤劳动，奉养婆婆，又走很远的路给乐羊子送去衣服和食物。曾经有只别人家的鸡错进了她家的菜园，她的婆婆将鸡偷偷杀了做成菜肴。乐羊子妻就对着鸡肉哭泣。婆婆觉得很奇怪，便问她原因。乐羊子妻答道："我感伤生活贫困，以至于饭桌上有别人家的鸡肉。"婆婆最后把鸡肉都给倒掉了，

🔴 乐羊子妻

一块也没有吃。

后来，有强盗想打乐羊子妻的主意，先胁迫了她的婆婆。乐羊子妻听到动静，拿着刀冲了出来。强盗呵斥道："放下你的刀顺从我，否则就杀了你的婆婆。"乐羊子妻仰天叹了口气，举起刀刎颈而死。强盗最后没有杀害她的婆婆。

太守知道这件事后，逮捕并处死了强盗，又赏给乐羊子家丝帛，以礼节埋葬乐羊子妻，称号为贞义。

论赞

赞 曰：操守端正有踪迹可寻，文静娴雅有风采可睹。分别彰明其风尚节操，光大史笔所记载的内容。

白话精编二十四史

● 第二卷

汉书·后汉书

【特邀编审】
刘洪波

【特邀校对】
文慧校对 李向荣

【文图编辑】
樊文龙

【文字撰写】
李瑛

【装帧设计】
罗雷

【美术编辑】
刘晓东

【图片提供】
Fotoe.com